AF554983

天津大爆炸點燃習江新戰火

習江最血腥生死搏殺

張高麗中槍

作者/王淨文 季達

習江最血腥生死搏殺 張高麗中槍

目錄

習江最血腥生死搏殺 張高麗中槍

第一章

被封鎖的天津爆炸案大揭祕

就在習近平「就任千日」之際，當晚天津即發生重大爆炸事件。類似核武爆炸所產生的蘑菇雲及猶如「世界末日」的現場景象，震驚國際。然而官方嚴密封鎖信息，至今事故發生原因是謎，實際死傷人數是謎，所造成的污染也是謎……

天津港「8．12」大爆炸場面猶如世界末日。（AFP）

第一節

津爆事件回顧

天津大爆炸前停泊的近 6000 輛進口新車遭受火劫，變成了「汽車墳場」，全部新車都被燒成了灰黑色，有的車輪都熔化成了液態。（AFP）

習上任千日當夜的「世界末日」

2015 年 8 月 12 日早上 7 點多，中共官媒《人民日報》發表文章評論「習近平治國理政 1000 天」。文章說，18 大以來，截至 2015 年 8 月 12 日，習近平擔任中共中央總書記已經整整 1000 天。而就在這個所謂「千日紀念」的當天晚上，天津發生了震驚中外的特大爆炸事件。

該事故被稱為「天津港『8・12』瑞海公司危險品倉庫特別重大火災爆炸事故」。2015 年 8 月 12 日 23 點 30 分左右，天津市濱海新區天津港的瑞海國際物流中心貨櫃碼頭貨櫃內，發生易燃易爆品的連串爆炸。

爆炸現場火光沖天，衝擊波巨大，還出現了類似原子彈、氫彈等核武爆炸所產生的蘑菇雲。附近的居民們聽聞一聲悶響，家中所有玻璃門窗瞬間即被震碎，很多人被飛來的尖刀般鋒利的玻璃碎片擊中，血流不止；很多人以為發生地震了。

天津塘沽、濱海以及河北河間、肅寧、晉州、槁城等地相隔10公里都有震感，數公里外都可看見龐大的蘑菇雲劃破夜空。

中國地震台網曾發布消息稱，12日晚11時34分發生第一次爆炸，近震震級ML約規模2.3，威力相當於3噸黃色炸藥。第2次爆炸在30秒後，近震震級ML約規模2.9，相當於21噸黃色炸藥。

爆炸後5天之內現場都還不時有化學品小型爆炸或起火、冒煙。離爆炸中心約400米的天津港的進口汽車停車場，爆炸前停泊的近6000輛進口新車遭受火劫，變成了「汽車墳場」，全部新車都被燒成了灰黑色，還有的車輪都熔化成液態。附近的幾十棟高樓全部都沒了窗戶，被煙薰火燎成了怪物廢品。爆炸中心還出現了一個深不見底的巨坑。受驚的人們在驚恐中狂奔，儼然一副「世界末日」的景象。

倖存者死裡逃生記

由於中共封鎖消息，這次有關災情的報導主要依靠網路民眾的微博。一位家住萬科房地產公司開發的商品房的女性網友這樣寫道：

「從死亡現場逃出來。死裡逃生。但是我的家，已經炸飛了一半，我所認識的人，已經天人永隔。

儘管新聞隻字不提，但，我的家，萬科清水藍灣，也叫海港城，我住四號樓。離爆炸地600米。這裡入住了3300多戶居民。

不是鬼城。是萬科賣的最好的樓盤之一。爆炸當晚我在家裡受困，後來被救出來。我發微博不為吐槽，不為抱怨，只想記錄一些實情。

我住的這個社區叫做萬科海港城，也叫清水藍灣，是一座長方形的社區。自北向南，與海濱高速平行。自北開始，分別是1號樓，2號樓，都是33層的高層，3、4號樓是6層到頂的平層。除了十棟左右的平層外，整個社區就是這樣錯落的排列了的30幾棟高層。

這個社區現在住了3000多戶人家——是真的3000多戶。都是年輕人，和剛出生的寶寶，以及從天南海北趕來給年輕人帶孩子的老人。是的，真的是天南海北。為什麼？因為住在這個社區的，很多很多都是故鄉在全國各地，因為大學畢業求職到濱海。

我們把自己全部的積蓄，和父母一輩子的血汗錢，拿出來付首付，背上30年的貸款，買了屬於自己的房子——是的，這裡的房子均價是1萬300元，90平米和120平米為主的房子。然後，把戶口從單位的集體戶口裡遷出來，落在這裡。

除了我們，這裡還有正在建設規劃中的小學、幼稚園，還有海港城三期的工人們——這些工人們，平時就住在工地的工房裡——是極其簡易的工房，應該離爆炸地點更近。還有辛苦的物業保安小孩兒們。這個社區有北門和南門——北門的那些熟悉又認真的年輕小孩兒們，不知在何處？

爆炸的晚上我快11點到家，坐在沙發上和同事微信討論匯率對進口企業的影響——然後聽到巨響！悶悶的巨響。紅光滿天。一個又一個的火球飛向我家對面的7號樓——我很懵，第一個反應是打仗了，空襲了——房子震了起來，我趕緊跑進廁所——第二次爆炸到了。

第二場爆炸到了，巨響震天，我家的牆體也被炸出了窟窿。我在廁所裡被劇烈的晃動。我抱著馬桶，不想就這麼死了。隔了一會沒有繼續爆炸的聲音，我從廁所裡跑出來穿過客廳奔向門口。但是反鎖的門無論怎樣都打不開。我拚命的砸門，喊救命。聽到樓上往下跑的鄰居在門外拚命得要把門給我拽開。

不知道接下來會發生什麼，我對門外的大哥喊：你快走吧！你要是逃出去，幫我叫個 119——那個時候真的不知道會發生什麼，已經發生什麼——被困在家裡的 40 分鐘裡，我想了無數個可能，想煤氣會不會爆，想要不要跳樓，想著太好了爸爸媽媽沒在家。想著我真的不想死。

我自己也給 119 打電話，那個時刻我能想起來的只有消防員們。我不知道就在爆炸的同一個剎那，有那麼多 90 後的小孩兒消防員們已經不在了。（淚）——我的朋友住在 35 號樓，他們一家已經跑出去，我沒想到他又返回來，帶著一個熱心的朋友，衝到樓上來幫我砸門。

門已變形，裡外都砸不開，我已接近崩潰，仍然不停的喊救命——門外的朋友和哥們一直喊別怕別怕，我們一直在這——一會，有兩個保安小男孩兒抱著消防斧又來拆門——幾個男孩在門外一起拽，我終於被救出來。朋友拉著我往樓下跑。那個熱心的哥們和兩個保安小孩兒直奔 1 號樓。

爆炸第三天。在看新聞。在刷我們業主的微信群。有人發出社區爆炸之前的照片。這個社區裡最多的就是寶寶，還有各種的狗狗。有很多的遊樂場。我的外甥女每年夏天來這裡，都會在社區的滑梯和沙坑附近玩很久。幸好——爆炸發生的時候，我慶幸親人都不在身邊。

爆炸發生在晚上11點30分，大多數人正在熟睡，上萬人的社區，到底有多少人能夠逃出生天？」

被遮遮掩掩的兩個消防隊伍

爆炸第二天8月13日下午4點半，天津市舉辦了第一場新聞發布會。據人民網手機版13日5點34分報導《天津消防局在：最初接警稱一輛汽車起火》。文章稱，8月12日22時50分，天津消防總隊接到群眾報警稱，天津開發區五大街雨欣路附近疑似一輛汽車起火。隨後多個電話報警稱，天津開發區五大街天津港內起火疑似爆炸，「消防總隊隨即調派五個中隊20部消防車以及開發支隊全體指揮部趕赴現場，23時06分，第一滅火力量到場，發現多個集裝箱起火，屬於猛烈燃燒階段，天津港公安局消防支隊正在先期組織。」

該文稱，23時16分左右，到場的四個消防中隊和開發區消防支隊，配合已先到場的天津港公安局消防支隊開始偵查火情，控制火勢，23時30分現場發生爆炸，消防總隊119指揮中心調派現場周邊9個中隊、34部消防車及總隊全體指揮部到現場，隨後實施跨區域增援預案，又調配31個中隊、83部消防車、11部戰勤保障車至現場，46個消防中隊151部消防車、一台無人機、1000餘名消防官兵。

這名天津官員故意隱瞞的是，參與滅火的消防員實際分為兩部分，一個是被天津市公安消防局局長周天稱為「天津港公安局消防支隊」的、主要由農村青年組成、隸屬於天津港的打工者，也就是後來人們說的「編外消防隊」。他們類似於天津港的臨時工，每月由公司發工資，從事滅火消防的工作；另一個是被周天稱為「消防中隊」，隸屬於中共武警公務員的正規消防員。

第一輛著火汽車中裝了什麼？

整理大陸網站信息可以看到，第一個報警的是一位女士，家住海港城，她在樓上看到600米以外的地方有一輛貨車著火，晚上10時50分她撥打119後，天津市消防局把出勤任務轉給了駐守在港區附近的「編外消防隊」，16分鐘後，3個編外消防隊趕到現場，他們看到的不是貨車著火，而是「多個集裝箱起火，屬於猛烈燃燒階段」，為了「冷卻降溫」，編外消防隊開始用水滅火。

據《南方周末》報導，隸屬於編外消防5隊一名倖存的消防隊員向媒體披露說，他是第一批前往火災現場，當時還沒有爆炸。據他介紹，第一批投入的消防隊員人很多，「有一百多」。現場並無人告知他們有不能沾水的危險化學品。

該消防員說，大家按照正常途徑用水救火。自己負責給前面的車供水。「開始是一個集裝箱，大概噴水十多分鐘，聽見啪啪啪響，然後集裝箱就亮了。先是一個小爆炸，後來就出事了。」雖然離爆炸點還有一點距離，但也什麼都看不見，最後他爬了出來。

據《環球時報》報導，最先到達的消防隊沒有被告知起火點附近存放有危險品，是接獲民眾報警，按普通火警出警。開發區公安消防支隊八大街中隊最先到達，沒多久企業負責人趕到，說起火集裝箱附近的罐子裡有危險品，但也說不清是什麼危險品。

從現有的信息看，第一個著火的貨車或集裝箱中，很可能裝有遇水爆炸的物質。官方報導只是含糊地說，瑞海公司的集裝箱中堆放電石。電石是碳化鈣（CaC_2）的簡稱，遇水立即發生激烈反應，生成乙炔，並放出熱量。在危險貨物分類中，電石屬於最高一級的遇濕易燃物品。

據中國網報導，在 8 月 14 日的新聞發步會上，天津市公安消防局局長周天回應「滅火方法不當」的質疑時，聲稱接到第一個報警電話是汽車燃燒，後來是港內起火，公安消防局 11 點 06 分到達後，「按照規定進行火災偵查判斷，但是剛到現場發生了爆炸。由於前期是天津港區公安局消防處置的，無法說是因為方法不當。」這個局長含糊表達的是：不是我們公安局的錯，是他們前期消防支隊的錯。

第二節

天津政府掩蓋的災情

財新網逼天津公開編外消防員

8月14日晚上9點，在爆炸後近48小時之際，親近習近平、王岐山陣營的胡舒立任總編的財新網，掀開天津政府掩蓋大量消防官兵死亡的黑幕，發表了題為《「編外消防隊」先入火場 傷亡不明》的報導，當時官方確認的21名死亡的消防官兵，都沒有包括這三支「編外消防隊」的死亡情況。澎湃新聞採訪公安部消防局宣傳處處長雷進德也承認，第一批救援的是「港務局碼頭的三個消防專職隊」，他們距離最近，屬於企業的專職隊。

有消防員發給同事的微信披露，「11個中隊，400多人，二次爆炸全體陣亡！國家報導17人遇難，這個的國度，……這個實話都不敢講的社會！領導吃屎！輿論不好講實話！這特麼是什麼社會！」據說現場殘肢不計其數，但這些都被官方抹掉了。

8 月 14 日，天津民衆在展板上寫上失聯者的名字。（AFP）

除了消防隊員，被天津政府刻意掩蓋的還有那位死裡逃生者提到的在建築工地上的數千農民工。

對比圖驚心 上千民工下落成謎

8 月 16 日，中國正銀投資控股有限公司執行董事孔智勇，推出一組離港區事發地最近的一大片簡易民工宿舍區和工棚爆炸前後的對比圖，並稱，「爆炸發生時這些建築物中是否有人居住，令外界擔憂」。在爆炸巨大熱浪的衝擊下，簡易樓變成了東倒西歪的鐵架子，完全坍塌了。沒有被完全收拾的現場出現一些孩子的用品。

有人看到這組對比圖說：「我是一名建築工地的農民工，看到簡易房圖片我就知道，那些民工宿舍住著大量年富力強的工人，而且有的還拖家帶口，僅這些就可能超過政府公布的傷亡人數。」也有人證實，「那是我們社區三期的建築工人宿舍，每天施工，怎麼可能沒人。」他們是修建小學的民工，應該是住滿了的，並追問：「誰為他們發聲？」湖南的一名女士表示，真的不敢想，瞬間就想哭。《海峽都市報》在爆炸事件第二天，曾在發送的手機新聞中提到：「事發地不到百米的建築工地，有 2000 多人居住的簡易木房已全部倒塌。」

死亡 3600 人 一個派出所都沒了

8 月 15 日，在天津爆炸事故第四次發布會上，有家屬衝進會場打斷發布會。這些多名天津港消防隊員家屬，焦急的想知親人生死的確定信息，並要求合同制消防員能獲得和在編人員同等待遇。

據《南方人物周刊》報導，當時有女家屬說：「為什麼我們外編的隊員沒有上（公布）名單？正規的隊員就上了名單？」「我們五隊是一個人都沒有（消息），四隊的也沒幾個。光五隊就有 25 個（進入現場），死屍也最起碼給我們拿出來，給我們辨認一下。醫院也不讓進，一天拖一天，一天拖一天。」「參與的 18、19 歲，最大的只有 20 歲，他們還是個孩子。」男家屬說：「我們去消防總隊問，他們說沒有這個編制。」

報導稱，當時現場維持秩序的警察回應這些家屬說：「我們公安幹警也有死的，為啥報的都是消防戰士呢？公安幹警一個沒報，我們一個派出所都沒了……我們能理解您的心情。」

據報導，這個「全軍覆沒」的派出所就是躍進路派出所。天津港保稅區派出所官微 15 日除了為編外消防支隊發聲外，他們也為港區內的其他二個部門的隊友發聲，披露天津港公安局躍進路派出所、天津港公安局交警支隊也在這次爆炸中受重創。這兩個單位所在的 5 層高樓，距離爆炸點 220 多米，整個樓被震毀了，

「當天多名值班公安交警失聯，微博停更。」

關於這次災害的死亡人數，官方稱，截止8月17日上午9時：確定114人死亡（公安消防人員16人，天津港消防人員23人，民警5人，其他人員10人，未確認身分60人）；70人失蹤（公安消防人員8人，天津港消防人員56人，民警6人）；721人住院治療，危重症25人，重症33人。

但民眾普遍都不相信官方所公布的死亡人數。浙江鮑紫霞女士建議民間自己來做一個自發的統計，「就是出事者的親人都把名單傳到網上同一個地方，民眾自己組織統計，這樣大家聯起手來打那些昏官的臉！」

據武警高層透露，截至15日中午，確認因大爆炸死亡已達1400多人，失蹤700多人。海外希望之聲電台記者8月14日電話採訪中獲悉，天津爆炸死亡人數已經上升至3600人，為官方公布的80倍，其中包括消防員、武警至少1000人。這1000名武警的說法，與天津消防局局長周天說的「1000餘名消防官兵參戰」相吻合，加上近2000的建築工人和一些居民，3600人是比較可信的。

毒物籠罩 陳光標中度中毒

由於爆炸現場有大量化學有毒物品，所以即使幸運逃脫爆炸威脅的人們，也不得不面對毒氣的死亡威脅。

據《人民日報》報導，涉事公司瑞海的倉儲業務商品包含了劇毒品氰化鈉、甲苯二異氰酸酯等。氰化物毒性高，可以通過皮膚滲透人體造成中毒。大陸其他媒體也報導說，爆炸地點還存放了硝酸鉀、硝酸鈉等硝酸鹽物質，這些都是遇熱、碰撞容易爆炸的固體氧化劑，是製作炸藥的原料。

最令人擔憂的是，有廠家表示，現場可能存有700噸氰化鈉，分別裝在木箱和鐵桶內。當時已經在現場檢測出洩露的化學物質有：液鹼、碘化氫、硫氰化鈉、及硫化鈉四種。

爆炸後，官方先後要求在距離爆炸點2公里（後來擴大到3公里）的居民撤離，原本是熱鬧的城區，瞬間變成死城。

據港媒報導，在距離爆炸中心位置大約2公里的天津第五大道上，兩邊林立的二十餘幢民宅全部熄燈，十幾米寬的街道靜得似乎能聽到呼吸聲，使人頗感不安。有居民說：「太可怕了，我到現在聽到大一點的聲音都心驚。」

然而天津市濱海新區政府在微博中聲稱，13日4時30分許，天津市環境空氣品質GIS發布平台即時監測資料顯示，濱海新區5個監測點位的空氣品質指數「未見異常」。

不過澎湃新聞檢索前述GIS平台發現，距離爆炸現場最近的空氣品質自動監測站是第四大街站。該站監測信息顯示，13日上午8時至9時，空氣品質等級由輕度污染等級變為中度污染等級，空氣品質指數（AQI）由136上升至174，主要污染物為PM2.5；13日9時許，該檢測站PM2.5「一小時濃度均值」由104微克每立方米上升至132。

也有記者報導，在離事發地幾百米處停留3、4分鐘就不斷嘔吐，據當地居民表示，爆炸發生後，空氣中彌漫著嗆人味道，有人發現地上流動的水是五顏六色的，人們非常擔心危險化學品已經污染了空氣和水。

香港《南華早報》記者表示，她於8月13日去到距離事發地點不遠的天津泰達醫院採訪幾個小時後，即感覺到頭痛，而且眼睛一陣陣火辣辣的，一名傷患和家屬的計程車司機也是同樣的感覺：頭痛，眼睛火辣辣的，他不得不把車窗關嚴。

官方稱空氣品質「沒有異常」，令人感到諷刺的是，對此，中共著名的「幫閒小丑」陳光標卻用親身經歷打了官方耳光。

據民眾透露，自稱「中國首善」、靠回收建材起家的「紅頂商人」陳光標，為了生意和作秀，爆炸後他到現場協助救援 30 多小時，儘管他戴了防毒面具，但還是出現胸悶乏力症狀，被送到解放軍 307 醫院檢查，醫生診斷後發現他是「中度中毒」，建議他在中毒救治科住院治療。

網民表示，陳光標中毒，顯示當局聲稱爆炸現場安全的說法不可信；也有的質疑為何陳光標能進入現場，他這種外行人到場只會添亂。

8 月 16 日，天津市環保局總工程師表示，爆炸事故周邊環境空氣監測出現氰化氫超標。《科技日報》16 日引用現場消防專家稱，700 噸的氰化鈉已經找到，許多氰化鈉包裝已經被炸開。天津市環保局總工程師 15 日通報爆炸現場周邊水環境監測結果：二甲苯、氨氮和氰化物等超標。氨氮是強致癌物質，二甲苯是能麻醉中樞神經的劇毒物質，氰化物則被稱為入口即死的「毒藥之王」。

第三節

難以置信的事都發生了

千噸 TNT 爆炸 現場有軍火庫？

爆炸發生後，人們除了關心死亡人數、有毒污染等問題外，還關心災害的劇烈程度。官方稱，爆炸相當於 21 噸 TNT 的爆炸威力。不過有業內人士認為，官方說法嚴重低估了此次爆炸的影響力，從爆炸的衝擊力來判斷，至少有 1000 噸 TNT（TNT 是一種烈性炸藥，化學元素：2,4,6- 三硝基甲苯，英文：Trinitrotoluene，縮寫：TNT），相當於 4 級地震。一位未具名的中國工程爆破協會爆破專家曾對媒體解釋 TNT 爆炸威力，「1 公斤 TNT 放出的能量可以把一個 1 公斤的物體移動 420 公里，或者 100 公斤的物體移動 4.2 公里。」

據《南方都市報》14 日報導，從事工程爆破 30 多年、現供職於武漢理工大學土木工程與建築學院教授程康介紹，爆炸產生

8 月 14 日，天津濱海倉庫爆炸現場被炸出一個大坑。（AFP）

的能量擴散途徑有多種，最主要的是衝擊波、光、熱、地震波，爆炸後，這幾種形式的能量擴散途徑一般同時存在。而從視頻和報導可見，天津濱海爆炸中威力最大的第二次爆炸，是露天、甚至懸空爆炸，地震波並不是主要的能量擴散途徑，仍舊產生相當於 21 噸 TNT 的能量。

中國工程爆破協會的一名專家表示，在實踐中，衡量一次爆炸威力大小，一般通過衝擊波對周邊建築物、門窗的影響力測算更為直觀。他曾做的研究顯示，1 噸 TNT 爆炸，方圓 200 米內門窗都嚴重損壞。對比此前業界進行的 TNT 集中爆炸試驗效果來分析，24 噸的演算法低估了天津濱海爆炸，應該至少在百噸級以上。

而程康則以國家標準演算法《爆破安全規程》中的公式進行測算，在工程實踐中，1000 噸 TNT 露天堆置爆炸，暫態產生的衝擊波可導致 500 米範圍內玻璃全部粉碎，而從現場傳回的視頻、新聞媒體報導情況來看，甚至在爆炸中心 800 米開外的建築物上玻璃也全部粉碎。

按照百度資料顯示，如果將地震震級與 TNT 當量進行了換算，4 級地震相當於 1000 噸 TNT 當量。

天津瑞海公司的危險品堆積場，怎麼能產生類似上千噸 TNT 的爆炸能力，在現場還造成一個深不見底的巨大深坑呢？官方給出的化學物成分都是些易燃易爆的危險品，因而有網民質疑瑞海倉庫實為軍火庫，其爆炸威力更相當於 50 多枚戰斧式導彈同時引爆。

有日本消防員從網友拍攝的爆炸瞬間的視頻分析，第二次爆炸的火焰高達 100 米以上，而且衝擊波擊破 2 公里以外的門窗，除非是大型彈藥庫發生爆炸，一般的化學品爆炸不應該有如此巨大規模。

有自稱是資深化學工程師的民眾則指，第二次爆炸同時發生固體、液體、氣體 3 種物態爆炸，從火球顏色看，溫度超過攝氏 3000 度，一般爆炸很難保持這個溫度，認為其中有易爆金屬粉。

一位有十年從業經驗的南方港口從業人員在《兔吧》刊文，分析了天津港口爆炸的資料，結合他自己的從業經驗，認定：軍品受熱爆炸或控制系統失效引起爆炸概率 8 成，危險品爆炸概率 1.5 成，普通貨物自燃 0.5 成。

文章寫道，天津港作為北京港的替身，待遇一向不錯，按理說人員設備也應該是國內一流的，其實真不是這樣。集裝箱受日光照射，空箱內溫度能達到 70 度以上，在箱內貨物密集情況下，更會導致箱內熱量積聚，有自燃的可能，集裝箱內的煤自燃是比較常見的。因為箱內缺少空氣，只是冒冒煙而已，並且煤和廢紙這類物資自燃不會出現爆炸情況。

能在短時間內完成如此大威力爆炸，除非幾十上百個 LPG（液化石油氣體的英文縮寫）櫃一起炸，以目前集裝箱類型港口貨物類型和天津港單一碼頭輸送量來看，港區總集裝箱量最多

一、兩萬，有這麼多 LPG 的概率非常小。文章稱，港口有時會承運一些軍需物資，裡面是什麼就不知道了，曾經見裝甲車開進碼頭，不知道是檢查集裝堆存軍品還是來提貨的，由此可以看出軍方物資是會走港口航運這條線路的。

消息人士對博聞社披露，出事化學品倉庫具有軍方因素。軍方保利集團在此倉庫也儲存大量危險物質。而保利集團原來就屬徐才厚、郭伯雄的天下，習近平拿下徐、郭，但是還沒有來得及徹底清除徐、郭在軍中的同黨。故陰謀論的可能不能完全排除。消息指，這次大爆炸的「主力」是保利公司儲存的爆炸品。保利的創辦人是已故軍頭王震的兒子王軍。

違規選址 頭枕炸彈睡覺

在爆炸慘案發生後，人們議論最多的還有瑞海國際物流公司為何把危險品庫房設置在居民小區裡，而且離高速公路和輕軌鐵路才幾百米，明顯的違規建築。

根據地圖定位顯示，距離爆炸事發地約 600 米有一處社區，總戶數約 5617 戶。此次事故中有許多居民樓受影響，一些民眾死傷。

一份公開的環評文件顯示，瑞海國際於 2013 年提出一個躍進路堆場改造工程，擬投資 900 萬，把其已有物流堆場改造成一個危險化學品和普通貨物集裝箱堆場。改造後瑞海國際危險品貨物年周轉量 2 萬噸左右。經檢索發現，該環評公示文件的評價單位天津市環境保護科學研究院，於 2013 年 5 月 24 日在其官網發布前文，並公示稱項目「環境風險水準可以接受，項目選址合理可行」。

而在環評公示文件中顯示為專案評價單位連絡人的張媛，在2014年中國環境影響評價研討會上曾發表文章表示，天津濱海新區的環境問題不容樂觀，隨著危險品數量不斷增加，導致風險源潛在的影響程度和範圍越來越大。文章質疑，爆炸地天津港國際物流中心的區域規劃是否合理？危化品倉儲區設置是否存在安全隱患？沒想到一語成讖。

據《第一財經日報》報導，在大陸1980年代化工企業建設選址與城市居民區的距離要求與目前有所不同，如必須包括一個5公里至10公里的隔離帶，後來逐漸放鬆了條件。大陸1999年出台的《石油化工企業衛生防護距離》規定，依據不同的排毒係數，煉油廠的安全衛生防護距離最小是400米，化工廠是200米，合成纖維廠是500米。2001年中共國家安監局頒布的《危險化學品經營企業開業條件和技術要求》中規定，大中型危險化學品倉庫應選址在遠離市區和居民區的當在主導風向的下風向和河流下游的地域；大中型危險化學品倉庫應與周圍公共建築物、交通幹線（公路、鐵路、水路）、工礦企業等距離至少保持1000米。

瑞海庫房修改前，周圍已經有住宅小區了，而瑞海卻能違反至少保持1000米距離的最低要求，在住宅樓相距600多米放置大量易燃易爆危險品，這樣的嚴重違規行為，卻沒有得到任何中共部門的糾正。據天津海事局2014年1月公布的一份資料顯示，在2013年底進行的危險貨物集裝箱裝箱品質專項檢查中，發生爆炸的瑞海國際物流公司的裝箱品質位列第二，違章箱只占其裝箱總量的千分之1.2。

另外，瑞海爆炸後，民眾紛紛質疑天津開發區的部分道路設限高欄杆，阻擋消防車救援。

現場圖片顯示，有一輛消防車被卡在2米高限高架下，消防員需先用電鑽切割限高架，才能通行。澎湃新聞檢索發現，天津開發區公用事業局2011年7月曾發布消息稱，將對區內部分道路實行限高治理。人民網2011年7月曾報導，按計畫天津開發區將在東區設置38個限高設施，其中除了第五大街橋兩側的限高架標注高度為3米外，其餘幾個限高架標注均為2.5米。然而據公安部天津消防研究所工作人員稱：「國家規範裡，對消防車道的要求是高4米，寬4米。」

如此明顯的錯誤，不光只發生在天津瑞海，有專家表示，大陸類似這樣的安全隱患定時炸彈至少還有2489個。

據網易統計，全中國有1/3的化工專案與城為鄰。一名曾經參與過多地石化專案的前中石化高管接受《南方周末》採訪時舉例稱：「南京金陵石化距最近居民區約200米；青島麗東化工與最近居民區約600米；寧波鎮海煉化，2萬多人口的生活區就在二三百米外……」。

2006年，原中共國家環保總局曾組織了全國化工石化專案環境風險大排查。統計顯示，在排查的全部7555個專案中，布設於城市附近或人口稠密區的2489個，占32.4%。但這個數字只局限2003年9月1日《環境影響評價法》實施至排查時已批覆的擬建、在建和建成投產的化工石化類專案。

上述數字顯示，目前大陸至少還有2489個這樣的定時炸彈，隱藏在人口密集的地區，與民眾吃喝睡在一起。專家表示，潛在危險化工產品放在居民區，就如同是個定時炸彈，爆炸的可能性也許很小，但你抱著炸彈睡覺踏實不踏實？它很可能一年都不會爆炸，但也有可能突然就爆炸了。

據中國數字時代網報導，8 月 13 日下午 4 點 30 分，在天津市政府新聞辦舉辦的爆炸事故首場新聞發布會上，天津官員被問及危險品與居民區規定距離時，面面相覷，無言以對，發布會直播被掐斷。看到這場景，很多大陸民眾心裡暗暗叫苦：有這樣的官員，有這樣的體制，我們不都是在抱著炸彈睡覺嗎？

遇難者頭七 天津首雨現大量泡沫刺痛皮膚

8 月 18 日是爆炸遇難者死亡後的第七天，民間稱「頭七」，濱海地區多地舉行悼念活動。當日上午天津大部分城區還下了雨。這是大爆炸後的首次降雨。

在此前一天，天津主管安全生產的副市長何樹山首次出席第七場新聞發布會。他宣稱，700 噸劇毒化學品氰化鈉，絕大部分已經在爆炸的核心區找到並回收處理，但他沒有具體說明到底爆炸減少了多少噸，只是聲稱，污染範圍不足一公里，而且已經用雙氧水處理成無毒的化學物。目前各項指標基本正常。

18 日上午，大約有上百名醫護人員和志願者聚集在泰達醫院急症室外，舉行死難者的悼念儀式。很多民眾表示，現在需要的不是淚水，而是勇敢的質問，不少官媒也罕見發聲：也許「真相」才是對亡靈最好的慰藉！截止 8 月 18 日，官方公布的爆炸造成 114 人遇難、57 人失聯，但民間估計及外媒報導死亡至少數千。

面對天津官方聲稱的空氣基本沒有污染，多位媒體人卻證實：去過爆炸現場或淋雨水後，很多記者都感覺皮膚刺痛。如財新網記者在濱海新區黃海路第一大街路段觀察到路面出現大量異常的白色泡沫，且該記者隨即出現症狀：「面部嘴唇處有灼燒感；胳膊處感覺『辣辣的』；左手關節處熱癢，目前出現白色泡沫原因不明。」騰訊網的記者也發現，沒穿戴雨衣的攝影記者、醫院義工都感覺皮膚發「麻」，有刺癢症狀。官媒中新網也證實，17 日下午 3 點 20 分，爆炸區仍有黑煙及明顯刺鼻氣味。

澳洲昆士蘭大學高級研究員、化學專家謝衛國表示，劇毒氰化鈉是最危險的化工品之一，氰化鈉尤其不能遇水，遇水會劇烈反應，生成有毒易燃的氣體——氰化氫。「現在最怕的就是下雨，雨水會將劇毒帶入地下水、流入渤海，後果非常嚴重」。

謝衛國說，氰化鈉是可以通過空氣吸入、皮膚接觸造成中毒。他建議質檢部門嚴格監察爆炸核心區的氰化物污染情況，若污染嚴重，「應該永遠封閉劃為禁區，因為受污染的地區植物、生物、胎兒都會出現畸形。」

習江最血腥生死搏殺 張高麗中槍

第二章

一場徹頭徹尾的人禍

8 月 12 日深夜，天津濱海新區瑞海國際物流公司危化品堆垛發生火災爆炸後，全世界都在查找瑞海公司的背景，從公司選址到安全管理，為何能違規到如此惡劣地步，誰是瑞海的保護傘？

2015 年 8 月 15 日天津大爆炸事故周邊的住宅區一夕成廢墟。（AFP）

第一節

起底瑞海公司：靠權勢堆積的危險民企

民營企業的瑞海國際物流有限公司能拿下危險品儲存資質，令許多業界中人感到意外和神祕。圖為 2015 年 8 月 17 日大爆炸五天之後的現場景象。（AFP）

總經理是天津副市長只昇華的親戚

2015 年 8 月 13 日，據 mitbbs 軍事天地版 OlilO 網友爆料：「爆炸公司總裁只峰，是天津副市長只昇華的兒子。只昇華是原天津分管消防安全的副市長。2012 年天津薊縣商場大火，死了一層人，報導死亡 10 人，只昇華安然無恙。」

「只」是一個很少見的姓。8 月 14 日上午，在第二次新聞發布會結束時，有現場記者向主席台大喊：「只峰是誰？」未獲回應。澎湃新聞報導引述中共天津市政協一名工作人員稱，只昇華目前已經退休。而只昇華的同族叔叔只茂順表示，只峰並非只昇華的兒子，兩人到底是什麼親戚關係，還有待調查。

公開資料顯示，1951 年出生的只昇華，從 2003 年起先後任天津市副市長，大港區委書記、市委濱海新區工委副書記，市委政法委副書記，天津市政協黨組副書記、副主席。據海外明慧網報導，只昇華擔任大港區委書記等職時，積極參與迫害法輪功。

虛假的持股人與違規的經營範圍

工商資料顯示，瑞海國際物流公司註冊時間為 2012 年 11 月 28 日，註冊資本 5000 萬元，股東為李亮、舒錚二人，法定代表人是李亮。其中李亮持股 55%、舒錚持股 45%。李亮認繳出資額 2750 萬元，2013 年 1 月 22 日實繳 550 萬元；舒錚認繳出資額為 2250 萬元，2013 年 1 月 22 日實繳 450 萬元。

然而舒錚在接受媒體採訪時表示，他只是天津某機關普通工作人員，僅僅是替朋友代持。經媒體調查發現，舒錚確實為一名普通的工薪人員，並沒有如此大項目的投資能力。據《新京報》報導，該公司主要人員 6 人，李亮為董事長，只峰為法人代表和總經理，監事為陳雅佺，另有董事尚慶森、曹海軍和舒錚。據官媒央視消息稱，相關企業負責人已被控制。

瑞海公司註冊地址是天津東疆保稅港區亞洲路 6975 號，經營範圍包括倉儲（危化品除外，港區內除外）、裝卸搬運（港區內除外）。到 2013 年 1 月 24 日，瑞海經營範圍中的「倉儲（危化品除外，港區內除外）」，變更為「在港區內從事倉儲業務經營（危化品除外）」。一年後，經營範圍又變更為「在港區內從事倉儲業務經營」。從這時起，從工商管理層面，瑞海就有了危化品作業的資格。

據《新京報》報導，2013 年 5 月 4 日，天津市交通運輸和港口管理局發布了《關於天津東疆保稅港區瑞海國際物流有限公司港口經營資質的批復》，允許瑞海從事危險品的經營。等到了2015年1月29日，瑞海公司增加註冊資本1億元人民幣，同時法定代表人由李亮變更為只峰。

不到五個月後的2015年6月23日，瑞海就拿到了《中華人民共和國港口經營許可證》（津）港經證（ZC-543-03）號及《港口危險貨物作業附證》。根據相關法律規定，要想從事危險品作業，只有兩種途徑，一是取得以上的「兩證」，或是擁有《危險化學品經營許可證》。而《新京報》記者調查，2015年6月23日之前，在這兩個必備條件都不具備的情況下，瑞海已經從事危險品作業了。

據調查，在天津港只有三個危險化學品倉庫，一個在瑞海這個民營企業的旗下，另兩家歸國營企業管理。事發前兩個月瑞海才拿到合法證件，而事發前一個多月的2015年7月9日，瑞海公司被兩次列入經營異常名錄，原因分別為未按規定公示2013年度報告、未按規定公示2014年度報告。有人質疑，企業的年度報會一般在次年公布，為何一兩年前的經營異常問題，到現在才公布？莫非是中紀委巡視組來調查了？

天津港公安局原局長之子暗控瑞海

8月17日，《新京報》發表了《前公安局長之子被指持瑞海暗股》的文章，稱8月15日，躺在病床上的瑞海法人代表只峰因為重傷，不能開口說話，前法人代表李亮至今不知去向。16日下午，瑞海的股東之一舒錚向媒體表示，與瑞海公司沒有關聯，自己是代持股份，「只知道有人用了我的身分證」。惹禍的瑞海公司成了「沒主兒」的企業，這更激發了人們尋找其幕後真正操盤手的熱情。

據財新網獨家報導，瑞海公司的真實股東之一為天津港公安局前局長董培軍之子董濛濛。董濛濛雖未出現在公司股東之列，但已被帶走調查。

據說，包括只峰在內的瑞海物流法定代表人其實都是「小螞蟻」，背後有更深背景。據指，董濛濛從 90 年代開始從事物流業，該公司有多名實際控制人，董濛濛只是其中實際占股很小的一個。據一名在天津港公安局工作數年的警察表示，2014 年董培軍因癌症死亡，董濛濛現在幹什麼誰也不清楚。

另有傳媒引述知情人士表示，董濛濛的真實姓名為董社軒，他還用過董瑞海這個名字。從網上資料顯示，董社軒曾在濱海新區業餘足球協會超級聯賽中擔任瑞海物流的球隊隊長。此外，在天津泰達集團下屬網站「泰達政府門戶網」中查詢泰達內資企業，可查到兩家以「董社軒」為法人代表的企業。

天津市副市長何樹山 8 月 17 日在記者會上，就瑞海公司有股東為天津港公安局原局長之子回應稱，當局目前調查的都是大量生產危化品的企業情況，瑞海股東情況「有待調查」。

瑞海存在多種違規行為

《新京報》調查還發現，瑞海公司的危化品在存放等多個環節都有違規之處。

比如按照倉庫存放規劃顯示，瑞海可存放量 24 噸的氰化鈉，但實際存放了700噸氰化鈉。2013年在允許瑞海經營危險品的批復，天津市交通運輸和港口管理局要求要用1.8萬平方米的面積來存放危化品，中轉倉庫為3117.81平方米，允許用來存放燒鹼，然而在實際中，瑞海把危險品主要存放在中轉倉庫。按照《危險化學品經營授權管理辦法》：未按規矩存放的，一經發現，責令改正，處5萬元以上10萬元以下罰款。

根據安監局下發的《危險化學品經營企業開業條件和技術要求》，除了危化品的倉儲場所要求大中型倉庫與周圍公共建築物、交通幹線、工礦企業等的距離應在1000米以上，庫存危險化學品應保持相應的垛距、牆距、柱距。垛與垛間距不小於0.8米，單一品種存放量不能超過500千克，總品質不能超過2噸。而瑞海危化品堆垛之間的距離在0.4米至0.5米，一次裝箱的危化品重量在6至30噸。

《新京報》的調查顯示，瑞海是個「三不管」的企業，濱海新區安監局塘沽分局、東疆保稅港區管委會等政府機構，都宣稱「瑞海國際的具體安全監管不歸我們」。最後從批文上查到，瑞海歸天津港規劃建設部管。專家表示，天津港原是國營企業，後來從行政事業單位轉制為國企之後，從法律上來講是不具備行政審批權的，因而其對瑞海公司規劃建設的審批屬於違法審批。按理來說，天津市規劃、建設和環保等政府部門才擁有對瑞海公司的行政審批權。

「瑞海國際不去辦理《危險化學品經營許可證》，而去辦理《港口經營許可證》這一點就很微妙，好像在故意和港口靠攏。」天津一名安全評價機構的評價師說。濱海新區安監局一位工作人員表示，「天津港有自己的一套系統，瑞海的審批都在他們那裡，和我們沒多大關係。」

天津副市長避談瑞海背景

天津濱海新區爆炸事故發生近 5 天之後，涉事企業瑞海國際的負責人卻一直未在公眾面前出現。政府有關方面一方面要求民眾不要「傳謠信謠」，另一方面又對公眾關心的疑問閉口不言避而不答。這種對公眾知情權的蔑視不但引發了網上更多疑幻疑真的謠言，也激怒了大陸傳媒下決心去挖掘事件的真相。在早前關於瑞海國際總經理只峰其父是前天津副市長的傳言被「澄清」之後，最後的焦點落到瑞海公司的「幕後股東」身分上。

等到了 8 月 17 日，天津市主管安全生產的副市長何樹山第一次出現在新聞發布會上。澎湃新聞提問：有媒體報導稱，瑞海公司有股東為天津港公安局原局長之子，並已被帶走調查，請問何樹山副市長能否給予證實？對此何樹山既不證實也不否認，只是含糊回應說，「股東的情況會等調查組調查」。

大陸媒體報導說，作為民營企業的瑞海國際物流有限公司能拿下危險品儲存資質令許多業界中人感到意外和神祕，因為連國企中儲公司曾作該項申請都未獲批。

物流業人士說，按照正常的港口流程，做危險品物流，必須經過多年歷練，「經過 5 年 10 年，各方面設施都很齊備，再向港務局申請，先從 8、9 類危險品做起，再到高危的。」「最近三年來，普通企業連 9 類危險品都不允許做，只要被查，就不被允許出關。但瑞海就這麼在各單位眼皮底下的一塊地上硬是擠了進來」。瑞海國際設立才兩年，就拿下這令人豔羨的資質，令天津港的同行很驚訝。「沒學會爬，就開始走了」。

公開資料顯示，從開始運轉一年多時間裡，瑞海的物流量，已經達到 100 萬噸，年收入達 3000 萬元。

關於瑞海公司的背景與靠山，除了原天津副市長只昇華、原天津市公安局長董培軍之外，還有消息說，和原天津市委書記張高麗有關。據說張高麗的親家才是瑞海背後的真正掌控人。

在天津爆炸事件持續發酵之際，一張中共江派常委張高麗早年巴結江澤民「抬轎上位」的舊照網路熱傳。（網路圖片）

值得關注的是，就在天津爆炸事件持續發酵之際，一張張高麗早年巴結江澤民「抬轎上位」的舊照在網路熱傳，有評論說，這是當局用「你懂的」手法，暗示張高麗靠拍江澤民馬屁才爬上來的不光彩仕途。

人們看到，近來張高麗厄運連連，不但和天津爆炸案的瑞海關係不明不白，而且和江蘇省原常委趙少麟案直接相關，再加上「追查國際」拿到張高麗親口答應要替江澤民在政治局會上掩蓋江派活摘上百萬法輪功學員器官的罪行，以及北戴河會上習近平提出的官員「能上能下」的名單，諸多跡象表明，周永康之後落馬的第二個政治局常委級別的「大老虎」就是張高麗。

第二節

瑞海隱形股東之父與武長順交好

有陸媒稱，天津爆炸涉事的瑞海公司隱形股東董社軒的父親董培軍，被指與已落馬的天津原公安局長武長順的關係很好。（新紀元合成圖）

傳瑞海隱形股東之父與武長順交好

8 月 18 日，中共官媒《天津日報》報導，天津爆炸事發企業瑞海國際物流有限公司的 10 名高層，在爆炸發生 8 小時後被警方控制。

據悉，這 10 人是指瑞海國際實際控制人于學偉、董事長李亮、副董事長曹海軍、董社軒、財務總監宋齊、總經理只峰、主管安保的副總經理尚慶森、副總劉振國、操作部長貝勝強和李某某。

8 月 19 日，大陸媒體《新京報》報導，8 月 17 日，據天津塘沽多名官員交叉證實，公司的副董事長董社軒是瑞海公司的真實股東之一，持暗股並參與公司經營。

報導稱，董社軒，又名董濛濛（音），是已故天津港公安局原局長董培軍之子。據媒體報導稱，他還用過董瑞海這個名字。

據悉，作為天津港公安局長的董培軍，當時主管的就是碼頭的物流問題。

一名不願具名的接近天津港公安局人士透露，董培軍「能量很大，多次被告，平安過關，與武局（武長順）的關係很好」。數名天津市官員證實，2014 年患癌症去世的董培軍，在去世前已因涉嫌濫用職權為親屬牟利以及貪污受賄被相關部門調查。

一位參與辦案人員透露，調查期間，董培軍因身體不適被送往醫院，隨後在醫院肝癌晚期發作不治身亡，相關線索中斷。

武長順曾被習近平內部點名

2014 年 7 月 20 日，中共天津市政協副主席、前天津市公安局局長武長順被宣布接受調查，幾天後被免職。2015 年 2 月 13 日，中共中紀委網站通報，武長順被立案審查並被「雙開」。

武長順得到中共前政法委書記周永康的賞識。2007 年 6 月宋平順事件之後，武長順遭到調查，據傳因得到周永康的包庇而過關。武長順曾在 1999 年「4．25 事件」中參與具體操作構陷法輪功。

2015 年 4 月 2 日，大陸媒體財新網稱，習近平曾在中紀委一次會議上談及武長順案時說：「（天津）有個武爺，天津的停車場都成他們家的了，無法無天……18 大後還這麼瘋狂，前所未聞。」

第三節

誰下令用水噴？為何有蘑菇雲？

天津大爆炸的威力堪與「核爆」相比，破壞力非常巨大。（大紀元資料室）

他山之石：美國化學品倉庫火災

古人說，「有比較才有鑒別」，也許是老天悲憫，看國人不悟，就在天津發生特大爆炸案一天多的美國德克薩斯當地時間 8 月 14 日下午四點半，休斯頓北部康羅市的一家生產密封材料、葉岩抑制劑和潤滑劑的石油工業供應公司發生了一系列爆炸，火光沖天，眼看就要發生一起悲劇。不過，中美雙方的處理辦法大不相同，結果也大不相同。

署名「心路獨舞」的網友在綜合美國新聞和採訪專家後，發表了《訪談錄：美國消防專家談化學品倉庫火災救援——誰說美國消防沒有 Burn-down 原則？》的原創文章。

文章說：「震驚世界的天津瑞海公司危險品倉庫爆炸事故的死亡人數目前已經上升到了 112 人，圍繞著爆炸起因和消防措施的是否得當目前網友中的爭議特別激烈，有些人說這種規模的化學品倉庫爆炸一定還會跟著二次和多次爆炸，國際消防通用的是 Burn-Down（燒光）原則，劃出隔離帶，人員撤乾淨；也有人出來發文質疑這個原則是編造的，因此短時間內我便收到了大量網友微友的留言求證，請在美國的我以業內人士的優勢來搜索英文媒體和專業資料庫，採訪消防專家，從而給出確切的答案。

誰知我還沒開始動手調研呢，美國就發生了一起化學品公司的爆炸事件：

據美國哥倫比亞廣播公司（CBS）第一時間報導，德克薩斯當地時間 8 月 14 日下午 4 點半，休斯頓北部康羅市的一家生產密封材料、葉岩抑制劑和潤滑劑的石油工業供應公司發生了一系列爆炸，觸發三級火警，現場濃煙密布。幾個消防支隊和危險品處理工作組迅速趕到現場，同時政府的緊急通知體系啟動運行，通知火災現場兩英里（3.2 公里）內的居民關閉空調（美國偏南方的房子以中央空調為主）待在室內，後警報縮小到半英里。

慶幸的是這次爆炸並沒造成任何人員傷亡，趕到現場的消防人員也沒有馬上用水滅火，而是和危險品處理專家商議決定先讓火燃盡（burn down），以防其中有什麼危險化學品，同時快速確認正在燃燒的物質到底是什麼，也好選擇正確的滅火阻燃劑，到 6 點左右消防人員決定用泡沫滅火，並很快將火勢控制住了。該郡的消防局局長吉米　威廉姆斯（Jimmy Williams）是這樣告訴記者的，『有時最好的滅火策略是按兵不動任其燃燒，因為我們不想讓消防員陷入危險之中。』

從美國化工廠的地圖來看，周圍有綠色防護帶，即使化學品猛烈爆炸燃燒，也不會殃及遠處的居民。」

天津消防員未被告知不能用水滅火

與之對應的是，按照官方新聞發布會提供的信息，8 月 12 日深夜天津港發生爆炸後，天津消防共投入了「46 個消防中隊 151 部消防車、一台無人機、1000 餘名消防官兵滅火」，不幸的是，這些年輕的生命大多遇難，現場經濟損失數百億。

據《南方周末》報導，第一批趕到火災現場的 100 多天津港的消防臨時工，一上來就用水撲滅一個正在劇烈燃燒的集裝箱，因為現場並無人告知他們有不能沾水的危險化學品。該消防員說，「開始是一個集裝箱，大概噴水 10 多分鐘，聽見啪啪啪響，然後集裝箱就亮了。先是一個小爆炸，後來就出事了。」

這裡有些蹊蹺的是，作為天津港的專業消防隊，選擇怎樣的滅火劑是最基本的常識。化學品滅火要用泡沫式滅火，而不能用水，那是誰下令用水滅火呢？

北京的一名消防隊員學員王吉（化名）向媒體表示，「不同的化學品要用不同滅火劑，我們都要學習。電石遇水反應，不能用水。」而在現場用什麼滅火劑，「應該是指揮員決定的。」

誰是指揮員呢？人們不得而知，而且永遠也不會知道。

諷刺的是，2013 年 11 月 8 日，瑞海公司進行了重大危險源火災事故應急預案的演練，演練結果是「本公司重大危險源事故應急預案制定合理有效，演練運行較真實。」

危化品起火 到底該不該澆水？

8月15日，財新網一篇文章討論了危險品起火，到底該不該澆水？文章認為，天津爆炸事故目前尚難以得出滅火不當引發大爆炸的結論，但充分暴露了危化品消防作戰經驗及應急能力的嚴重不足。

清華大學公共安全研究院副院長袁宏永分析稱，目前不宜武斷結論，火勢進一步加大的原因有很多，也可能不用水冷卻，爆炸來得更早更猛烈。沒有經過火場勘察和科學研判，現在得出任何結論都是不負責任的，也是對逝者的不尊重。

一名消防業內人士也表示，在不知道集裝箱內危化品物品性質情況下的救援，是一個極大的難題。「之前化學品管理、消防預案沒有做好，不知道起火的是什麼。這時候情況就非常麻煩。鈉、電石遇水會爆炸，但硝酸鹽遇熱也會爆炸，降溫又很有必要。」

大陸某危險品國際物流公司負責人說，碰到不明危化品起火時，首先應該考慮隔離火源、搬離附近貨物、避免擴散的處理方式。這就是國際上通用的「燒光 burn down」政策。

8月15日上午10時，在天津爆炸事故第四次新聞發布會上，天津市安監局副局長高懷友稱，初步認為事故危化品主要集中在裝箱區和運抵區。裝箱區的危險化學品可能有鉀、鈉、氯酸鈉、硝酸鉀、燒鹼、硫化堿、矽化鈣、三氯乙烯、氯磺酸等。運抵區的危險化學品可能有環己胺、二甲基二硫、甲酸、硝酸銨、氰化鈉、四六二硝基、鄰仲丁基等。另外根據掌握的信息分析，瑞海公司最近一個月出口量比較大的危險品有硫化鈉、硫氰化鈉、氯酸鈉、鈣、鎂、鈉，硝化纖維素、硝酸鈣、硝酸鉀、硝酸銨、氰化鈉等。

從公布的這些情況來看，當時堆場上危化品性質複雜，相當多種類不能碰水，鈣、鎂、鉀、鈉、矽化鈣等遇水都會劇烈反應、爆炸，氰化鈉本身劇毒、不可燃，但遇水會產生劇毒揮發性的氰化氫，在空氣中含量達到5.6～12.8%時，具有爆炸性。硝酸銨等則受熱易爆炸。

昆明消防指揮學校以及長沙市消防支隊的范茂魁、李海江等人，曾對危險化學品事故應急救援中消防員傷亡原因進行研究發現，偵查不到位和爆炸導致消防員死亡的關聯度最高。

袁宏永還說，消防是一門實踐性科學，優秀的消防員需要經驗積累。大多數發達國家採用職業化的消防體制，消防員的福利待遇優厚，可以作為終身職業，而中國的消防屬於現役體制，隊伍流動性大，不利於經驗積累。

傳爆炸原因基本確定鈉遇水爆炸

8月17日下午據騰訊財經報導，一名核生化救援部隊的士兵說，爆炸原因基本確認是因倉庫內金屬鈉遇到水後引發爆炸，但截至目前，爆炸前著火原因仍不明。此前17日早晨的天津市新聞發布會上提問環節中，有記者問目前調查是否能確定爆炸原因，天津市副市長何樹山宣稱，國務院已經成立調查組，一切有待調查組調查。

在 17 日之前，人們現場發回的圖片顯示，猜測是電石的作用。因為距離爆炸地點 200 米處的數百輛汽車被爆炸引發的熱浪燒毀，據此推測，燃燒過程達到了較高的溫度。僅通過高溫難以判斷爆炸物的具體種類，但由於瑞海倉庫裡有電石，電石遇水產生乙炔，乙炔由於燃燒溫度較高，能熔化鐵、鋁等汽車材料，因此乙炔常用於焊接和切割金屬。現場人們也看到了被燒熔化的車輪軸承。

該核生化人士宣稱，目前數百噸的氰化鈉大體位置已經找到，但仍未處置，到達這一位置的道路仍未打通。 他告訴騰訊財經，這些氰化鈉外洩的量相對較小。對於這些氰化鈉的處理方案將是轉移處理，已洩露的則使用雙氧水中和。

媒體此前對倖存消防員的採訪，事發當晚，距離起火源點 100 多米的消防隊發現火情，隨後驅動消防車前往滅火，一車水用完之後返回取水，也就在這時，爆炸發生了。

有報導引述受傷消防員表示，當時並沒有被告知不可以用水救火。有隊友用對講機吩咐他找水，正要鑿開一個鐵門以打開最近一個消防栓時，對講機傳來隊長的聲音說：「情況不對，大家先撤出來」不到一分鐘，爆炸就發生了。

公安部消防局宣傳處副處長雷進德在受訪時聲稱，當時救火處置措施是科學的，第一批消防員肯定用水滅火，因為首先要進行冷卻，消防員不是明知現場有遇水會產生易爆氣體的電石都貿然用水滅火那麼蠢，而是當時不知道電石在什麼位置。雷進等也承認，公安消防車上沒有砂石一類的滅火用具，並稱如果要準備砂石，應該是港務消防隊的責任。

按照相應國家標準，工業金屬鈉產品應採用雙層包裝，外包裝為鐵桶，內包裝為雙層聚乙烯塑膠袋，包裝時應該將袋內空氣排淨避免氧化，每桶淨含量為 40KG 或 150KG。 在運輸時，工業金屬鈉必須用密閉的運輸工具，嚴防水進入包裝桶內。在運輸途中，需要注意防水、防熱、防撞擊，以及遠離易燃物。

此外，根據國標 GB 22379-2008，在發生火災的情況下，可使用乾沙、乾粉、石棉布滅火，不得使用含水的滅火器進行滅火。

爆炸威力巨大 核生化部隊出場

8 月 13 日上午 11 時許，在天津爆炸核心區域情況不明、救援暫緩的情況下，北京軍區某防化團派出由 214 名官兵組成的「國家級核生化」應急救援隊，從北京出發，騎摩托車到天津爆炸現場。

由於中共封鎖信息，一時間人們難以得到最終答案，不過海內外諸多分析認為，這次天津大爆炸的威力堪與「核爆」相比，破壞力非常巨大。

有關蘑菇雲的產生，專家指出，不是只有核爆時才會有蘑菇雲，蘑菇雲是地面大當量炸藥爆炸所特有的現象。爆炸時，由於爆炸中心溫度很高，空氣受熱膨脹上升導致在爆炸中心產生近似於真空的一個類圓柱形區域，真空所導致的吸力將地面上的砂石吸起，砂石在高空擴散從而產生蘑菇雲。

8 月 14 日題為《天津大爆炸的技術分析和邏輯推理》的文章稱：從現有的報導來看，天津大爆炸將方圓一公里範圍內的汽車徹底摧毀，房屋玻璃全部粉碎，人員傷亡超過美英聯軍投在伊拉克密集人群中的任何一個戰斧導彈！

文章還給出了天津大爆炸同過去全球發生的幾次大爆炸事故相比較，如果拋開核輻射的影響，只考慮爆炸威力和所造成的傷亡人數及爆炸殺傷半徑，可以說天津大爆炸的爆炸威力是大於戰斧導彈的威力，略小於福島核電廠爆炸的威力。

官方稱，天津濱海新區軍事部事後組織了 130 人的民兵防化應急分隊和民兵無人機偵察分隊、民兵直升機分隊在現場配合撲火救援工作。從露面至今，該防化團的動向僅在中共國家媒體央視的直播連線中出現過兩次，官方並未向外界宣布關於該部隊任務的更多信息。

據悉，此次至天津救援的是一支國家級核生化應急救援隊，也是中共軍隊唯一的國家級核生化應急救援隊。該防化團分兩批攜帶救援遙測車、防化偵測車、遙控機器人、救援檢測儀等 50 多台車輛、百餘種救援設備，從駐地赴火場，第一梯隊派出23人，出動 4 台車輛，200 餘件設備。

天津大爆炸發生時間為 12 日晚 11 時左右，而直到 13 日上午 11 時許，時隔 12 個小時之後，這個國家級生化救援隊才趕到現場。有分析認為，爆炸現場並未有放射性物質，主要是因為有毒物質太多，只有防化服才能抵禦，故而派出了防化部隊。

第三章

橫行十載
津門「武爺」落馬

瑞海國際因天津「8・12」大爆炸而成為各界關注焦點，其公司實際操控者被曝光與2014年落馬的天津公安局長武長順關係匪淺。植根天津警界44年，武長順長期為非作歹，殘害百姓。天津人說，「如果不查武長順，反腐在天津就是個大笑話」。

武長順盤據天津公安系統44年，在津門向有「武爺」之稱。（大紀元資料室）

第一節

中紀委與天津公安局長暗戰

瑞海國際物流公司因天津「8·12」大爆炸而成為各界關注焦點，其公司實際操控者被曝光與天津「武局」（武長順）有不一般的關係。2015 年 8 月 20 日，中央紀委監察部網站公布了 2014 年巡視組在天津巡視期間遭遇天津公安局局長武長順的暗鬥片段。

被大陸官媒起底的董社軒持有瑞海公司暗股，其父天津港公安局原局長董培軍是其後台。據報，董培軍「能量很大，多次被告，平安過關，與武局（武長順）的關係很好。」

習近平：天津武長順無法無天

武長順曾任天津市公安局長、天津市政協副主席，在天津公安系統任職 44 年，其中擔任過 11 年的天津市公安局副局長兼公安交管局局長和 11 年的天津市公安局局長，根深樹茂，關係眾多，在津門向有「武爺」之稱。

習近平陣營的大陸媒體「財新網」2015 年 4 月 2 日獨家報導表示，習近平在中紀委一次會議上談及武長順案時說：「（天津）有個武爺，天津的停車場都成他們家的了，無法無天……18 大後還這麼瘋狂，前所未聞。」

2014 年 3 月 28 日，中央第五巡視組進駐天津。期間巡視組收到舉報信件 5000 多封，來電 3000 多個，來訪 4000 多人次。在這些海量信息中，大量內容涉及武長順。主要集中在有關武長順違規經商辦企業、濫用職權、貪污受賄等問題。武長順被中央巡視組鎖定為目標。

巡視組與武長順盤旋暗戰

據報，在巡視天津期間，中央第五巡視組與武長順盤旋暗戰，不僅要提防被監聽、監控而洩露信息，還要設法確保舉報人的安全。武長順在天津公安系統工作 44 年、當公安局長 11 年，他嗅覺靈敏，為人狡詐，手段毒辣，反調查能力非同一般。

巡視組人員稱，「比如開會，我們故意打開收音機製造干擾，防止竊聽。」甚至，他們還請相關部門把會議室、居住房間全部掃描了一遍，確保信息不洩露。

雖然有眾多的舉報人，但是大多懾於武長順的勢力，不敢接受巡視人員的約談。巡視組最終決定將舉報人約到北京面談。另外，巡視人員讓舉報人換了一個新手機卡。

據稱，舉報人即使到了中央紀委，那顆習慣性緊張的心依然難以放鬆。一進辦公室，就趕緊摳下手機電池，「不瞞你說，一路換了我三次車牌！」他知道，一旦被盯上，武長順什麼招數都使得出來。

武長順威脅巡視員

2014 年清明節剛過，中央巡視組一名工作人員突然接到一個特殊的電話，說某中央領導辦公室給組長帶了本書，問什麼時候給他送去。

組長王明方決定「讓他送來！」後來拿到書才發現，這只是狡猾的武長順向他們耍的一個花招。那本書根本與「中央領導辦公室」沒有半點關係。2014 年 5 月 28 日，巡視結束。

2014 年 7 月 20 日，武長順被正式通報接受調查，聽到這個消息，天津一些民眾走上街頭，燃炮示慶。

第二節

天津 3 政法貪官 2 情婦斂財近百億

自 2006 年底以來，天津政法系統先後有李寶金、宋平順與武長順三名高官落馬。 武長順之所以猖狂，與天津官場的長期黑暗直接相關。2015 年 6 月 21 日，有媒體人刊文披露這三名貪官或其情婦的斂財內幕，其中李寶金的情婦王小毛斂財近百億元。

宋平順情婦靠三家公司日進千萬

2015 年 6 月 21 日，大陸《財經》雜誌副主編羅昌平在海外媒體刊文，披露了天津政法系統貪官宋平順、李寶金情婦和武長順本人的斂財內幕，其中李寶金的情婦王小毛斂財近百億元。

文章稱，原中共天津市委副書記、政法委書記、政協主席宋平順，天津市政法委副書記、公安黨委書記、局長、政協副主席武長順，兩人前後執掌天津警界近 30 年，與原天津市政法委副書記、檢察院檢察長李寶金並稱「津門政法三虎」。

宋平順的情婦是許敏。在天津市工商局一樓大廳以「許敏」之名檢索，發現由其擔任法定代表人的企業共 3 家——北方信息產業（天津）有限公司、順風（天津）消防設施維修檢測有限公司、順安企業（天津）有限公司。承攬工程中有天津市公安局 110 指揮系統的小型機集成項目工程、圖像監控系統工程、DLP 大螢幕等。該公司還承攬了天津、重慶兩直轄市的 119 部分工程。

這些工程均來自公安及交管系統，均屬於曾任天津市公安局長、市委政法委書記宋平順的權力範圍。在宋平順升為市政協主席之後，接手人正是武長順。此二人統治津門公安超過 20 年。

許敏的另外兩個利益之源，分別是 2000 年 8 月開業的順風（天津）消防設施維修檢測有限公司和 1998 年 5 月成立的天津市機動車駕駛適應性檢測中心。前者法定代表人為許敏本人，該公司主業是消防設施的檢測、維修和保養等；後者隸屬天津市公安局交通管理局，法定代表人為武長順。

這個檢測中心是天津市所有機動車駕駛員檢測、辦證、年檢的場所，駕駛員體檢也要在這裡進行。一名駕駛員的體檢費用為 95 元，換一次證也需要五、六十元。但知情人士透露，多數情況下，辦證人根本不用體檢，檢測中心的人只管收錢、蓋章。

區區三家公司，許敏每天斬獲的淨利潤就數以千萬計，就現金流而言並不遜於管理 19 家系列公司的李寶金情婦王小毛，這是她們最大的差別。

2007 年 6 月 3 日，宋平順自殺身亡。此時，許敏已經潛逃國外，其名下所有公司的帳戶被凍結。後來，為了將其二弟任玉龍取保候審，許敏還從境外回款 2000 萬元。

李寶金情婦王小毛斂財近百億

據羅昌平文章披露，李寶金情婦王小毛掌控著浩天集團。這個「安靜」的公司，案發前卻在天津地產界鬧出了很大的動靜。它迅速躋身於天津地產大腕陣營，給業界留下兩大印象：一是能較便宜地拿到五大道黃金地段；二是似乎從不缺錢。

1992 年，王小毛弟弟涉嫌詐騙被警方抓獲，王因此與時任天津市公安局黨委書記的李寶金相識，從此利益共沾。1995 年王小毛成立了浩天房地產公司，十多年下來，王已擁資產近百億。

1998 年起，李寶金兩度連任天津檢察院檢察長，於是浩天地產獲得「黃金八年」的發展期，並擴展為浩天集團，財富圖譜陸續向教育醫療、高速公路等暴利行業擴張，相繼控股的公司達到 20 家，資產達 30 億元。

案發前的 2006 年，王小毛參建了 2008 年北京奧運會的配套工程——津汕（天津至汕頭）高速公路天津段，這個項目總投資 40 億元，全長 52.54 公里，連接北京奧運主會場與天津、青島兩個分會場。

2006 年底，李寶金因與情婦王小毛的灰色關係而東窗事發。2007 年 12 月 19 日，李寶金涉嫌受賄，被河北省滄州市中級法院以受賄罪和挪用公款罪兩罪並罰，判處死刑，緩刑 2 年，並剝奪政治權利終身及沒收個人財產。

2008 年 10 月，王小毛亦因受賄罪、偷稅罪被天津市二中院一審領刑 6 年，並處罰金 700 萬元。

武長順白天公安局長 晚上當董事長

羅昌平也指出武長順私生活糜爛，比如長期與多名女性通姦，其中 4 名公安系統的女性為其生育非婚生子女。至於經濟方面，僅天津市公安系統給武長順行賄者就有 23 名；武長順本人貪污 4 億多元，賣官收入 8400 萬元，行賄 1000 多萬元，挪用公款 1 億多元，收受禮金 33 萬元，違反財經紀律涉及金額 15 億元，其中 4 億元為違規發放。武長順的家人名下有 70 餘家企業。

2014 年 7 月 20 日，武長順被宣布接受調查，幾天後被免職。2015 年 2 月 13 日，中紀委網站通報，武長順被立案審查並被「雙開」。4 月 2 日，大陸媒體財新網報導，3 月 26 日，「津門第一虎」武長順的貪腐案情在天津政法系統中通報。根據當地消息人士的轉述，通報中提及，習近平在中紀委一次會議上談及武長順案時說：「（天津）有個武爺，天津的停車場都成他們家的了，無法無天……18 大後還這麼瘋狂，前所未聞。」

中共中央政法委書記孟建柱也在政法委系統的會議上稱，武長順白天當公安局長，晚上當董事長。

武長順和宋平順參與構陷法輪功

1999 年 4 月，當時的政法委書記羅干的連襟、科痞何祚庥在天津一個雜誌上刊文《我不贊成青少年練氣功》，暗示煉法輪功會出問題、甚至「亡國」。許多法輪功學員因此前往該雜誌編輯部講真相，但天津方面出動防暴警察，驅趕法輪功學員，並毆打逮捕 45 人。

1999 年 4 月 25 日，超過一萬名法輪功學員到中南海上訪，警方把人流導向中南海府右街，形成了所謂的「包圍中南海」狀態。事件在時任總理朱鎔基調解下解決，法輪功學員平和散去。這次上訪被外界視為中國大陸和平上訪的豐碑。

時任中共總書記的江澤民出於妒嫉，在 1999 年 7 月 20 日展開對法輪功的全面鎮壓，中共構陷法輪功學員「包圍中南海」，成了江澤民所利用的藉口。

曾經是北京公安的一名政保科長，二級警督鐘桂春披露：天津公安有意把這事情搞大，它就是通過羅干的親戚何祚庥這個科痞在雜誌上發表攻擊法輪大法的文章，法輪功學員去找到這個天津雜誌社講理時，天津市公安局還抓了 45 位法輪功學員。然而那個公安局長宋平順造謠：天津市公安局一個人都沒抓。

當法輪功學員請求放人時，在天津市政府被告知，公安部介入了這個事件，如果沒有北京的授權，被逮捕的法輪功學員不會得到釋放。天津公安向法輪功學員建議：「你們去北京吧，去北京才能解決問題。」

還原「4．25 事件」的真相，宋平順是非常關鍵的人物之一，因為天津公安抓人是事件的起因。時任天津公安局局長宋平順是構陷法輪功學員的直接策劃者和指揮者。

1998 年 9 月至 2003 年 2 月，武長順任天津市公安局黨委副書記、副局長兼交通管理局黨委書記、局長。據報導，武長順是引發 1999 年「4．25 事件」的具體操作人，也是關鍵人物。而其上級，當時的天津市副市長、市政法委書記、市公安局局長宋平順是夥同中共前政法委書記羅干，直接參與構陷法輪功包圍中南海事件的策劃者之一。

第三節

天津高官宋平順是自殺還是遭政治滅口

關於宋平順的離奇死亡，《新紀元》在 2007 年 6 月 21 日出街的第 24 期，就刊登了張海山的新聞綜述：「天津高官宋平順是自殺還是遭政治滅口」。下面原文轉載如下，請讀者看看 8 年前《新紀元》的分析是否中肯。

近日天津官場爆出特大新聞，今年 62 歲的天津市政協主席宋平順在辦公樓內突然身亡。經網易轉載海外媒體報導後，國內網路紛紛熱傳熱評，外界亦多方揣測其死因，中共官方則嚴厲封鎖消息，大量刪除網民關於宋死因和背景的帖子。

消息透露，天津公安系統另一個重要頭目公安局長武長順潛逃。

宋平順死因有多個版本

最早海外報導稱宋平順是割喉身亡，自由亞洲採訪天津市民稱是槍殺，也有人說是墜樓死亡，還有一個傳聞是服藥後上吊死亡，路透社引用消息來源稱是服過量安眠藥死在床上。

有消息稱，6 月 4 日傍晚，中紀委書記吳官正找宋平順談話兩小時，希望他「說清楚」。不料吳官正走後不久，宋即被發現在政協辦公大樓內身亡。宋平順在任天津市政法委書記期間，積極參與江對天津法輪功的迫害，血債累累。外界尚不知道吳與宋談論的話題，但從宋立即死亡來看，該話題不應是個一般貪腐話題，而是涉及政治勢力的核心黑幕。

分析人士認為，很多官員「雙規」調查期間死亡，不排除以下幾種可能：

1. 不堪忍受酷刑自殺；
2. 為保親戚朋友而自殺；
3. 被酷刑致死，對外說自殺；
4. 遭更高層的人滅口。

新華社來了個一錘定音

就在外界對宋平順之死議論紛紛之時，新華社來了個「一錘定音」。2007 年 6 月 8 日晚 11 時，新華社罕見發布消息證實宋平順之死的傳言，包括 BBC 中文網在內的海外媒體引述了新華社的報導。

新華社稱：6 月 4 日發現天津市政協主席宋平順死亡。經公安機關現場勘查、檢驗鑑定，確定宋平順係自殺身亡。據悉，有關部門收到過對宋平順問題的反映，現已著手進行調查了解。

觀察家們說，新華社犯了一個錯誤。新華社面對一個正部級高官突然死亡的重大事件，不僅沒有對死因持有任何慎重的態度，反而果斷使用沒有任何細節的一句話，並公開確認了宋是「自殺」無疑，更積極開展對種種死無對證的舉報問題的調查。先後次序混亂，顯然官方某勢力有對宋平順「自殺」定論的超前設計。

一時間，為配合中共某派勢力拋出的這一定論，海外關於「宋平順畏罪自殺」的分析與事實陳述頻出，套用貪腐、情婦、私生子等大眾話題引發老百姓共鳴，同時輿論導向又有意圖的把宋平順和已退休的原政治局常委李瑞環掛鉤，大講兩人關係，為宋平順找到了活替罪，既打宋又倒李，政治用意較明顯。

6 月 9 日，新華社又刪除了原先報導，外界查找不得。不僅如此，官方啟動應急措施，開始全面刪除大陸網路轉載的有關宋平順的報導。此舉更加突顯宋平順死亡的背後藏著巨大隱情。

分析指出，一般的反腐對在天津有幾十年經歷的宋平順來說，並非無路可走，不需迅速自殺。無論宋平順是自殺還是他殺，其真正被觸動的一定是涉及高層的驚天黑幕，符合的是前面「雙規」死亡的第四個可能：遭更高層的人滅口。

宋的主子是中共中央政法委頭子羅干

宋平順在天津公安政法把持 20 多年，其真實的主子是中共中央政法委頭子羅干。從上世紀 90 年代開始，宋平順一直把持天津公安局，1993 年升為市政法委書記，全面負責政法。同時也一直兼任公安局一把手，直到 2003 年把公安局長的權力交給親信武長順。雖然在 2003 年 1 月轉任市政協主席，但是宋長期不肯放棄市政法委書記一職，在天津市政法系統根結盤據。

前中共政法委書記羅干。（AFP）

從 2003 年到 2006 年，宋平順既擔當市政協主席又兼任政法委書記，這種奇怪的任職模式，目前在各省份中天津獨一無二。

是什麼使得宋平順放不下政法職務，視為政治生命的命根子？對於中共政法內部人員來說，本已日漸衰落的政法系統，又得以暴戾跋扈、牛氣沖天的日子，始於對法輪功的鎮壓。

天津公安抓人是「4．25」事件的起因

轟動國際的 1999 年「4．25」萬名法輪功學員中南海上訪事件就是整個迫害法輪功的導火索，之前發生的天津市公安局對當地法輪功學員的暴力抓捕事件，則是「4．25」事件的真正起因。

也就是說，中共建政以來最大的鎮壓事件，始於天津公安的作為，而宋正是那時的公安系統的當權人，宋順理成為中共重大黑幕的直接操控者。回顧此一事件，要站在更高的角度查看宋平順的真正心理負重，才能夠得知什麼樣的事態有可能使其遭遇到高層的「滅口」行動，或是自我的精神崩潰。

鍾桂春曾經是北京公安的一名政保科長，二級警督；後轉到中國化工進出口總公司任職，2003 年到新西蘭。在 2006 年「4．25」之際，鍾桂春在接受海外華文媒體採訪時指出，公安政保系統的各級頭頭的心理就是每年都希望有新的案子、有更大的案子，能夠轟動全市的、甚至轟動全國的案子，能夠引起中央、引起上級注意的。這是他升官的機會，如果沒有，他就樂意把這個東西導演出來，營造出來，但不在這一行謀事的高層卻不一定了解其內部運作。然而只要上下互相迎合，就能形成互相利用。由於羅干是主管政法的，其對全國政保系統如何構陷法輪功而搞出事端的一切操作與陰謀非常了解，而這一切與江澤民因妒嫉法輪功創始人，怕法輪功人多，而急於洩憤打壓的心術相吻合。

法輪功學員「4．25」北京和平上訪被說成是「圍攻」。圖為法輪功學員1999年4月25日到北京上訪畫面。（明慧網）

天津公安局放話：讓去北京找上一級

談到天津事件，鍾桂春作為內部人士指出，顯然天津公安有意把這事情搞大，它是通過何祚庥幾個科痞在雜誌上發表攻擊法輪功的文章，來看法輪功的反映。法輪功學員去找到天津雜誌社講理時，天津市故意不解決，把事情弄大。特別是天津市公安局，非法抓了近 50 名法輪功學員，而且天津公安局長宋平順還造謠：天津市公安局一個人都沒抓。放出話來天津市解決不了，讓去北京找上一級。之後，就形成了「4・25」北京上訪。但這個請願被他們抹黑，說成是「圍攻」，為鎮壓法輪功捏造「證據」。

沿路警察毫不阻擋

曾親身參加「4・25」的原中科院學者劉靜航也談到了政法系統的構陷。她談到，從何祚庥的蓄意挑事，到天津公安施暴抓人，再到讓學員上北京，都不是地方公安無上面指令就敢做的。

1999 年 4 月 24 日晚，法輪功學員進京，大多是乘大轎車的，要經過許多路卡和檢查站，沿路警察絲毫不加阻擋；北京城裡街頭一下增加那麼多人，有的還在打聽哪裡是信訪辦，有的已到了西安門大街、中南海附近，警察也不驅趕、不報告。在受嚴密監控下的北京，這是完全不可能的。

4 月 25 日，又有警察把沿著信訪辦站開的法輪功學員的隊伍領進了府右街，由警察指揮、安排成對中南海的「包圍之勢」。法輪功學員不會想到這是中共政法系統暗中設下的構陷圈套。中共歷史上最慘無人道地迫害善良信仰民眾的一段黑暗歷史就這樣展開了。

宋平順是「4・25」事件真相的關鍵人物

作為天津政法頭子的宋平順與中央的政法頂頭上司羅干的相

互勾結，為「哄抬」政法系統而密謀構陷，最終導致了江直接發動全面鎮壓法輪功，羅干也被江塞進了政治局，而宋平順則享有了政治資本，獲得了羅干的金錢物質的保證，把天津建成了個政法系統的大本營。天津建立了現代化的監控中心，監控網絡遍布國內外，宋平順權極一時，興風作浪，成為了江、羅手下的紅人。

在這個層面上看，當時作為天津政法委書記的宋平順本人掌握震驚國際的中南海「4・25」事件中大量機密，也是「4・25」中南海歷史事件真相的關鍵人物。

在宋任期內，天津地區共有 73 名法輪功學員被海外人權組織證實為被迫害致死，數萬人被殘酷迫害，宋血債累累。

宋平順知道和參與的黑幕太多

宋平順知道和參與的內幕太多，涉及的也太多了。在全程參與鎮壓法輪功的過程中，在天津一把手的位置上為江、羅所用。他完全知道江、羅的許多駭人聽聞的祕中之祕。所以宋平順有朝一日被追查或希望他「說清楚」時，他會是什麼樣的震憾，他的主子知道後感到的又是什麼樣的震驚。

一旦宋有另謀新主的意圖時，把所知道的說出來，那就成了羅干的摧命鬼。

中央高層內部祕查法輪功真相

後來，胡溫勢力橫掃江家幫，在黃菊的嗚呼，陳良宇的落馬，江本人的衰弱後，江家幫可謂軍心潰散。據悉，中共中央內部高層有幾個不同系統的祕密調查組在追查法輪功被鎮壓的真相，其中包括震驚中外的「4・25」中南海事件、北京天安門「自焚」事件。

調查法輪功真相，收集證據，也是留後路的當然之事。沒有血債的一方永遠都不會為血債方償還，而血債方又總是以扣對方黑鍋才能放心。這就是中共內鬥的實線條。

不排除重要人證的「滅口」行動在進行

羅干因為超齡，17大必須退下，一定盤算著在失去權力的弱勢狀態下，如何能防止被清算。政法出身的羅干當然知道利害關係，尤其是面臨退休，就更知道該怎麼做。不排除一些重要人證的「滅口」行動正在進行。

中共中央調原山東省委書記張高麗主政天津後，宋平順言論都向胡溫靠近，就在2007年5月31日宋平順還高調發言擁胡捧高，這都是羅密切關注的事。

羅干密謀的天津事件，還有與之有關的種種黑幕，公安出身的宋深知自己知道太多的祕密，江羅絕不會放過，必死無疑，也有可能自己動手留個全屍。

從宋的短平快的死亡來看，無論宋是自殺還是他殺，羅干是得逞了，一個重要的人證被滅。

宋的死亡真相不會對外公布，中共欺騙公眾是行家，也是製造意外的高手。很可能這一次，中共公安部一手策劃，為羅干搞了全套陰謀，既解決了人頭落地，還定了自殺的鑑別，又引導輿論以貪官論責。

第四節

天津公安局「武爺」落馬記

張高麗主政天津時，擔任天津公安局長的武長順是周永康的心腹。2007 年原天津公安局長宋平順出事時，武長順差點也東窗事發，不過由於有周永康和張高麗的包庇，這個被天津人稱為「武爺」的官場黑老大，依舊為非作歹，殘害百姓。

直到 2014 年 7 月 20 日，在江澤民公開鎮壓法輪功 15 周年的同一天，武長順才被抓下馬，時任天津市政協副主席的武也才成為 20 多年來天津官場第一個落馬的省部級高官。

武長順以職權牟利 家產過億

2014 年 10 月 15 日大陸財新網報導，7 月 9 日中央第五巡視組向天津市高層反饋巡視中發現問題時稱，主要問題是國有企業大案要案頻發，城市建設領域腐敗問題突出，「一把手」違法違紀案件多、危害大等。

這個「一把手」指誰呢？除了原城建總局的女一把手馬白玉之外，還有公安系統的男一把手武長順。

7 月 15 日天津市委召開常委會議，時任市委書記孫春蘭稱要確保巡視組反饋意見「事事有回音、件件有著落」。結果三天後的 7 月 18 日，武漢公安局局長趙飛就任天津市公安局長，武長順被免職。據說武長順落馬與 6 個人的實名舉報有關，舉報人中有 3 人來自天津公安系統。7 月 20 日上午 9 時許，武長順的幾個豪宅被查封，住家被搜查；下午，中央紀委監察部官方網站公布武長順接受調查。

天津人都說，「如果不查武長順，反腐在天津就是個大笑話」。據報導，武長順涉嫌利用公安交管系統下設企業，在交通道路設施招標、採購，如路障、護欄、信號燈等，以及機動車檢測、駕駛員年檢等環節，非法牟取巨額財產。

7月20日，天津市體育館附近小區武長順女兒的住宅被搜查，搜查持續整整一天，陽台外擺放的一溜兒花盆也被抄走。同日，武長順的其他幾處房屋也遭查封，據說官方一共拉走了 12 輛皮卡車的物品。

據澎湃新聞報導，官方在其家中查出總價值過億的各類財產。財新網也報導說，從 1990 年代中期以來，武長順就開始利用職權為家族牟利布局：包括武長順的親兄弟、堂兄弟、親家、女婿及親信，或成立企業或隱身關聯公司，利用信號燈等基礎設施、智慧交通信息化系統採購、停車場經營、駕駛員培訓、車輛檢驗等各個環節牟取暴利。另外，武長順還曾與上司宋平順及情婦共同貪腐。

受周永康賞識 武長順曾嫖娼被抓

和王立軍一樣，初中學歷、16 歲就當民警的武長順（1954 年 1 月），最後卻獲得了博士學位，享有多項專利並用專利發財。武長順出生天津，官方稱他任職天津市公安局黨委副書記、局長期間，在職完成研究生課程，至 51 歲獲授工學博士。在中共官場，前鐵道部長劉志軍也是相同學歷；現任中共統戰部長孫春蘭為中專學歷，後經過特有的「鍍金」方式成為研究生。

武長順植根天津警界 44 年，任天津公安交管局局長、天津市公安局局長共 22 年，在天津公安領域樹大根深，親信眾多。他是原天津政法委書記、公安局局長宋平順的心腹，受其一手提拔，成為公安局長、武警天津總隊第一政委。

有報導稱，1992 年初，天津南開公安分局在整治娛樂場所時，武長順因與一名女性淫亂時被抓個正著，時任天津市副市長、公安局局長的宋平順親自去分局，將他「救」出來。此事傳遍了當時公安局內都。

2007 年 6 月 3 日，宋平順「自殺身亡」。中共中紀委稱宋平順道德敗壞、包養情婦、濫用手中權力、為情婦牟取巨額不正當利益。不過，宋平順是「自殺身亡」還是被同夥「殺人滅口」，人們不得而知。

宋平順死後，武長順曾遭到有關部門調查。據財新網報導，周永康賞識武長順，武長順被時任中央政法委副書記周永康以保障北京奧運會安全為由包庇，免於查處。

武長順參與迫害法輪功

據「明慧網」報導，武長順任職天津市公安局局長期間，積極執行江澤民對法輪功「肉體上消滅、名譽上搞臭、經濟上拖垮」的迫害政策，殘酷迫害天津法輪功學員。天津市數千名法輪功學員被綁架、遭洗腦迫害、被勞教和判刑。截至 2014 年 7 月，天津已有 92 名法輪功學員被迫害致死。

中共官媒 2014 年 8 月 11 日報導中披露一個細節，幾年前天津一位年輕警察生病住院，需要換腎，武長順親自出馬尋找腎源，公安局刑偵隊還幫墊付 30 萬元的醫藥費。目前，江澤民集團憑藉「第二權力中央」政法委系統，活摘法輪功學員器官、牟取暴利的反人類罪已在全球範圍曝光，官媒報導武長順親自出馬尋找腎源，是否在暗示武長順知曉並參與活摘法輪功學員器官的罪行？

瞀江最血腥生死搏殺 張高麗中槍

第四章

李克強不露面 安監局長落馬

8 月 18 日是天津爆炸遇難者的「頭七」，中共安監局長楊棟樑應聲落馬。楊曾長期任職石油系統與天津官場，被指與天津爆炸事件有「雙重交集」。有陸媒報導，楊棟樑已被祕密調查半年。外界關注，天津官場或將發生一場地震。

中紀委列舉楊棟樑在天津 11 年的資歷，點出其利用職權為瑞海取得危險品的非法經營權「出了大力」。（AFP）

第一節

天津官員一問三不知
老副市長落馬

天津是離首都最近的大城，不少外國人以為天津是個開放的城市，但天津港那一炸，爆出了天津官場昏庸無能的現狀。

天津衛視播韓國劇不播新聞

2015 年 8 月 12 日深夜天津發生大爆炸後的隔天早上，1400 萬的天津人都想知道到底發生了什麼，但打開香港衛星電視，人們看到的卻是一部動畫片和一部名為《糟糠之妻俱樂部》的韓國電視劇。

不但 13 日早上 7 點的早間新聞欄目沒有天津爆炸案這起特大事故的報導，在隨後長達 4 個小時的時間裡也沒有。之後雖有些災區新聞，但也是哪位中共官員重視，哪個中共官員到醫院看望等等空話。百姓們因此非常氣憤，稱電視台需要問責，有的喊電視台台長應該滾蛋。相反，天津的某些地方台卻在第一時間直播了爆炸現場。

一位網友發帖稱，他是電視行當的，他能理解天津衛視的做法。地方台可以播，可是上了衛視就是大事，就不能擅作主張了。事發突然，還不知上頭的旨意，把事情捅大了，烏紗帽可就保不住了，寧可穩當點。網民回應稱：「如果是一個正義的媒體人你就應該馬上辭職。」「報了會下崗，不報還有碗飯吃，踏入這行，基本上都是不準備說人話的了。」「你要有良心就不該做中國媒體人。」「2015 年 8 月 12 日，天津衛視和中央衛視把自己釘上了歷史恥辱柱上了。」

還有網民稱：「大家記住，中國的媒體是喉舌。」「馬克思主義新聞觀的『精華』是：封鎖並曲解真相。」「爆炸發生後，天津市委的第一反應是不能讓外界知道，能捂就捂，所以才有抓捕 CNN 記者那一齣。」在上述討論中，不少網民已經被顯示：該用戶發言已被管理員屏蔽。

中宣部發禁令 網站封網抓人

有網友爆料，此前中共宣傳部發出通知，要求大陸媒體報導天津爆炸只能採用新華社、人民網、天津北方網這三家媒體的信息。網站不允許私自採集加個人理解，不要搞信息直播。當天新華社的頭條新聞是《從講故事領略習近平的外交智慧》，天津的新聞被排到了左側的第九條。

天津市公安局網路安全保衛總隊官方微博「天津網警」13 日凌晨發消息，要求網友以中共官方報導為準，不能傳播其他版本人員傷亡的信息，對「造謠」網民採取零容忍措置，依法嚴肅處理！8 月 15 日，天津政府開始抓人。一個 18 歲的小夥子，因為傳播了「天津大爆炸死亡人數至少1000 人」的消息而被公安帶走。

另外，車夫網、美行網、軍事中國網、新鮮軍事網等 50 家傳播災情的網站被官方查處。車夫網、美行網、軍事中國網等 18 家網站被永久關閉、註銷備案，新鮮軍事網、0668 論壇、艾澤拉斯國家地理論壇等 32 家網站暫行關閉一個月。據澎湃新聞 14 日報導，國家互聯網信息辦公室近日查處了 360 多個傳播涉天津港「8．12」特別重大火災爆炸事故「謠言」信息的微博微信帳號，有關帳號被關停。

江派散布市委書記換人的消息

8 月 13 日，一則傳言在大陸網路各群組中迅速傳播，傳言稱：由李鴻忠任天津市委常委，黃興國不再代理天津市委書記，並註明「新華社快訊」。但人們很快發現了破綻。

微信公號「時局眼」發文說，「明顯不合邏輯」。一個最直接的判斷依據就是，按照慣例，省委書記變動需要經過政治局會議。而最近沒有中共高層召開政治局會議的報導。再者，在重大事故發生後，此時外調「生手」主持大局，並不利於救援。而對特大事故的問責，對相關官員和責任人的處理，通常是在事故調查後才進行的。

對政治敏感的人發現，這是江派散布的謠言，因為李鴻忠是江派的鐵桿人馬。目的是打擊黃興國。

天津官方一問三不知 民間憤怒

天津大爆炸由於涉及面廣、問題嚴重，對於官方的隱瞞，連一貫被管制的大陸媒體都忍不住進行抗議，披露一些有限的真相。比如財新網曝光了天津港消防支隊三個支隊被天津市政府「憑空消失」，澎湃新聞曾在爆炸後第二天就報導了事發現場有700噸氰化鈉，並且已洩漏，《新京報》曾報導現場武警要求三公里內民眾撤離等等。

大陸的黎津平整理了天津爆炸後出現的疑點說：「天津才是全世界最神祕的地區：誰是瑞海國際物流公司老闆？搞不清。瑞海公司倉庫裡裝了哪些危險化學品？搞不清。正規消防員＋編外消防員＋普通百姓傷亡情況如何？搞不清。天津爆炸事故救援指揮部成立了沒？搞不清。那救援總指揮是誰？連天津市委宣傳部副部長也搞不清。」

在天津市「8・21」爆炸事故新聞發布會上，記者提問：本次的救援由天津哪位領導牽頭？是如何組織指揮的？對此，天津宣傳部龔副部長回應：「我不了解。」記者追問：「你是宣傳部長你不了解？」他文不對題地回應：謝謝。大陸法官汶金讓忍不住罵道：「啥都搞不清？一群飯桶！」有哈爾濱人形容稱，「這是一群為人民服務的神馬玩意兒！」有百姓氣得大罵：「有人說中國是人治社會，我說不，太抬舉了，中國是狗治社會！」

有民眾認為，發生了這麼大的災難竟然沒有救援指揮部真是天下奇事，這個所謂的宣傳部長也是被推出來背黑鍋的。還有的說，這次天津大爆炸水很深，但不管怎樣，爆炸事故的後續處理，充分體現出中共的草菅人命，是「我是流氓我怕誰」的極致發揮。

官媒盤點因重大事故落馬的高官

8 月 13 日，《新京報》微信公號「政事兒」發表文章《近年來重大公共安全事件如何問責？》的文章：

2003 年薩斯疫情爆發後，孟學農請辭北京市長，衛生部長張文康被免；5 年後，孟學農又因襄汾縣重大潰壩事故而請辭山西省長職務。

2003 年 12 月 23 日，重慶市開縣高橋鎮羅家寨發生特大井噴事故，造成 243 人遇難。時任中石油總經理馬富才被迫辭職。

2005 年 11 月 13 日，中石油吉林石化分公司雙苯廠一車間發生爆炸，造成 5 人死亡、1 人失蹤，近 70 人受傷。爆炸後約 100 噸苯類物質（苯、硝基苯等）流入松花江，造成松花江重大水污染。吉林石化分公司總經理、黨委書記于力被停職調查。時任國家環保局局長的解振華引咎辭職。2014 年 12 月 31 日 23 時 35 分許，上海跨年夜發生踩踏事件。隨後黃埔區委書記被撤黨內職務，區長行政撤職。

另外文章還列舉了 2011 年 7 月 23 日的甬溫線動車事故；2013 年 11 月 22 日的青島輸油管道爆炸事件；2015 年 5 月 25 日的河南魯山養老院失火，2015 年 6 月 1 日的長江客輪傾覆事件等。

同日，「政事兒」還發表文章《黃興國代理天津市委書記的 226 天》。文章稱，2014 年 12 月 30 日，孫春蘭卸任天津市委書記職務，調任中央統戰部長。黃興國代理天津市委書記。自此開始，黃興國兼任市委書記、市長，到今天已有 226 天。

兼任市委書記與市長，這種模式在中共政壇並不多見。不過，天津市多個市委書記曾兼任市長。1949 年初到 1952 年，天津市委書記、市長是黃敬。1956年到1958年，黃火青任天津市委書記兼市長。上世紀80年代，胡啟立、李瑞環都曾任天津市委書記兼市長。上世紀90年代，張立昌也曾任天津市委書記兼市長。

令中共政權崩潰的「爆炸性通道」

2015年8月13日，德國杜伊斯堡埃森大學政治學博士、社運研究者、自由撰稿人吳強發表了題為《中國化工災害或引發政治危機》一文。文章稱，歷史上，自然災害爆發後，總是不可避免地產生政權合法性危機。如1959至1961年期間的所謂「三年自然災害」、1976年的隕石落地和唐山地震、1988年的興安嶺大火等等。

文章稱，大規模工業化時代，各種利益相聯結、相衝突，與城市生活、城市人群密切相關。政商關係高密度滲入、工廠分布與居民空間高密度滲入、潛在災害區域與互聯網公共空間高密度滲入，都自我消解了中共「維穩」政治一貫的分隔策略。

如此次天津濱海新區化學品堆垛區的爆炸發生後，地方消防指揮居然第一時間派遣大批消防官兵衝入火海，而不是修建隔離帶。宣傳當局對媒體的嚴管、網管機構對互聯網的審查，也難以真正隔離公眾在新媒體時代的感知能力，反而每時每刻製造著新的管控笑話，如對CNN現場攝製組的暴力襲擊經由直播傳向世界。

文章還表示，大規模突發性工業災害的頻發，不僅改變了傳統自然災害在被去政治化的維穩政治框架，也可能突破維穩政治的控制能力，從而直接在工業災害與國民利益、與政治責任甚至政權合法性之間建立起一條「爆炸性通道」。新的工業災害政治將進入全新的階段，執政者被迫面臨在超複雜巨大工業體和更龐大新興中產階級之間的兩難選擇、在大規模突發工業災害和全國性反核運動之間的兩難選擇，都意味著嚴重的執政危機。一場大規模的工業災害隨時可能導致政權崩潰，超出了任何維穩政治或者極權控制的能力。

老副市長、安監局長應聲落馬

2015 年 8 月 18 日，中紀委官網通報，中共國家安全生產監督管理總局局長、黨組書記楊棟樑正接受調查。

通報中還詳細列出楊棟樑的簡歷。現年 61 歲的楊棟樑有 22 年石油系統工作經歷，18 年天津市從政經歷，其中的 11 年任天津市副市長。2012 年，楊棟樑以天津市委常委、副市長身分上調安監總局。

楊棟樑 2001 年起開始任天津副市長，一直到 2012 年，期間，2002 年 12 月至 2007 年 12 月，天津市長是戴相龍。2007 年 12 月至 2012 年 5 月，楊棟樑任天津市常務副市長，期間，天津市委書記是張高麗，天津市長是黃興國。

在此不難體會到中紀委列舉楊棟樑在天津幹了 11 年的話外音，等於直接暗示楊棟樑利用職權，為天津瑞海公司拿到危險品的非法經營權「出了大力」，否則一個資質低劣的民營企業，怎麼可能連中儲（中國物質儲運總公司）這樣的國營專業大公司、行業中的老大，都沒有獲得危險品經營權，而瑞海一個連董事都是掛名的野雞公司，卻能「過關斬將」，獲得「三分天下」的壟斷暴利？

有趣的是，8 月 12 日天津瑞海爆炸後，中儲發展股份有限公司在其網站的首頁上特別滯留了一篇新聞：《中儲天津企業在 812 爆炸事故中倖免》。文章稱，「爆炸地點曾為新港分公司租賃貨場，現已退租。經查，除新港分公司職工餐廳、業務大廳玻璃門受爆炸波衝擊導致碎裂外，兩分公司均無人員傷亡和其他財產損失。」

工商資料顯示，瑞海國際物流公司註冊時間為 2012 年 11 月 28 日，而時政評論員周曉輝表示，楊棟樑與同為石油系統出身的現政治局常委、曾任天津一把手的張高麗不僅有共同語言，也有相當多的交集。在張高麗 2007 年到天津任職後，二人很可能一拍即合，大力發展濱海新區，引進化工項目。當年，加快濱海新區開發開放領導小組組長是張高麗，副組長除了戴相龍，還有楊棟樑和黃興國。

第二節

天津爆炸促安監局長楊棟樑落馬

陪李克強視察後 安監高官楊棟樑被查

8 月 18 日，天津大爆炸後的第 7 天，中紀委宣布，中共國家安全生產監督管理總局局長楊棟樑目前正接受調查。中央紀委監察部網站沒有說明楊棟樑被查是否與天津爆炸有關聯，也沒有透露任何細節。

楊棟樑在天津港爆炸事故 12 日發生的當晚，前往天津指揮救援。16 日，李克強到天津視察，官媒新華社發布的圖片顯示，楊棟樑當時陪同。

16 日及 17 日晚間，楊棟樑還出席在天津召開的中共國務院和天津當局的聯席會議。也就是說 17 日晚楊棟樑還在天津。

楊棟樑在天津任職期間的上司、前天津市長、央行行長戴相龍據報已被中紀委調查；前天津市委書記、現任江派常委張高麗的親家據稱是天津爆炸涉事公司的實際掌控者。外界關注，天津官場或將發生一場地震。

據官方媒體報導，一年多來，經營化學品倉庫的瑞海國際物流公司，一直沒有儲藏危險物品的執照。爆炸事故已過了 7 天，調查人員仍沒有確定爆炸的原因。此次爆炸事件中，爆炸的危險品倉庫所屬公司即是瑞海物流。

路透社報導，安監總局曾在其網站上稱，2012 年楊棟樑簽署一項指令，准許沒有執照的公司只要有管理港口的執照，就可以經營危險化學品。這給瑞海經營危險品開了大門。

根據官方公布的信息，楊棟樑從 2012 年 5 月開始擔任安堅總局局長、黨組書記。在此之前，楊長期在天津市任職，2001 年 3 月任天津市副市長和天津市國資委主任。

2007 年 12 月至 2009 年 5 月，楊棟樑任天津市委常委、副市長兼市國資委主任。2009 年 5 月至 2012 年 5 月，任天津市委常委、副市長。

楊棟樑製造 18 大後「打虎」的多個第一

現年 61 歲的楊棟樑有 22 年石油系統工作經歷，18 年天津市從政經歷，其中的 11 年任天津市副市長。2012 年，楊棟樑以天津市委常委、副市長身分上調安監總局。

楊棟樑是 18 大以來繼蔣潔敏、李東生、楊金山、令計劃、周本順之後第 6 名被查的中共中央委員，是繼蔣潔敏、李東生、李崇禧、申維辰、白恩培、何家成、朱明國、周本順之後第 9 個落馬的正省部級「老虎」，是 2015 年以來被中紀委通報「下課」

的第 18 名副省部級以上高官。

楊棟樑被查製造了 18 大後「打虎」的多個第一：18 大後被查的首個在任「總局」一把手；重大公共事件後被火速查處的首個正部級官員；安監系統查處的最高級別「首虎」等。

石油幫帶病提拔 楊已被祕密調查半年

《北京青年報》微信公號「政知圈」18 日傍晚發文稱，從一位天津紀檢系統人士處獲知，楊棟樑私心很重，在當天津副市長的時候，就有很多人舉報他，不乏天津的一些官場老人；他是屬於典型的「帶病提拔」。北京對楊的祕密調查已有半年之多，爆炸這個事只是「契機」。

財新網則援引天津當地的消息人士稱，楊棟樑的落馬可能是他在天津分管工業和國資時期存在的某些問題引發。

楊棟樑 18 歲開始在大港油田工作。1983 年，29 歲的楊棟樑成為華北石油管理局黨委副書記。在北京石油管理幹部學院學習兩年後，楊棟樑從河北調往河南，任中原石油勘探局鑽井一公司黨委書記，之後又從勘探轉型石化工程，任中原石油化工工程建設指揮部副指揮長。

1994 年，楊棟樑離開石油系統，調任天津。楊先後任過中共天津市聯合化學有限公司副總經理、市經委副主任、市機電工業總公司黨委書記、市委工業工委副書記、市經委主任等職。2001 年起開始任中共天津副市長，一直到 2012 年。

大陸財新網報導，由於有石化工作經歷，楊棟梁在 2007 年主管天津市工業期間曾表示，石化是天津市的支柱產業，天津正規劃建設80平方公里的濱海化工區，讓中石化、中石油、中海油、中化工等四大集團在津興建大型石化基地。2011年，他又提出天津要巨資打造世界級的「重化工業集群」。

《北京青年報》報導稱，天津濱海新區的多個大項目，特別是大石化項目，當初能落地都跟楊棟樑的運作有關，很多都是其「親自跑下來的」。

中國石油系統曾長期把持在江派大佬曾慶紅、周永康等人手中。曾、周在這裡培植大量親信輸送到政界及經濟領域。曾慶紅被指為「石油幫幫主」，其退休後，周永康被指為石油幫「第一掌門人」。現任江派常委張高麗曾在廣東石油系統任職14年，是曾慶紅和周永康所代表的中共石油幫的一員。

中共18大以後，周永康、曾慶紅的「石油幫」心腹被持續清洗，中石油、中石化、中海油的高管紛紛落馬。

時政評論員周曉輝分析，出身於石油系統背景的楊棟樑很可能與掌控石油領域的曾慶紅、周永康或者他們的某個馬仔有交集。無疑，楊棟樑到天津後，尤其是任副市長後，與中石油、中石化依然保持了密切聯繫。

楊發文將港口脫離安監局權責

楊棟樑2001年起開始任天津副市長，任期長達11年，在天津長期負責化工、機電、經貿、工業、安全生產等。2005年12月，楊棟樑成為天津市委常委，2007年12月成為天津市常務副市長。在此期間，楊棟樑於2004年6月至2012年5月兼任天津市國資委主任長達8年之久。

《北京青年報》微信公號「政知圈」文章稱，楊棟樑與此次天津港爆炸事件有「雙重交集」，其一是他的現任職位，負責安全生產監察工作，除了安監總局局長的頭銜，他還兼任國務院安全生產委員會辦公室主任；其二是他在天津有 18 年任職經歷，尤其是有 11 年副市長經歷，曾分管安全生產等工作。

文章還稱，楊棟樑任天津市副市長兼天津市國資委主任期間，正是天津港改制的關鍵階段，之後天津港性質是天津市管國企。

2012 年 5 月，楊以天津市委常委、副市長身分離開天津，任國家安全生產監督管理總局局長、黨組書記。3 個月後，剛上任的楊棟樑簽發了國家安全生產監督管理總局令《危險化學品經營許可證管理辦法》，其中有一條是跟天津港等港口有關，內容包括依法取得港口經營許可證的港口經營人，在港區內從事危險化學品倉儲經營的，不需要取得危險化學品經營許可證。這意味著，港區企業只需港口許可證即可倉儲危化品。

「政知圈」文章稱，楊棟樑簽發的上述文件的「潛台詞」在於，劃清了港區危化品倉儲經營企業跟安監總局之間的界限。港區危化品倉儲經營企業的審批、監管，不在安監總局的職責範圍內。

楊棟樑落馬前一天，8 月 17 日晚，安監總局官網首頁全文刊發了 2012 年 12 月 11 日中共交通運輸部印發的《港口危險貨物安全管理規定》。這部《規定》明確了港口危險貨物的所有管理權限都歸口於「港口行政管理部門」，跟安監總局沒有任何關係。

楊棟樑兒子楊暉也被帶走

8 月 18 日，楊棟樑被中紀委調查，同一天，他在中海石油下屬公司任職的兒子楊暉，亦被有關部門帶走接受調查。當時楊暉正在天津出差，其任職的中海油在天津有多個項目。

楊暉被帶走前，系中海石油氣電集團有限責任公司思想政治部總經理。該公司官網對楊暉的最後報導是在 8 月 7 日，楊暉與該公司集團黨委副書記、紀委書記等人參與了公司會議。

「楊暉在天津的關係深厚。」一知情人士稱，楊暉的父親曾主管港口建設與安全。楊暉出現在中海油氣電集團的時間大約在 2011 年前後。不到 30 歲的他起初任團委書記一職。期間時任天津常務副市長的楊棟樑與時任中海油副總經理的吳振芳合作密切，而氣電集團當時正是由吳分管。

公開報導顯示，2011 年，楊棟樑以天津市委常委、常務副市長的身分與中國海洋石油總公司黨組成員、副總經理吳振芳簽署「天津市引進液化天然氣及應用工程項目合作協議」。2012 年 2 月 29 日，在調任安監總局局長之前，中海油浮式 LNG 接收終端項目落戶南疆港，楊棟樑再次以天津市委常委、副市長身分出席。

3 個月後，楊棟樑接替駱林，開始擔任國家安監總局局長、黨組書記。

2015 年 4 月 2 日，曾與楊棟樑有過合作的吳振芳接受調查。

8 月 18 日，中共國務院成立天津港爆炸事故調查組，首次由公安部牽頭。《北京青年報》記者梳理近 10 年成立的國務院事故調查組構成發現，這是首次由公安部牽頭成立國務院事故調查組，此前的慣例多是國家安監總局作為牽頭單位。

這次天津爆炸事故是2015年以來發生的第4起「特別重大事故」，此前有陝西咸陽「5·15」特別重大道路交通事故、河南平頂山「5·25」特別重大火災事故及「東方之星」號客輪翻沉事件。前3次事故的國務院調查組組長均為國家安監總局主要領導成員，而6月沉船事件的調查組組長正是楊棟樑。

不過，兩個月後的這個調查組組長，卻成了被調查對象。

第三節

李克強推遲到訪災區
外界推測因由

天津大爆炸發生後的第五天，李克強才到訪災區。有分析認為，沒去現場的那幾天，李是在安排如何處理「天津幫」。（AFP）

當中國發生重大意外事故，作為「總理親民秀」的體現，中共總理一般都會在第一時間趕赴現場。溫家寶如此，李克強上任這三年也是如此，不過，這次天津大爆炸，李克強卻是在 16 日、災害發生第五天才姍姍來遲。

這裡面很有說道。

也許是災害太多，也許是運氣不好，過去三年每年夏天李克強都去秦皇島的北戴河開會，但每次 8 月都得去災區。比如 2014 年 8 月 3 日，雲南省魯甸縣發生規模 6.5 地震，8 月 4 日一早李克強飛往災區。2015 年 6 月發生的長江沉船事故，李克強出訪回國後便前往現場。

分析：推遲的四大原因

這次李克強的安排大不相同。災害發生幾小時後的13日凌晨，李克強派中共國務委員、公安部長郭聲琨帶隊赴天津。13日晚，國務院副總理劉延東受命習近平、李克強，赴津探望爆炸事故中受傷人員。15日，國務院副總理、國務院安委會主任馬凱主持召開全國安全生產電視電話會議，直到16日，李克強才代表習近平赴抵天津，而且不是在爆炸現場，是相距一百多米的大橋。與他同行的有中共中央政治局委員、副總理馬凱，和國務委員、國務院祕書長楊晶。「政知圈」評論說，這樣的大陣容，在過去事故處置中相當罕見。

時事評論員周曉輝推測，李克強拖延去現場大概有四個原因：

一是傳聞中的北戴河會議的博弈仍未終止。從中共官媒不斷釋放的敲打江澤民和李長春的一系列包括抨擊「退而不休」、「老人干政」及要講政治規矩等文章看，北戴河並不平靜，江派的「老人」們依舊有所動作，而且涉及與現高層對抗。這些動作又或者與當前的經濟問題、9月3日閱兵式和其後的習近平訪美交織在一起，從而讓現高層異常繁忙，李克強可能此時無暇分身。

二是天津大爆炸的真正原因尚未查清，出於安全考慮，李克強或許止步，據說栗戰書的中央辦公廳下令停止了所有常委的外出活動，包括一個要到天津塘沽調研的常委。

三是李克強不願在風口浪尖上前往，替曾主政天津的江派現常委張高麗背黑鍋。資料顯示，發生爆炸的濱海新區正是張高麗在2007年至2012年任天津一把手時重點開發的，張本人親任濱海新區開發開放領導小組組長。憑藉著與石油系統的關係，張高麗大力引進了中石油、中石化等的大乙稀、大煉油等產業，並與同屬江派的蔣潔敏、華潤集團等構成了龐大的利益交換網。然而，在引進這些危險產業的同時，安全並沒有被放置在首位。也就是說，如果追根溯源，張高麗時期就已經為今天的大爆炸埋下了定時炸彈，張的罪責難逃。

四是事態複雜，涉及高層博弈大局。在高層對事件的處理決定未定調之前，不適合李克強高調露面表態。

與天津不同調 回應編外消防員傷亡

天津當局隱瞞了大量編外消防員的傷亡人數。圖為8月15日，在天津新聞發布會的會場外，一名失蹤的消防員家屬神情悲憤。（AFP）

8 月 15 日，李克強臨行前一天，習近平表示，天津港特大爆炸事故以及近期多個地方接二連三發生的重大安全生產事故，再次暴露出安全生產領域存在突出問題、面臨形勢嚴峻。習表示，「要落實安全生產責任制，對失職人員要追責。」

從網路電視畫面看，李克強視察天津爆炸後，特別接受了香港 i-Cable 有線新聞記者的採訪。他表情嚴肅、一字一頓地說，神情有些激動。他宣稱，「會對天津大爆炸事件一查到底，堅持追究相關責任」。

與以往視察災區不同的是，李克強沒有談如何救災或如何恢復生產，而是針對天津政府隱瞞不報的編外消防員談了很多。他說，「不僅有消防官兵，還有我們消防企業的職業工人，他們都是經過培訓的，他們同樣都是我們的英雄」。李表示，消防人員明知道前面有危險，但仍讓相當多的現場人員撤離了，把危險留給自己。不論是對現役的消防官兵或是對非現役的消防職工，李克強說，「我們會一視同仁、同樣地給予撫卹、安撫他們的家屬，給他們以同樣的尊重，給他們同樣英雄的稱號」。

停了一下，李補充說「英雄沒有編外」。

李克強來後 中紀委密集行動

就在李克強到現場的當天，中紀委機關報發文《天津爆炸「生命代價不能白付」》，文章以天津爆炸事故為例稱，安全責任不容推卸，當前的一些安全事故並非不可避免；「生命代價不能白付」，「要讓越過雷池半步者付出慘痛代價」。

8 月 17 日，中紀委監察部網站微信公號「學思淺語」發表文章《如何用新磨就「利劍」巡視天津港集團》。文章稱，爆炸事故的處置漸漸轉入中期階段；「嚴查嚴辦是確定無疑的，沒有誰是查不得、動不得的」。

此前據《天津日報》8 月 14 日報導，天津市委巡視組將於近日進駐天津港等 12 家市管國企，進行專項巡視。8 月 17 日，中紀委書記王岐山參加《巡視工作條例》相關電視電話會議時說，「巡視幹部違反紀律要嚴查，失職瀆職要嚴肅問責」。

李延後去現場 如溫家寶般抗議

有分析認為，李克強去現場主要是來問責的。這和 2011 年溫州發生特大火車追尾相撞事故時，溫家寶的處理方式很類似。

2011 年 7 月 23 日發生的甬台溫鐵路列車追尾事故，被官方稱作「7・23」甬溫線特別重大鐵路交通事故，官方稱事故造成 40 人死亡、172 人受傷，但實際傷亡人數比這多。7 月 24 日，時任副總理張德江在溫州現身 4 個小時，下達盡快通車的命令後就匆匆離開。

事故發生後，中共官方遭受外界猛烈批評，許多媒體更提出搜救行動過早結束、恢復通車過急。車頭被迅速掩埋、政府控制媒體和司法系統草草與死者家屬簽訂賠償協議等問題，中共受到了中國社會各界的強烈質疑。

直到 7 月 28 日，時任國務院總理溫家寶才抵達現場，並與中外媒體記者見面。溫家寶表示，「……我生病了，在病床上 11 天，今天醫生才勉強同意我出行」。但是也有說法指，動車事件本身就是江派製造的事件。溫家寶早就獲悉內情，為了表示抗議而特地不在第一時間到達現場。後經胡錦濤勸說才勉強前往。

中共高層通常在 7 月下旬到 8 月上旬召開北戴河會議。動車追撞事故發生後，主管工業交通的副總理張德江第一時間到達現場，但 4 個小時後匆匆離開，被境外媒體揭露，他是趕回北戴河，為爭 18 大進入政治局常委而拉票去了。

七常委反常隱身 或有重大行動

2015 年這一次的北戴河會議也很反常。中共七名常委 8 月 6 日現身在中顧委原常委張勁夫的遺體告別儀式後，再度集體隱身 10 天，直至 8 月 16 日，李克強赴天津爆炸現場視察。有分析說，此次中共七常委再度反常隱身，顯然幕後權鬥之白熾化不亞於 18 大之前，有傳聞指天津大爆炸加劇習、江權鬥。

8 月初，就在外界關注中共北戴河會議之際，5 日，中共官媒突然放風說「別等了，北戴河無會」。但是從 1 日起，官方媒體上除了有 5 日劉雲山出現在北戴河，以及 6 日七常委集體現身北京的相關報導外，無其他七常委公開活動的報導。北戴河會議的真相撲朔迷離。

12 日，有海外媒體引述接近中南海人士的消息發出警示：隨著習王反腐的深入，各地貪官紛紛落馬，習王也因此成為落馬貪官及其受益者、追隨者的眼中釘。同時一些曾經執掌強力部門的貪官，其安置在系統內部的死黨尚未徹底清除乾淨。中共中央辦公廳據各地初步掌握的情況匯總，認為一些圖謀不軌者極有可能利用敏感期間製造一些轟動事件以洩其恨，甚至有可能對高層實施暗殺。

巧合的是，當天深夜，天津濱海新區便轟然發生劇烈爆炸，震驚全球。

16 日李克強至現場後，官方宣布最高檢介入爆炸事故調查，18 日國務院又宣布，由公安部牽頭組成調查組。

外界觀察認為，沒去現場那幾天，李克強是在安排如何問責，如何處理「天津幫」。

智江最血腥生死搏殺 張高麗中槍

第五章

3000 噸危險品的爆炸後隱患

中共公安部消防局副局長牛躍光稱，天津爆炸現場具體的危化品數量至少約 3000 噸，有毒氣體還是氰化鈉和神經性毒氣，指標都達到最高值。

8 月 20 日天津爆炸現場軍人重裝善後。（Getty Images）

第一節

天津大爆炸顯蹊蹺 疑似微型核爆

天津大爆炸後，中共江澤民集團以「你懂的」方式公開承認事情就是他們幹的，目的是恫嚇當權者及製造危機，要脅習近平妥協。（AFP）

據中共官媒報導，2015 年 8 月 13 日，北京當局派出武警防化部隊和核生化應急救援隊到天津大爆炸現場。當局此舉顯得非常蹊蹺，讓人疑竇頓生：天津爆炸現場需要核生化部隊處理，莫非爆炸不是普通爆炸，而是核爆炸？

核生化部隊進天津 疑發生核爆炸

據中共官媒新華社消息，北京軍區 214 名官兵組成的國家級核生化應急救援隊，由北京軍區副參謀長王崢嶸領隊，於 8 月 13 日 11 時從北京出發，赴天津爆炸現場。

據悉，此次赴天津救援的是一支中共國家級核生化應急救援隊，也是中共軍隊唯一的國家級核生化應急救援隊。該防化團分

2批攜帶救援遙測車、防化偵測車、遙控機器人、救援檢測儀等50多台車輛、百餘種救援設備，從駐地赴火場，第一梯隊派出23人，出動4台車輛，200餘件設備。

情報顯示，此次赴天津執行任務的核生化應急救援隊，是由北京軍區司令部某核生化防護所與某防化分隊合併組建而成。此外，該支救援隊除了陸上部隊，還有一支海上救援分隊，組建的時間較短。

情報顯示，2010年3月，隸屬於北海艦隊某潛艇基地的一支海上核生化應急救援隊在北海艦隊某潛艇基地正式組建。這支救援隊主要負責對海上放射性物質、化學毒物監測檢查，對受染人員、設施和環境的洗消救援。

8月13日12點35分，新華視點微博發布消息稱，天津港危險品倉庫爆炸事故發生後，武警8630部隊防化分隊也已到現場。

新華視點微博17點4分消息稱，武警8630部隊官兵在距離火點500米處檢測出較高濃度的二氧化硫、一氧化碳和氮氧化合物，其中氮氧化合物濃度最高，在5%左右。

8月13日，外媒美國之音報導，中共天津市新聞辦在回答記者為何派核生化部隊前往現場的問題時稱，這是為了提供最穩妥的防護支援。

報導稱，據獲悉的消息，國際原子能機構北京區域環境緊急回應中心已經迅速啟動了環境回應模式進行分析。

8月16日，大陸媒體澎湃新聞報導，8月15日晚，公安部消防局從遼寧、江蘇消防總隊調集核生化偵檢編隊共6輛消防車30名消防官兵到達天津濱海新區爆炸事故現場。

在8月16日召開的天津港爆炸事故第六場新聞發布會上，

面對記者的提問，中共北京軍區參謀長史魯澤稱，8月15日下午，武警從81師，從周邊調集防化部隊，就是為了14日現場的搜救。

防化兵是防化學兵的簡稱，是指負責防化保障任務的專業兵種。中共軍隊防化兵是合成軍隊的組成部分，由防化、噴火、發煙等部隊組成。是軍隊中負責核、化、生武器防護，並負責燃燒武器的使用與防護。

天津發生大爆炸，中共當局接二連三地調動核生化部隊前往現場，顯得非常蹊蹺，讓人疑竇頓生：天津的爆炸莫非不是普通爆炸，而是核爆炸？

天津網民：火光沖天，類似核爆

8月13日，中共官媒中新網報導，天津當地的網民上傳的視頻顯示，爆炸現場火光沖天，騰起蘑菇雲，伴有拋射狀燃燒物，河北多地有震感。

有網民稱，當時騰起的蘑菇雲至少有百米高，火光沖天，爆炸產生的氣流非常強烈，「5公里之外的一聲巨響把我直接推倒」。

事發當晚，事發地附近一位車主的行車記錄儀，清晰記錄下了兩次爆炸的時間點：23點33分55秒、23點34分28秒，間隔33秒。第二次爆炸產生的衝擊力遠超過第一次爆炸。

中國地震台網顯示，第一次爆炸近震級約2.3級，相當於3噸TNT，第二次爆炸在30秒鐘後，近震震級約2.9級，相當於21噸TNT——這已經達到一枚微型戰術核武器的爆炸當量。

對於官方地震台方面的推測資料，《南方都市報》8月14日報導，有業內人士經過反覆對比天津濱海爆炸的視頻、周邊影響效果，並認為這一演算法低估了此次爆炸的影響力。從爆炸衝擊波對周邊門窗影響來判斷，至少相當於 1000 噸 TNT 露天堆置爆炸產生的影響。

從事工程爆破 30 多年、現供職於武漢理工大學土木工程與建築學院教授程康表示，爆炸產生的能量擴散途徑有多種，最主要的是衝擊波、光、熱、地震波，爆炸後，這幾種形式的能量擴散途徑一般同時存在。而從視頻和報導可見，天津濱海爆炸中威力最大的第二次爆炸，是露天、甚至懸空爆炸，地震波並不是主要的能量擴散途徑，仍舊產生相當於 21 噸 TNT 的能量。

中國工程爆破協會的一名專家表示，在實踐中，衡量一次爆炸威力大小，一般通過衝擊波對周邊建築物、門窗的影響力測算更為直觀。他曾做的研究顯示，1 噸 TNT 爆炸，方圓 200 米內門窗都嚴重損壞。對比此前業界進行的 TNT 集中爆炸試驗效果來分析，24 噸的演算法低估了天津濱海爆炸，至少在百噸級以上。

而程康則以國家標準演算法《爆破安全規程》中的公式進行測算，在工程實踐中，1000 噸 TNT 露天堆置爆炸，暫態產生的衝擊波可導致 500 米範圍內玻璃全部粉碎，而從現場傳回的視頻、新聞媒體報導情況來看，甚至在爆炸中心 800 米開外的建築物上玻璃也全部粉碎。

按照百度資料顯示，如果將地震震級與 TNT 當量進行了換算，4 級地震相當於 1000 噸 TNT 當量。

外界還留意到，天津大爆炸之後，現場滿目瘡痍，周遭建築已成廢墟，數千輛汽車被燒毀，爆炸中心點被炸出了一個巨大的深坑。

美國威斯康辛大學太空科學與工程學中心資深信息科技專家丹格爾（Russell Dengel），在推特網頁發布了一張日本多功能運送衛星向日葵 8 號自地球上空拍攝的照片，影像顯示，從太空中也可看到這次爆炸的沖天火光。

據稱，有西方民眾看了天津爆炸現場的相關視頻和太空照片之後，稱這次爆炸是「火光沖天，類似核爆」。

江澤民集團或搞微型核爆

天津爆炸之後，江澤民集團通過其控制的媒體放風，以「你懂的」方式公開承認事情就是他們幹的。

8 月 13 日，海外有文章稱，天津大爆炸必定是中共權鬥的副產品，是中共在野一方所製造的人間慘禍，其目的就是向當權者進行威脅、恫嚇及製造危機麻煩，進而要脅習近平妥協、就範，甚至是以此災禍來彈劾習近平。

8 月 14 日，有海外中文媒體披露，有消息指，天津爆炸係暗殺當局領導人失手以後，選擇性引爆庫存火工品。「引爆的目的是銷毀庫存物。」知情者稱，「原計畫在等待中共北戴河會議結束高官返程時，引爆津冀路火車鐵軌。但是，不知何原因中共高官突然改變行程，導致不慎走漏消息，只能做善後處理，銷毀證據。」

消息人士披露，出事的瑞海公司不僅涉及深厚政治背景，其真正掌控者是江派常委張高麗的親家，而且還有軍方因素。軍方保利集團在此倉庫儲存大量危險物質。而保利集團原來就是徐才厚、郭伯雄的天下，習近平拿下徐、郭，但是還沒有來得及徹底清除徐郭在軍中的同黨。故陰謀論的可能不能完全排除。

在上個世紀 60 年代，美國曾設計出一款具有破壞性的便攜式核裝置，名為「特種原子爆破裝置」（SADM）。1964 年，應用了 W-54 彈頭的「SADM」被納入了美國的武器庫中。

SADM 高約 46 釐米，裝在一個鋁製的玻璃纖維容器中，一頭類似子彈形狀，另一頭有一個直徑約 30 釐米的控制台。據美國軍方手冊介紹，SADM 的最大威力小於 1000 噸 TNT 炸藥的當量。

如果天津大爆炸真是江澤民集團策劃的，則在中南海博弈過程中處於下風位置的江澤民集團很可能會傾向於利用所謂的「超限戰」理論，真的在天津引爆微型核彈，用以對習近平造成強烈思想衝擊，脅迫其答應自己開出的條件。

有消息稱，中共總參謀部有人參與策劃了天津大爆炸事件。即使在中國大陸搞到微型核彈很困難，江澤民集團也可通過其派出的大量海外特工，在國際黑市上弄到某些型號的微型核彈。

另外，北韓政權和江澤民集團關係極其密切。江澤民集團也完全可以在北韓製造其所需要的微型核彈。

在 2013 年 7 月 27 日的北韓 60 周年閱兵儀式上，出現了一支核彈背囊部隊，北韓企圖藉此宣布：北韓已經繼蘇聯、美國之後，成為世界上第三個掌握核背包技術的國家。

2006 年，阿根廷媒體曾披露南部最大鐵礦被中方資金神祕購買的黑幕。據悉，這次交易的幕後指揮者是江澤民集團的核心人物羅干，其目的之一是控制可用於製造核子武器「骯髒炸彈」的稀有金屬鈷 60。

上述多方面的消息表明，如果江澤民集團想在天津製造一場微型核爆，他們是有條件、有管道搞到微型核彈的。

莫低估中共和江澤民集團的邪惡

2005年，網路上流傳中共鷹派的好戰叫囂，大搞「超限戰」、「核威脅」，甚至有傳言，中共前國防部長遲浩田、現任國防大學防務學院院長朱成虎等揚言，哪怕犧牲西安以東地區，也不惜發動核戰爭，讓美國化成焦土，再過20年，躲在防空洞裡面的中國人又能繁衍興盛起來，而那時，「美帝國主義及其走狗」已經徹底被消滅了。

2005年，中共又在網路上拋出遲浩田的兩個講話：《戰爭正在向我們走來》及《戰爭離我們不遠，它是中華世紀的產婆》，其中明確提出要用生化武器對美國進行「清場」，建立中共的全球霸權。

2015年6月20日，海外追查迫害法輪功國際組織發布報告稱，大量證據表明，大規模活摘法輪功學員器官是江澤民下令的國際性大屠殺，涉嫌殺戮超過200萬人。

以上事實表明，中共完全是一個邪性十足的魔鬼組織，裡面的江澤民集團更是窮凶惡極。善良的人們永遠也不要低估中共和江澤民集團的邪惡。

對中共江澤民集團而言，只要對他們自己有利，在天津引爆微型核彈製造恐怖襲擊事件，根本不是值得一提的事情。與江澤民集團的滔天罪惡相比，這樣的事情即使真的發生了，也只能算是小菜一碟。

第二節

大閱兵前
津門有害氣體蔓延到北京

天津大爆炸後，民眾紛紛戴上口罩防空氣污染。（AFP）

天津港「8．12」爆炸事故發生後，日本的研究團隊通過分析衛星圖像，發現天津港爆炸後持續釋放污染物，這些有害物質不但通過風力蔓延到朝鮮半島並向日本方向漂移，而且衛星圖像顯示已經擴散到北京、河北、山東等地。此時，距離中共官方預計在北京天安門廣場舉行大閱兵活動僅僅還有兩周時間。

有害氣體擴散到北京河北等地 官媒避談

據日本媒體報導，中國天津爆炸事故發生後，出現了含有污染物質的煙塵向大氣中擴散等情況。對此，日本山形大學和東北大學的研究團隊在分析美國航空局（NASA）人造衛星 MODIS 拍攝的圖像後，發現天津市 8 月 12 日晚發生的大規模爆炸中，含有害物質的污染物到 16 日為止仍在持續放出。

同時，存在以微小粒子狀物質（PM2.5）等空氣污染物質的形態通過風力延伸到日本的可能性。

做出此番分析的為日本山形大學理科學部的柳澤文孝和東北大學東北亞洲研究中心的工籐純一兩位教授。柳澤教授此前一直致力研究由中國流入的 PM2.5 引發的霧淞現象的影響。

8 月 12 日的衛星圖像中，幾乎無法確認天津市附近空氣中的污染物質，13 日則可以看到污染物質從天津附近的港灣往渤海灣方向噴發的樣子。之後，污染物質一直擴散到靠近朝鮮半島的位置，因受低氣壓影響前進受阻，由渤海灣向日本海方向移動。16 日污染再次加重，可以看出煙霧正在持續釋放。

柳澤教授說，「與春秋季節時飛往日本的黃沙不同，現在雖然有太平洋高壓的阻隔，但污染物質也可能沿前方流向日本。雖然因大氣過薄而導致有損健康的污染物質流入日本很難想像。但是，在不了解污染物質正體的情況下，有必要繼續觀察。」

對於日方的分析結果，中共官媒《環球時報》卻以《日方觀測天津爆炸空氣污染物稱不會影響日本》為題，做出截然不同的報導。另外，官媒只提到了天津爆炸產生的含有害物質的空氣污染物向東移動，而沒有提及污染物已經向天津周邊地區擴散。

根據上述提到的衛星圖像顯示，天津爆炸產生的空氣污染物於事發後的第二天就已擴散到北京、河北、山東等地區。但事發後天津當局和官媒一直強調「近日盛行偏西風和西北風，對北京沒有影響」。官方此舉遭到網民調侃：天津意在告訴北京「請領導放心」。

天津港爆炸後異象頻發 官方忙解釋

8月20日，在天津港爆炸事故第11場新聞發布會上，中共環保部應急中心主任田為勇聲稱，警戒區以內的26個點位當中有19個點位檢出氰化物，其中8個點位超標，最大值超過國家標準356倍。

據財新網報導，天津爆炸事故後遭遇首場雨，記者在濱海新區黃海路第一大街路段觀察到路面出現大量異常的白色泡沫，且該記者隨即出現症狀：面部嘴唇處有灼燒感；胳膊處感覺「辣辣的」；左手關節處熱癢，目前出現白色泡沫原因不明。此前去過爆炸現場的多名記者證實都出現過這種現象。

針對有關「新區下雨，路上現白色泡沫」的報導，天津市官方宣稱，白色泡沫為「正常現象，平時下雨也會出現」。

大陸媒體報導，據網民日前爆料，天津塘沽渤海海河突然死了好多魚，腐臭味很濃。據了解，天津塘沽渤海海河河口位於天津濱海新區，距離天津港爆炸中心約6公里。

天津市官方機構隨即解釋稱，「死魚和這次的爆炸事件無關。未檢出氰化物。」「往年也有這種情況，死因是缺氧。」

天津塘沽渤海海河大量魚群死亡，腐臭沖天。對此，官方機構解釋稱，「死魚和這次的爆炸事件無關」。（Getty Images）

天津水：氰化物超標 277 倍

天津環保局 8 月 19 日發布的報告稱，在首日做的測試顯示，在爆炸地點周圍疏散區的河裡、海裡和廢水裡的氰化物水準已經急劇上升。在雨水管道口的一個測試點記錄的氰化物水準是可接受標準的 277 倍，然而衛生當局 18 日聲明說，天津飲用水達到了國家標準。

當局已經證實，大爆炸的倉庫裡有逾 700 噸致命氰化鈉。天津當局宣布，在數天調查之後，他們已經確定爆炸倉庫含有 2500 噸 40 種危險品，一共有三類。其中有 1300 噸潛在爆炸性氧化性化學品，包括硝酸銨和硝酸鉀，500 噸易燃物包括納和鉀，還有 700 噸致命毒品，主要是氰化鈉。

天津鹽是否受污染

天津「8．12」爆炸事故後，事發地天津濱海新區的長蘆鹽場是否受到危化品污染，大陸不少民眾提出質疑。

資料顯示，長蘆鹽場位於天津濱海新區，是大陸海鹽產量最大的鹽場，占中國海鹽總產量的四分之一。

有大陸網民表示，為安全起見，建議不要買天津產地的食用鹽；盡量購買生產日期早於 8 月 12 日的鹽。

官方稱氰化鈉和神經毒氣數值爆表 新華社「闢謠」

據官媒央視報導，北京消防總隊的生化偵檢小分隊近日對爆炸核心區域的空氣進行採樣。

在距離爆炸核心區500米處，車載監測系統和手持監測儀提示空氣中的有害氣體已經超過了儀器能夠測量的最高值。

北京公安消防總隊副參謀長李興華說：「今天採集的結果，偵測的結果跟昨天幾乎一樣，還是氰化鈉和神經性毒氣這兩種有毒的氣體。這兩項指標都達到最高值。」

北京某危險化學品評估及事故鑑定實驗室專家說：「氰化鈉固體毒性非常大，只要碰到皮膚破傷處或者吸入或者誤食大概有幾十毫克可以致死。」

據了解，氰化鈉的致命量是1.5毫克／千克（體重），對一個體重80公斤的人來說，120毫克的氰化鈉就可以致命。而幾十毫克完全可以傷及一個兒童的生命。

對爆炸核心區的空氣進行監測時，除了氰化鈉，還發現了一種物質就是神經性毒氣，據專家介紹，爆炸區域的多種危化品都可能產生這類物質。

他說：「這些物質遇水或者遇鹼能產生氣體，然後產生神經性毒氣，比如氰化鈉還有一些硫化鹼，另外一些物質在高溫爆炸過程中會發生化學反應，產生有毒性氣體，比如二甲基二硫。神經性毒氣一旦人吸入，可以與神經細胞作用，另外可以導致呼吸系統及心臟等驟停進而導致人死亡。」

中共公安部消防局副局長牛躍光說，40多種危化品，目前了解到的情況有硝銨、硝酸鉀這些硝類的應該是炸藥類的，這個量是非常大的。牛躍光稱，爆炸現場具體的危化品數量，現在能夠確認的危化品數量在3000噸左右。

不過，上述報導引發社會輿論反響後，中共新華社19日引述官方專家否認了央視的上述報導，稱「天津港爆炸所謂神經性毒氣之說屬於重大誤判」。

新華社還引述這名專家建議稱，媒體在採訪時，應選擇真正從事該領域研究的專家，避免引發公眾恐慌。據報導，事實上，本次爆炸現場的危險遠不止這些。現場危化品的種類和數量，超乎想像。

李克強也被騙？神經性毒氣瀰漫

8 月 17 日，北京消防總隊副參謀長李興華在中共央視《焦點訪談》披露天津爆炸現場的有毒氣體結果稱：偵測結果跟昨天一樣，有毒氣體還是氰化鈉和神經性毒氣，指標都達到最高值。

而據官媒報導，中共總理李克強 8 月 16 日抵達天津港「8．12」瑞海公司危險品倉庫特別重大火災爆炸事故現場。當天下午，李克強來到爆炸事發地隔離區的一座高架橋上，一處被撲滅不久的燃燒點還在冒著白煙，不時冒出劈劈啪啪的爆炸聲。隨著風向的變化，空氣中不時還能聞到刺鼻的氣味。李克強與環境監測工作人員交談，當得知實時數據低於國標後，他指指鼻子，追問道：「我聞到的氣味是什麼？」工作人員解釋氣味來自一些氯化物、氯苯類物質，目前監測都不超標。

外界聚焦，官媒的報導呈現出兩種完全自相矛盾的不同說法。

爆炸現場測出神經性毒氣 可致心臟驟停

8 月 17 日，據央視《焦點訪談》報導，公安部消防局副局長牛躍光證實天津爆炸現場累計存放危險化學品3000噸左右。北京化工大學博士門寶介紹，現場檢測出了神經性毒氣。神經性毒氣一旦人吸入，可以與神經細胞作用，使酶失活，另外可能導致呼吸系統心臟等驟停，進而導致人死亡。

據報，北京消防總隊的生化偵檢隊伍負責探測爆炸區域內的有毒有害氣體。8月16日上午，偵檢隊員們對爆炸核心區域的空氣進行採樣。北京公安消防總隊副參謀長李興華說：「今天（16日）上午這趟去採集的結果，偵測的結果跟昨天幾乎一樣，還是氰化鈉和神經性毒氣這兩種有毒的氣體。這兩項指標都達到最高值。」

人們還注意到，從中央電視台的畫面來看，中共公安部常務副部長等人到現場時，是全副武裝的防護，他們攜帶氧氣包，身體全部與環境隔離後進入爆炸現場。然而在爆炸發生的第二天，數百名武警官兵手拿鐵鍬，面帶口罩，就這樣在火場北側集結。毫無疑問，這些官兵很可能都中毒了，陳光標在外圍待了30小時就已經受不了了，四肢無力，醫院判定是中度中毒，需要住院治療。

有民眾諷刺說，顯然中共總理李克強在天津現場被「開涮」了，那老百姓還指望當局能給出什麼真相呢？

習江最血腥生死搏殺 張高麗中槍

第六章

輿論久被壓
媒體現離職潮

接二連三的天津大火，無論死傷多嚴重，依然重複著官方掩蓋、媒體噤聲的「規則」。而這次大爆炸後出現了媒體人群起辭職的現象，有人從記者良知復甦的角度解釋，離職是離開內心裡天使與魔鬼的戰場。有人斷言，從體制內辭職的人會越來越多。

2015年8月17日，一名記者在天津大爆炸現場取景。（Getty Images）

第一節

被刪網文輯錄：特大老虎要出籠了

2015年8月12日，天津爆炸慘劇發生後，中共網信辦下令傳媒及網路就有關天津塘沽開發區爆炸事件必須規範稿源。但網民披露真相及批評中共當局的聲音依然是此起彼落，很多雖然被立即刪除，但還是流傳出來了。以下輯錄部分被刪除的帖文。

「不得不轉的天津幽默」：農民焚燒秸稈他們不讓，說監測到環境重度污染；過年燃放鞭炮他們不讓，說監測到環境重度污染；就連馬路邊燒烤他們都不讓，說污染環境；這回，來了一個百年不遇的化學有害物大爆炸，到處監測都正常……

「忙著撲滅網路大火」：天津存放劇毒化學品的倉庫發生大爆炸，死亡人數已過百，數十人失蹤。但社交媒體上，關於事故的質問與批評言論卻被迅速刪除。

「天津政府，你想遮掩什麼？」：此次爆炸發生之後，天津方面保持著難堪的出奇沉默，當地媒體似乎對身邊的災難視若無睹。之後不久，怪象連連：當天夜裡，天津地區的企業登記信息系統無法查詢了；市場主體信息公示系統也停擺了。多麼神奇的巧合，如果這是政府人為故意，那究竟想要遮掩什麼呢？

「特大老虎要出籠了」：天津爆炸企業瑞海國際確實與只昇華沒關係，背景另有他人，各手續都是特批。特大老虎要出籠了。

「思之極恐」：天津副市長何樹山稱，現場劇毒物 700 噸氰化鈉，已清理 150 噸，那是不是意味著還有 550 噸已經洩露？ 50 毫克的氰化鈉即可致人死亡，當年昆明 10 公斤氰化鈉不見了，導致全市停水。550 噸氰化鈉滲入地下，該造成怎樣的後果？思之極恐！澳洲昆士蘭大學化學專家謝衛國：受污染地區的植物、生物、胎兒都會出現畸形。

「令人扼腕的天津」：1. 分管安全的副市長第六次發布會才露面；2. 直到頭七才找到事故處置總指揮；3. 第六次新聞發布會開場一句「見到大家很高興」；4. 「我不清楚、我不知道、我不掌握」成為發布會關鍵詞；5. 新聞發布會提問環節中斷直播；6. 事故 11 小時後天津衛視還在播電視劇；7. 至今無人鞠躬道歉。

「還是老領導有面子」：還是老領導有面子，臨別常委們都來送行了；天津港死那麼多人，他們集體失蹤多日。

「明顯的造謠」：政府說家屬情緒穩定，這是明顯的造謠！造謠者應該坐牢！

「天津大爆炸第一位被追責的人」：天津大爆炸剛過三天，首個因此事件被查處的 18 歲網民「命運中的漏網之魚」終於落網，被拘留 5 天。理由是「散布虛假信息」。

「無辜民眾買單」：天津爆炸再次證明，每起事故背後，總能發現貪腐，而為貪腐買單的，總是無辜的民眾，說好的把權力關進籠子，然而不幸被關進籠子的，卻總是各種真相。不透明的體制，釀造了無數悲劇，要改。

「炸藥威力約 275 噸 TNT」：現場深坑再次證明我的判斷：爆炸威力相當約 250 噸 TNT。如此圖測量準確，水坑直徑 90 米，深坑直徑 190 米，考慮到炸掀的浮土覆蓋，直接由爆炸破壞成土坑應約 140 米直徑。再告訴大家一公式：R=k．B^3。R 為彈坑半徑，k 為破壞係數（普通土壤為 1.07），B 為炸藥當量。可知，破壞直徑 140 米時，炸藥威力約 275 噸 TNT。

「三重災難」：天津化工倉庫的爆炸是老百姓的災難，天津政府和傳媒的應對是公信力與治理能力的災難，對境外傳媒粗暴的干預是國家形象的災難。

第二節

接連兩年天津兩次大火

2012 年 6 月 30 日（周六）下午 16 時許，天津薊縣萊德商廈大火，中共稱事故造成 10 人死亡，而海外消息指遇難人數逾 500。民間統計有 378 人遇難。（新紀元資料室）

張高麗好像與火有不解之緣。2012 年 6 月底，就在中共 18 大挑選常委候選人的關鍵時刻，天津薊縣突發一場大火，天津當局造假、瞞報火災死傷數字，引起強烈民憤。然而這樣一個欺上瞞下的張高麗，最後還是被江澤民硬是塞進了政治局常委。

2012 年 6 月 30 日（周六）下午 16 時許，天津薊縣縣城萊德商廈發生火災。中共官媒新華社 7 月 1 日以輕描淡寫的方式首發了薊縣「6．30」特大火災的消息，稱事故造成 10 人死亡，16 人受輕傷。不過大陸各地民眾網上發帖普遍質疑：具有五層樓的商場，時逢周六搞促銷，火災發生時，一樓安全門全部被堵死，從火勢蔓延的程度看，誰也不相信只有 10 人遇難。

據海外最新消息，遇難者人數逾 500 人。此前有民間數字稱

378 人遇難；也有當地民眾表示，至少有 300 人以上，都遠遠多於官方數字。也有民眾為駁官方說辭，將自發收集到的遠超於 10 人遇難者名單上傳網路，被網友迅速轉載。據悉，當局已開始抓人斷網，並阻止媒體記者進入當地採訪。

大陸主流媒體對此重大新聞集體沉默，天津當局涉造假、瞞報火災死傷數字，引起強烈民憤，很多民眾要求時任天津市委書記張高麗及其班子集體下台。據知情者的消息，對媒體下封口令是張高麗所指使。

即使是大陸的官方媒體，也已經開始對張的肆無忌憚感到憤怒。天津大火能否燒掉張高麗進入中共新一屆政治局常委之路，應是中共 18 大前的一個看點。

張高麗曾被台媒吹捧 下禁言令遭民怨

出生於福建晉江的張高麗懂閩南話，因而受到親中的台灣媒追捧。2012 年 3 月曾有台媒稱，張高麗已被排進建議名單，有望 18 大入常，並將首度由經轉政，接掌中共政法大權。

2012 年 3 月兩會媒體會上，有港媒記者問張高麗對 18 大是否當選常委的看法，張高麗答道：「18 大我做什麼都是傳言。」台灣「中央社」報導，前往天津訪問的台灣海基會董事長江丙坤 5 月 10 日當面邀請張高麗「在沒有高升之前」訪台，張高麗回應「我現在希望退到二線啦。」台灣《聯合報》稱，天津市官員 6 月 2 日透露，天津市委書記張高麗將在 18 大成為政治局常委，遺缺可望由現任市長黃興國接任。

天津火災發生後，黨媒《人民日報》記者前往薊縣採訪遭到跟蹤。其發表在人民網的報導中說，「當地群眾對火災事故的傷亡人數存疑」，結果此報導鏈接被取消。知情者說，是天津市委書記張高麗下的禁言令，不但對本地媒體封口，甚至對中央喉舌媒體也設置人為障礙，阻止採訪。薊縣市民劉先生對《大紀元》記者透露，當地民眾傳，天津市高層有人要在18大晉升中共中央，所以拚命往下壓這場慘烈大事故。

張高麗一再強調，天津全體黨員幹部要高度統一口徑，一致對外。一名當地機關幹部說：「有關領導已經下了禁言令，不允許任何人談論這場火災死人的話題，不准參加悼念儀式，否則以黨紀論處！」一周來，薊縣政府還通過「各種緊急應對」處置方式，拒絕新聞單位介入調查採訪。並強調必須以政府「通稿」形式統一口徑報導該火災情況，否則一律追查問責。

2012年7月6日，部分家屬和市民在薊縣最大的廣場鼓樓廣場自發進行祭奠活動，被官方禁止，還拘捕了三人。下午三時許，廣場聚集上萬人，之後警方開始對廣場戒嚴，並強令周邊店鋪關門停業，百姓對此意見很大，認為死了人還不讓悼念，這是哪門子理！

7月7日，大陸媒體報導為張高麗圓場稱，據萊德商場營業員何麗介紹，大火發生時，五樓連營業員加上顧客一共不到20人。此消息立即引起網友熱烈討論。汕頭市一位民眾質疑道：「相當好奇，營業員怎麼知道只有三個客戶呢？慌忙逃生還清點人數了？鬱悶啊，破案要靠媒體和網民！」內蒙古包頭市一位民眾稱：「你去全國任何一個鬧市區縣級商廈看看，難道裡面只有一、二十人嗎？你個沒腦子的五毛。」

陸媒揭大火部分真相 「禍起空調外機」

「中國記者調查網」記者從知情者所透露的消息中得知，至少已有 378 人在這場特大火災中喪生，其中婦女及兒童居多。至今仍有不少家屬在尋找打探著親人的消息和下落。

2012 年 7 月 7 日，大陸媒體《新世紀》發表文章《薊縣大火：悲劇是這樣發生的》，文中說，6 月 30 日，周六。薊縣居民黃景生、劉鳳麗夫婦於當日下午帶著女兒到萊德商廈買衣服。當時商場正在促銷，人很多。當天下午 3 點左右，萊德商廈出現火情，大火從一層迅速將整棟商廈吞沒，雖然幫忙救出數位被困的顧客，黃景生卻沒能從大火中救回自己的妻子。

報導說，下午 2 點是萊德商廈交接班的時間。3 點多，商廈出現火情。多位現場目擊者和一名商場工作人員均向財新記者證實，火災源於萊德商廈一層南側的化妝品區附近的空調室外機。前述人士普遍推測，商場總用電負荷過大可能是室外機起火燃燒的直接原因。

火災發生後，火勢迅速從一樓南側一角向室內和樓上蔓延，引燃大廈外立面的裝飾燈箱，並躥至較高樓層。濃煙高達數十米，在一公里外都能看得見。

萊德商廈把幾乎所有可利用的空間用來經營，甚至將大樓西北側原有的一道大門封閉，改為一家品牌連鎖鞋店的門面櫥窗。早就有大廈租戶提出封鎖大門存在安全隱患，但這一問題始終沒有得到解決，直至火災慘劇發生。

萊德商廈在東北側有一道後門，主要供商家進貨時使用，一般顧客並不知道這一通道。從這一通道逃出的絕大多數是商廈工作人員，許多高樓層的售貨員能夠順利逃出，主要也因他們熟悉大廈的地形。

文章介紹，黃景生臨危未亂，他讓周圍慌亂的顧客鎮靜，並帶著一些人跑到了四樓。此時，大火已致整棟大樓停電，他們摸黑前行，在四樓尋找逃生通道，未果。一行人遂從四樓下到二樓。在巨大的廣告牌和燈箱背後，他們看到了一束亮光——一塊大約60釐米見方的玻璃。黃景生用拳頭猛擊，然後找到旁邊的一隻高跟鞋，最終砸開了這扇玻璃。

據現場目擊者介紹，黃景生從室內鑽出後，周圍民眾送來梯子。由於這一扇玻璃位置較高，一同逃難的劉鳳麗身材較高，在室內幫忙托舉其他逃難者，而黃景生則在室外拽人。

與黃景生一家聚集在此處等待逃生者約十餘人，通過接力，救出四人。最後一個被救出的是黃景生的女兒黃佳瑩。黃景生將女兒扛到距離地面約兩米多處，讓地面人員接住。當他再次返回時，已經看不到裡面的人——濃煙籠罩下，他們已經因為吸進過量有毒氣體而倒下，其中包括劉鳳麗。

這位劉鳳麗，就是當局公布的死者名單中的唯一的一位顧客。

商場怕哄搶 關門堵死生路

報導說，最令遇難者家屬和當地居民憤怒的，是大火發生之後大廈管理者關閉大廈捲簾門的決定。萊德商廈面向中昌北大道一側原有三道大門，在西北門被封閉作為櫥窗後，僅剩下西南門和西門兩道出入口。大火發生之後，兩道捲簾門相繼被關閉。

多位目擊者證實，大廈起火後內部停電，燈光全部熄滅，有經理擔心顧客不給錢就跑了，於是才命令拉下捲簾門。一名知情人士透露，大火剛剛發生時，高樓層的管理人員還得到消息說火勢不大，可以控制，才敢於關門。不久後火勢擴大，大廈停電，兩扇電動控制的捲簾門再也無法重新打開。

萊德商廈內部的消防栓水壓嚴重不夠，以致大火發生時消防栓缺水，火勢未能得到及時控制。薊縣當地消防車輛貯水能力和滅火高度也相當有限，對於高層的火勢幾乎無能為力。

現場目擊者還說，消防隊員都缺少防毒面罩等面部防護工具，無法衝入火場直接救援被困者。消防隊員也參與了在二層的救援行動，他們將一些受困者從這一層的消防通道往外拉出。

張高麗被《環時》公開狠批

讓張高麗焦頭爛額的，不光是民眾的憤怒譴責，還有來自中共內部的利刀。7 月 8 日《環球時報》發表評論文章《火災後續風波突顯政府公信力不足》，文章寫到：「天津市有關部門和薊縣聯合工作組昨天公布了『6．30』大火事故的 10 名遇難者名單，與此同時，網路上質疑薊縣萊德商廈大火死亡人數的聲音沒有減少。這再次突顯了政府公信力在關鍵時刻不足以『結束爭論』的尷尬。」

文章稱：「只要有一個地方政府涉『假』，所有官方機構和官員都是承受者。公信力的瑕疵會以意想不到的方式、在意想不到的時間和地點帶來傷害。」「官方必須下決心、花大力氣投入公信力建設，所有官員和所有有官方代表性的機構都應當是參與者。……在通常情況下，一個官員犯了『硬錯誤』，比他破壞了政府公信力更容易受到懲罰。」

最後《環時》還不忘指責張高麗「破壞政府公信力是朝無政府主義社會的挪動。」

讓人感到驚訝的是，這樣嚴厲的譴責卻來自江派曾慶紅、周永康、李長春等控制的《環球時報》，而不是胡錦濤的《人民日報》等，看來張高麗的惡行，連他們內部都受不了了，這說明，還沒到胡溫開始動手懲罰張，江派已經捷足先登處理「叛徒」了。

原來張高麗與江系淵源很深，不過，薄熙來下台後，他曾轉向討好胡錦濤。

牆頭草 對薄熙來態度的大轉變

薄熙來得勢時，張高麗曾於2010年8月中旬領一個由80多名天津市黨政官員組成的代表團，對重慶進行了兩天的考察。

張當面吹捧薄說：「通過學習考察，我們深深感到，重慶市的工作思路新、招法實……。我們要虛心向重慶市學習，取長補短，開拓創新，把各項工作提高到一個新水準。」

2012年4月11日，即薄出事的第二天，張高麗要求天津政法系統「認真學習領會《人民日報》評論員文章，堅持正確的政治方向，堅定正確的政治立場……在思想上、政治上、行動上與以胡錦濤同志為總書記的黨中央保持高度一致。」

然而這種牆頭草的做法，未必能贏得主子的歡心。從《環時》的狠批中，人們看到了張高麗被自己編造的謊言燒得焦頭爛額。

天津連爆慘烈大火 官方禁言狂刪視頻

張高麗在天津因為大火而出名，除了2012年6月底那場大火，還有2013年3月中共兩會期間，天津發生的兩次大火。

2013年3月13日中午約11時，天津「土裡金」、「中國哏兒都」等多位當地民眾網路發文稱：「天津又火了！」不久「天津交通廣播官方微博」發消息確認：13日11時左右，位於南開區中欣工業園一家汽配城倉庫發生火災，火勢凶猛，黑煙滾滾。附近民眾嗅到一股濃烈刺鼻的燒膠皮味。

據「大眾點評網—玩轉天津」微博後續報導，天津市出動30多輛消防車前往現場撲救。12時45分，火勢被撲滅。據悉，起火點為一個存放塑膠泡沫等膠皮的倉庫。據估算，過火面積約為500平方米。但是至目前，尚未接到人員傷亡的報告。

而在此前，據說發生天津有史以來最大火災。2013年3月3月4日，天津市華苑產業區的鑫茂科技園20多層高的大廈起火，大樓成了熊熊燃燒的火炬——火舌伴著滾滾黑煙，直衝天際。大樓頂層都被燒塌，整座樓被燒毀。

幾天來，網路上很多民眾發布了火災現場的原始視頻。其中一段近14分鐘的視頻，記錄了大樓從低層開始燃燒，「一瞬間」大火竄升至樓頂，橘黃色的火舌伴隨著滾滾黑煙，直衝雲霄的慘景！

這段視頻裡看不到官方任何迅速得力的救火行動，眼睜睜地任憑大火快速蔓延，大樓從下到上，從外到內被燒毀。

目前網上可以找到官方媒體的報導，只有國際在線的通稿式報導：3月4日下午4時左右，位於天津市南開區華苑產業區的鑫茂科技園發生火情，北側樓體完全被大火吞噬。據現場人員和園區工作人員介紹，大樓保溫層最先起火，很快覆蓋了整個北樓。

2013 年 3 月 3 月初正是春寒料峭的時節，視頻中圍觀的民眾對話說：「我在這都感覺到特別熱的熱氣。燒得太快了！一下子火苗就上去了，玻璃都燒化了！裡面的人徹底被悶死了！」

一位供職於起火大樓對面的公司的天津民眾表示，「好危險哇！火勢好大！！救火車到得好慢，好揪心，好難過！看著一點點著起來，先著火的一排掉下來的東西引著電梯旁邊那排！！」

曝光的視頻中，有民眾說，起火後大樓裡的電梯還一直上下運動。有人質疑，為什麼不拉電閘？

出動 50 部消防車 400 人滅火

上述視頻中的幾位民眾對話時驚呼：「瘋了！太嚇人了！這火太大了！比導彈轟炸都厲害啊！看得我心裡難受，腿軟，這肯定得死人！我第一次看見這麼大的火！」「讓我想起那年美國 911 事件！」

由於現場火勢猛烈，天津市公安局消防局官方微博曾稱，相繼派 15 個中隊、58 輛消防車到現場，未接到傷亡報告。

網名為「消防戰士」的人士說：「我滅過的最大的火災，只有 150 人、19 部消防車。（而這場大火出動）15 個中隊 50 部消防車，大約是 400 人左右。足見這場火災之烈。」

由圍觀民眾所拍的火災現場視頻中，有民眾驚呼：「玻璃都化了！太嚇人了！這比導彈轟炸都厲害啊，太可怕了！這火太大了！像美國 911 事件！」

2013 年 3 月 4 日，天津鑫茂科技園 20 多層高的大廈起火，大樓成了熊熊燃燒的火炬，滾滾黑煙直衝天際。（Getty Images）

民眾「星光下守望」在博文中披露，自己所在的公司位於起火大樓對面距離不到 200 米。火災發生後，同事們都聚到窗前圍觀，對面高大的寫字樓成了熊熊燃燒的火炬，濃密的黑煙翻滾著沖向天空。不斷有大塊的外牆材料斷裂燃燒著掉落下來。女同事尖叫，像經歷了「美國 911」事件！沖天的黑煙即使遠在小海地（天津一地名）附近也清晰可見。

地面上，園區裡和周圍並不寬敞的道路重要路口，已經拉上了警戒線。起火的大樓過火部分被燒得一塌糊塗，慘不忍睹。

到了晚上八點多，樓梯外立面的裝飾材料已經被燒得精光，玻璃全部爆裂。雖然樓體表面的明火熄滅，但還有樓層內存留的物品依然在燃燒，在夜空中發出清晰的火光。而頂層的頂棚早已被燒塌，能清楚地看到天空。

官方稱無人傷亡 民間傳百人死

海外博訊網連續發布消息稱，他們的義工 3 月 10 日到現場訪查，附近的居民顯然得到了警告，有的不敢談，敢說話的也是邊說邊左顧右盼。

據附近的居民說，當時全天津市的消防車都去了，有的傷員被拉走，不知拉到哪家醫院去了。後來有幾輛卡車是拉屍體的，一個一個往上扔。初步判斷，死亡超過 100 人。而該網此前收到消息說，這是天津有史以來最大的火災，死傷慘重。約 50 人死亡。

《大紀元》記者多次電話聯繫了包括天津華苑海泰國際公寓、漢庭酒店天津華苑店在內的火災現場附近的多家單位和公司，他們一致回答：「我們不清楚這事，別問我們。」而天津官方對這次大火的說法是，沒有人員傷亡。民眾表示，面對一群撒謊成性的官員，怎麼能相信他們的話？

民眾諷刺說，這麼高的樓層，這麼大的火勢，「無人傷亡」？不得不說這是個「奇蹟」！天津市領導真是「領導有方」啊！真能捂！

火災現場多個視頻顯示的這場慘烈大火，足以引起世界關注，卻被官方掩蓋至今。不僅沒有天津媒體進行報導，也不見其他媒體的聲音，網路上悄無聲息。

不久網路上多幅現場圖片和視頻被刪除。數位民眾說，將「天津華苑鑫茂科技園火災視頻」上傳至多家網站，審核都通不過。

認證為市級人大代表，網路工作者的「陳年帥哥」表示，天津華苑鑫茂科技園火災的真相被燒成碎片了。

孫春蘭步張高麗後塵 封殺負面消息

2012 年 11 月中共 18 大後，孫春蘭接替原天津市委書記張高麗，兼任天津市委書記。而張高麗升為政治局常委。

天津在張高麗當政時，曾以鐵腕手段隱瞞天津薊縣萊德商廈的特大火災死傷人數，嚴厲肅殺媒體和輿論，而接任天津市委書記的孫春蘭，步張高麗後塵，繼續封殺負面新聞，津媒體再次對這起重大火災事故集體緘默。

北京「兩會」剛剛開始的敏感時期，天津又發生如此慘烈的火災，網路上找不到一家天津媒體的相關報導。

此前，2012 年 6 月 30 日，中共 18 大進入倒計時的時刻，天津薊縣最大的商場萊德商廈發生重大火災，引起國內外震動。天津官方聲稱 10 人死亡、16 人受傷，受到民間強烈質疑。一些媒體報導及調查的死亡數字——有至少 200 多人死亡，還有 385 人死亡的說法。

張高麗為了保其 18 大上位，下令鐵腕控制媒體，同時嚴控死者家屬及失蹤者家屬。採取慣用的強力高壓維穩手段，試圖平息輿論，並將多位發布相關消息的民眾抓捕。

但民間的反封鎖愈演愈烈，各界譴責不停，普遍認為張高麗應對「天津大火」負責。

天津火災頻發 民眾只能靠自救

天津一而再、再而三發生重大火災事故，天津當局並沒有汲取任何教訓，無視民眾的生命財產安全。天津華苑鑫茂科技園大廈發生凶猛大火已非首次，2012 年 4 月 29 日約 10 點半，華苑鑫茂科技園南側樓體起大火。天津《今晚報》的報導稱，那場火災沒造成人員傷亡。

而據知情者在網路爆料說：「這天是『五一』休假的第一天。是鑫茂科技園主樓 B 座起火，我住 C 座（中間隔著 A 座），ABC 三座樓相連。那個火借風勢好大，開始是中間幾層起火，沒幾分鐘，從 4 樓到 12 樓的外牆全部著火了。也不知道是什麼材料做的外牆，看那感覺一點都不防火，還是屬於易燃品。」

民眾說，天津華苑鑫茂科技園區的辦公樓建築設計有問題，而且管理混亂，人員密集，好幾個樓有火災隱患。在那裡上班的人員，低層的要看好逃生通道，高層的應自備降落傘！只能自救！

18 大後，成為中共政治局常委的天津市委書記張高麗善溜鬚拍馬。從政後緊跟江澤民，獲提拔重用。還曾附和薄熙來唱紅，但薄一落馬，張立即大變臉，宣誓效忠胡錦濤，被媒體嘲諷為：唱紅不黑火燒不倒；變臉演技純熟兼賣座；遊走於中共三代黨魁之間。

第三節

爆炸後黨媒互相矛盾 媒體人現離職潮

2015 年「8．12」天津港大爆炸，由於現場儲存著幾千噸各種危險化學品，尤其是 700 噸散落四周的劇毒氰化鈉，經過幾場降雨後，其危害程度難以估量。但中共當局在處置這起突發事件的過程中，各部門間和官員間扯皮、推諉、撒謊，以所謂的維穩壓倒一切，掩蓋事實真相。

大陸媒體元老級人員 8 月 19 日在社交媒體上披露，現在大陸幾個大媒體都出現離職潮，有的媒體一天只批三個，有的媒體告知辭職者 9 月 3 日北京大閱兵之後才能處理，更誇張的是有媒體人事部想通過搖號來處理離職申請。有分析認為現在有良知的媒體人越來越多，不願意再違心跟著中共謊言跑，另有分析認為，媒體人對中共垮台更敏感，有的怕被清算，有的不想為中共背黑鍋。

天津官員互相推卸責任

8 月 19 日天津市代理市委書記、市長黃興國直到第八次新聞發布會才出面

黨媒新華網此前報導，天津港爆炸後兩小時，公安部消防總局副局長杜蘭萍隨同國務委員、公安部長郭聲琨、公安部副部長李偉赴事發地。

但 8 月 16 日，天津的新聞發布會，有記者問：本次救援由天津哪位領導牽頭？是如何組織指揮的？當時天津宣傳部副部長龔建生卻回應說：「我不了解」。

一直到李克強在爆炸第五天（8 月 16 日）視察天津事故現場後，8 月 17 日上午進行的第七次新聞會才有天津市高官首次出席。但主管安全生產的副市長何樹山在回應記者的敏感問題時，依然語焉不詳，最後倉促離開，被媒體人形容為「落荒而逃」。

北京時局觀察員華頗接受《大紀元》採訪時表示，這種現象充分說明了中共官場的生態，當有利益時各方都要搶，當出了問題時，各方都在推。天津港發生重大爆炸事故時，大家都忙著推卸責任，天津市政府與交通部互相推，誰也不願意承擔責任。天津稱天津港一直是交通部直屬的，天津港公安局雖說歸入天津市公安局，但天津市公安局稱只是業務，雙方沒有什麼交集，它的消防隊也是自成體系的，就這樣一直互相推，直到黃興國被迫出面負責。

他強調說：「這是習、李明確表示由天津市來承擔這個責任，包括救援、清查和善後，所以黃興國才不得不露面表示對事故承擔責任，他暗示有代人受過的意味在裡邊。」

中共媒體遮遮掩掩、前後矛盾

天津爆炸後，各界最關注的就是危險化學品的污染程度。公安部消防局副局長牛躍光向黨媒央視表示稱，天津爆炸現場累計存放著危險化學品 3000 噸左右，其中包括 700 頓氰化鈉。

北京公安消防總隊參謀呂崢在天津事發地告訴央視，他們帶來北京總隊核生化偵檢車，能進入現場邊緣地帶測定有毒有害的範圍。視頻中，在距離爆炸核心區 500 米的集結地，車載監測系統和手持監測儀同時發出了警報聲，提示空氣中的有害氣體已經超過了儀器能夠測量的最高值。

18 日，北京公安消防總隊副參謀長李興華表示，到爆炸核心區現場採集的結果與前兩天一樣，還是氰化鈉和神經性毒氣的指標都達到最高值。報導還通過北京化工大學國家新危險化學品評估及事故鑑定實驗室博士門寶來證實，爆炸區域的多種危化品都可能產生神經性毒氣。他舉例：「比如氰化鈉還有一些硫化鹼，另外，一些物質在高溫爆炸過程中會發生化學反應，產生有毒性氣體，比如二甲基二硫。神經性毒氣人一旦吸入，可以與神經細胞作用，使酶失活，另外可以導致呼吸系統、心臟等驟停，進而導致人死亡。」

該視頻報導隨後被財新網等很多大陸媒體轉載，但次日一些媒體轉載被拿下，香港的親共媒體仍保存完好。

19 日下午，另一家黨媒新華網報導引用軍事醫學科學院王永安研究員的話，對央視的說法進行否認說：「神經性毒氣標準說法是神經性毒劑，事故現場根本沒有產生神經性毒劑的可能。」他還宣稱：「一般的測量儀器出現誤報很常見。」並認為從電視上看現場使用的儀器並非行業中認定的可以準確確定檢測結果的「金標準」儀器。

就黨媒報導上的前後矛盾，華頗向《大紀元》記者分析說：「爆炸的化學品倉庫有好幾百噸氰化鈉，氰化鈉雖不易燃燒，但若在爆炸、燃燒的高溫下可能分解，產生有毒氣體。此外，那裡還有好多其他的化學物質，這些物質到底會產生什麼樣的毒氣，只有等專業人士分析了。當然如果現在報導散發出去，會引起周邊居民、市民的恐慌。而且目前臨近事發地的房屋損失相當嚴重，居民已經很不滿，要退房、要追責，這時候你再談有大量有毒氣體是雪上加霜。所以官方為了穩定人心、為了安定周邊民眾，他不能夠把事情說得太嚴重，所以他們會說沒有爆表一說，只是偶然有些超標，只能用這些模稜兩可的話語打發媒體、居民。」

他強調說：「其實李克強在天津考察的時候已經說要公開透明，把空氣中所散發的一些物質，要如實的對公眾播報，顯然天津方面沒有這樣做，他們為何不公布，說明他們心中有鬼，他們還是『穩定壓倒一切』。」

媒體人紛紛離職引熱議

正當人們聚焦天津大爆炸，面對紛亂的信息無所適從時，原搜狐公司副總裁、原鳳凰衛視執行台長劉春 19 日上午發了一條令人驚訝的微博消息說：「媒體人怎麼啦？不是在辭職，就是在糾結是否該辭職。一早就看到某媒體高管紮堆辭職的報導；又聽說某大媒體限量每天只准三個，且之前辭的一律壓在『9.3』之後辦；還聽說某媒體人力資源部門在研究搖號辭職的新辦法。唉！」

該消息在網上引起熱議。新浪網民「順德容桂民生事」證實說：「我認識的珠報、南都、羊晚資深的前線記者都或辭職下海、或轉居二線了，不知道是壓力大還是限制多，抑或感受政治左右……」也有網民說：「管制太多，良心受譴責，看到的都是黑暗、謊言、無恥，有良心的估計都快崩潰了！」

也有不少人從中共日趨崩盤來看此現象。山西太原的網民說，可能是預感到什麼大事要發生了，就像下大暴雨前的青蛙。山東威海一網民表示，媒體人對大廈將傾更有感受，先離開了。北京網民「京縣縣令」也認同說：「媒體都是吃黨飯的，黨的喉舌們都要釘在歷史的恥辱柱上。」

網民「存在零容忍」認為還有一種情況：「會不會是他們與『天津 8．12 爆炸』有關？是不是聽到風聲『要追究了』就紛紛跑路？……」

更多的人從媒體人良知復甦的角度解釋，湖南一位女士說：「個人認為是因為有良知的媒體人越來越多，又不想在體制中不自由。如果我是一位媒體人，逼著我說天津空氣質量檢測沒有問題，我真的會良心不安的，會內心糾結愧疚死的！」作家章詒和也表示，這也不准寫，那也不准說，只好走人。

也有人說：「凡與意識形態沾邊的工作真不是正常人可以勝任的。簡直在內心設置了天使與魔鬼的戰場。」新浪認證的大學教師張翔斷言：「陸陸續續的，從體制內辭職的人會越來越多。」

第七章

天津大爆炸促使張高麗落馬

作為前任天津市委書記，張高麗對天津接連發生特大火災、涉數千億私募詐騙事件等難脫干係。此次，張高麗又被指認與天津大爆炸的出事公司多所牽連，其貪腐罪證又被落馬的官員之子大量招供。種種跡象表明，江派鐵桿張高麗倒台之日不遠了。

天津官場面臨大地震，並涉及到習近平這一屆的常委會成員，張高麗麻煩大了。（Getty Images）

第一節

天津爆炸 七常委會釋信號 九大謎團待解

2015 年 8 月 20 日上午，中南海召開了最高規格的政治局常委會，就天津爆炸事件提出七點要求。根據各大陸媒曝光的消息來看，天津爆炸至少還有九大謎團有待揭開。有專家認為天津官場面臨大地震，並涉及到習近平這一屆的常委會成員，張高麗麻煩大了。

中南海政治局常委會被公開

8 月 20 日，中南海召開最核心的七人政治局常委會，聽取天津港爆炸事件的情況彙報，習近平親自布署下一步工作，中共喉舌《人民日報》海外網旗下微信公號「俠客島」認為這是非常罕見的，從中也可以感受到此次特別重大事故的惡劣影響。

對於此次會議的報導，在長篇的新聞通稿中，就搜救遇險人員、救治傷員、現場清理、環境監測、善後處置、信息發布和輿論工作、徹查事故責任並嚴肅追責，這七方面提出具體要求。其中最後一條「徹查事故責任並嚴肅追責」中提到：「不放過一絲疑點，不論涉及到誰都要一查到底，依法依規嚴肅追責，對涉及玩忽職守、失職瀆職、違法違規的決不姑息，給社會一個負責任的交代。」

專家：現任常委張高麗麻煩大了

北京時局觀察員華頗接受《大紀元》採訪時表示，從官方披露的政治局常委會的內容來看，「事故原因是人為的還是意外的，尚無法斷定。也不能排除這是人為製造的一起惡性事故。」

其次他認為政治局常委張高麗麻煩非常大了，他分析說：「因為張高麗作為天津的老領導，事故發生之後，沒有讓他回到天津，這說明習近平、李克強對張高麗不放心，不願意讓他回天津掩蓋一些事情，而是派劉延東前往天津。」

他認為中共國家安全生產監督管理總局局長楊棟樑的落馬更是從中可見一斑，他進一步分析說：「有媒體報導，楊棟樑被『帶病提拔』為天津常務副市長（2007 年 12 月），當時就是張高麗主政天津；也有媒體報導，楊棟樑曾經競爭國家發改委主任位置。這個位置非常重要，是制定、執行國家宏觀經濟政策的，楊棟樑敢於競爭這個位置，那就說明背後朝中有人，那他的後台當然是張高麗無疑。所以習近平提到不論涉及到誰都要一查到底。這回張高麗麻煩非常大了。」

天津爆炸發生後，習近平就有三天二指示，其中，習近平說過「連周永康、徐才厚、令計劃、蘇榮都被查處了，還有誰查處不了」。那就說明背後「老虎」的級別是很高的，絕不是楊棟樑一個安檢總局局長所能承擔的。他認為天津官場本身也會因此有震盪。

《中國經營報》罕見地在天津爆炸事件上點名張高麗，引用知情人的話說，天津爆炸事故中共國務院調查組召開了第一次全體大會，組長楊煥寧提到，「副總理張高麗對前方情況高度重視，堅持每天與前方指揮部視頻通話。」

華頗認為，這個報導有點此地無銀三百兩，故意將這把火引向張高麗，他具體分析說：「張高麗以前就有前科，在 2012 年時候，天津一場大火，在他任內造成了人員大量傷亡，可是那次，他朝中有人力挺，他依然入了常，沒受此事影響。這種說法除了正面理解外，還可以側面地理解為『他可能在干預對事故的調查，生怕事故牽涉到自己』，這樣解釋也未嘗不可。」

天津港爆炸幾大謎團亟待解開

天津爆炸事件後，大陸各媒體揭露了涉事企業的諸多問題，盤點至少有九大迷團亟待進一步調查、解開。

第一、天津港爆炸事故的原因；

第二、天津爆炸後，真正的傷亡人數；

第三、天津港一共儲存多少種危險化學品，這些有毒化學品爆炸後對周邊環境污染問題；

第四、涉事企業瑞海國際物流公司的「紅頂」背景、政商勾結問題；

第五、瑞海國際與另外36家公司註冊在同一個位址。據悉，瑞海2012年成立，而註冊地址所在地的大樓在2014年底才完工。工商局存在為何批准其「虛假註冊」的問題；

第六、瑞海國際在批覆前就開始運營危化品倉儲，並且無許可經營長達半年多，無人過問；

第七、天津市交港局涉嫌多重違法批覆試運營，且在批覆文件的最後註明「此文件不公開」；

第八、該企業涉環保監測站開綠燈問題、消防驗收開綠燈問題；

第九、瑞海國際堆場改造工程與居民區的距離明顯不符合最少1000米的規定，但天津中濱海盛公司卻出具符合規定的「安評」報告，天津安監局為何認為安評結果符合規定，且規劃局給予審批合格問題。

第二節

趙少麟突然被抓
習要收網張高麗

天津大爆炸第三天，8 月 14 日，已退休 8 年的中共江蘇省委原常委趙少麟突然被中紀委宣布開除黨籍，並被立案審查。趙少麟趕上天津大火被拋出處理，算是習近平對江派張高麗出手的一個標誌，因為趙少麟與張高麗關係密切。

8 月 13 日，就在天津大爆炸的第二天，海外有媒體點名稱，前天津市委書記、現政治局常委張高麗是瑞海公司的大後台。8 月 14 日，中共江蘇省委原常委趙少麟突然被中紀委宣布開除黨籍，同日，最高檢察院宣布趙少麟被立案審查並採取強制措施。

中紀委這次用了一個比較長的通報，列舉了趙少麟的很多問題。「在黨內搞團伙，大肆進行利益交換、利益輸送，拉攏腐蝕領導幹部……夥同其子行賄；參與騙購外匯。其中，行賄、參與騙購外匯問題涉嫌犯罪。此外，趙少麟還存在干擾、妨礙組織審查的行為。」趙少麟拉攏了哪些官員？他夥同其子行賄，誰收受了賄賂？通報意有所指。

8 月 14 日，北美新浪全球新聞網發表題為《趙少麟案加上天津爆炸 張高麗「連中兩槍」》的文章。文章引述海外媒體消息說，趙少麟父子被扣押之後自知罪責難逃，幾乎全盤招供，提供了大量其幕後金主張高麗的直接罪證。加之目前震驚中外的天津大爆炸，一時間，張高麗已成眾矢之的，連中「兩槍」。

2014 年 10 月趙少麟被調查時，官媒連發 3 篇博客文章，對趙少麟背後的「老虎」進行追打。文章稱，其子趙晉在天津「手眼通天、呼風喚雨，想整誰就整誰」。趙少麟之子趙晉已在 2014 年 7 月被抓。趙晉被抓後，天津、濟南官場大地震，包括天津原公安局局長武長順、山東省濟南市原書記王敏等紛紛落馬。

據報，趙晉倚仗其祖父為中共高官、以及父親是江蘇省委幹部的勢力，以空手套白狼的方式在南京完成原始積累，進而北上津、魯、冀，南下浙江，創辦至少 60 餘家公司，打造了一個龐大的房產帝國。

趙少麟被抓之後，趙與張高麗之間的關係被許多媒體曝光。當時擔任天津市委書記的張高麗大搞地產投資，令天津房地產業投資進入瘋狂增長時期，也使之成為腐敗嚴重的地區。2014 年 7 月底，張高麗主政天津時的城建大總管、天津市水務局原副局長、原天津城投董事長馬白玉被立案偵查。

趙少麟子開豪華會所 5 老虎是座上賓

《新京報》微信公眾號「政事兒」8 月 15 日發文曝光趙少麟、趙晉父子的朋友圈，揭露天津市公安局原局長武長順、濟南前市委書記王敏、南京前市委書記楊衛澤、河北前省委書記周本順及中共國家行政學院前常務副院長何家成等 5 名落馬官員，都曾是趙氏父子私人會所的「座上賓」。

趙少麟2014年被調查後，趙晉的「黑歷史」被多家媒體起底。而他之所以在天津「想整誰就整誰」，主要是有武長順作「保護傘」。以前媒體大多報導趙晉的靠山是武長順，但現在人們意識到，其實張高麗才是他們背後的更大靠山。

中紀委 2015 年 3 月發表的王敏案件警示錄披露，原山東省濟南市原書記王敏與趙晉結成利益同盟。趙晉的地產公司在山東也有樓盤，並獲得王敏的力挺。而王敏則把趙晉當成提款機，王敏女兒買豪宅、妻子到東南亞奢侈消費及到澳門豪賭，都由趙晉買單。

楊衛澤 2011 年任南京市委書記後，趙晉的地產公司向南京進軍，在南京接連拿地。知情人士稱，趙晉在南京拿的地，基本上都與楊衛澤有關。

周本順妻子在一次規格極高的宴席上說：「我生了一個男娃，現在有兩個兒子。」除了兒子周靖外，還有「乾兒子」趙晉。趙晉 2014 年被調查後，周靖曾四處為趙晉「活動」。

中共國家行政學院前常務副院長何家成跟趙氏父子早年就相識，何家、趙家關係很好，何家成的女兒在趙晉公司吃空餉。

1998 年 6 月到 2006 年 11 月，趙少麟任中共江蘇省委祕書長，先後經三任江蘇省委書記陳煥友、回良玉、李源潮。自由亞洲電台發表高新的評論文章稱，趙少麟落馬了，回良玉也快了。當年在江蘇省委機關大院裡上上下下，人人都還能記得趙少麟是怎麼巴結回良玉的。當地早有傳聞說回良玉在江蘇任職期間促成的那項「首長別墅」工程，正是趙少麟全權經手完成的。

張高麗「配合」劉雲山 攻擊李克強

港媒披露，中共江派常委劉雲山和張高麗都是帶病晉升，任期內劣跡斑斑。他們抱團在高層對抗習李。（AFP）

除了貪腐不收手外，張高麗還在政治上想搞垮李克強。據港媒《動向》雜誌 2015 年 8 月號披露，當局正籌備 19 大，各派系聞風而動。「帶病晉升」的江派常委劉雲山、張高麗任期剩兩年多，他們均恐懼其醜惡罪行被追究，因此向習李發起攻擊。劉雲山在 6 月、7 月的中共政治局和政治局常委會上提出所謂「九個為什麼」向習近平發難；張高麗則「配合」劉雲山，在國務院會議上提出「五個亂」，攻擊李克強施政。

劉雲山不僅在內部赤膊上陣與習李對抗，還利用掌控的宣傳口不斷給習李拆台，諸如最近一個時期其家族涉惡意做空中國股市，同時在官媒上聲稱「救市無效」、「崩潰再現」等，將高層分裂公之於眾。

公安部牽頭 習預告：須付慘痛代價

這次天津爆炸慘案後，很多海外媒體報導說，「天津爆炸涉周永康級人物？習李王聯手強硬發聲」。8 月 15 日，與習近平關係密切的財新網還以《中紀委機關報：讓越雷池者為生命付出慘痛代價》為題，轉載中共中紀委機關報《中國紀檢監察報》的一篇文章，文章本來只是在談安全生產，但財新網卻給出了一個頗具政治深意的標題，帶有強烈的敲打意味。

最明顯的是 8 月 17 日的《人民日報》評論聲稱，面對這場造成重大人員傷亡和財產損失的事故，中央的態度是明確而堅決的，嚴查嚴辦是確定無疑的。此前中共最高檢察院 16 日發布消息稱，最高檢已派員介入天津「8・12」危險品倉庫特大爆炸事故調查。而此時事故調查組還未成立。最高檢罕見地先於調查組入津，引發外界關注。

兩天後的 8 月 18 日，國務院宣布成立「天津港 8・12 瑞海公司危險品倉庫特別重大火災爆炸事故調查組」，調查組由公安部牽頭，公安部常務副部長楊煥寧任組長。公告宣稱，調查組將「一查到底，嚴肅追責」。

外界評論說，這是第一次由公安部牽頭的安全生產事故調查，這本身就表明了此案不只是安全生產問題，還有可能是嚴重刑事犯罪問題。

這一切跡象都表明，張高麗因貪腐而讓一群不知天高地厚的人從事危險品經營，釀成的大禍自然要「付出慘痛代價」了。

第三節

天津爆炸案撕開
張高麗貪腐黑幕

天津官方 16 日通報稱，天津濱海新區危化品倉庫大爆炸死亡人數上升至 112 人，失蹤 95 人，其中包括消防人員 85 人。海外博聞社消息稱，中共高層內部通報爆炸死亡人數已達 300 人。而天津一民眾發布「天津爆炸事故死亡 1300 人」信息被警察拘留。此外，《新聞晨報》報導，至少一萬輛進口汽車損毀，僅此一項直接經濟損失達 40 億元。

海外博聞社獲悉的消息稱，出事化工品倉庫之所以可繞過環保評測違規在居民區設立，因其背後是中共政治局現任常委張高麗的親家所控制，由天津濱海新區前書記、現為國家發改委副主任何立峰特批。另據透露，大爆炸是由一輛汽車引發的，懷疑有人為因素。中共公安部也派員調查是否涉嫌恐怖陰謀，特別是是否涉嫌針對 9 月 3 日的天安門大閱兵。

張高麗與港商聯姻 官媒三緘其口

張高麗與港商李賢義的官商聯姻，中共官媒對此三緘其口。中共 18 大之後，官媒新華社從 2012 年 12 月 23 日起連續 3 天，以版面對外刊發「中共高層新陣容」系列特稿，7 名中共政治局常委中唯獨只有排名第 7 的張高麗，未被報導配偶姓名與子女狀況，與其他 6 名常委包括習近平、李克強、張德江、劉雲山、王岐山等人的介紹文章大相逕庭。

張高麗是福建晉江人，李賢義是原晉江縣石獅鎮子英村人，這樁官商聯姻至今被晉江人津津樂道。李賢義 15 歲迫於生計輟學，上世紀 80 年代初來到香港，從辦小汽配公司起步，當時「只聘了 1 名員工」。他的生意轉捩點是在 1985 年以港商身分到深圳辦公司，1989 年在深圳成立信義集團（玻璃）有限公司。

張高麗 90 年代任深圳市委書記，把女兒張曉燕嫁給李賢義的長子李聖潑。此後，李賢義一躍成為縱橫玻璃工業、汽車配件、橡塑化工、太陽能光伏、建築材料、房地產、金融股票、信息科技、連鎖超市等眾多行業的紅頂商人，旗下玻璃工業規模全球第三，從窮小子變成「玻璃大王」。在 2009 年福布斯中國富豪榜上，李賢義以 52.2 億財富排名第 118 位。

李賢義還成為中共全國政協委員、福建省政協常委等，2010 年當選為「影響深圳 30 年的港商領袖」。李賢義長子李聖潑本人不但是信義玻璃的大股東，他還是香港 17 家上市公司的董事，現任信義（中國）投資集團董事長、聖德集團董事局主席、滙科系統公司董事長、信義科技集團有限公司董事長等。次子李聖根現任信義橡塑製品公司總經理等職。

有消息稱，張高麗主政深訓時所修的濱海大道，賺了幾個億。濱海大道兩邊的石頭都是自他老家採購——張高麗老家在福建晉江東石潘徑村，當地出產石材。信義集團目前在深圳、福建等地擁有土地 60 多萬平方米，已投資 6.4 億多元開發多個項目。

張主政天津期間 親家設化工品倉庫

張高麗 2007 年任天津市委書記，李賢義也把信義集團延伸到天津。2007 設立信義玻璃天津基地，占地約 9 萬平方米。2010 年天津基地二期動工，占地約 66 萬平方米，投資總額 30 億元，建築面積 35 萬平方米，位於天津新技術產業園區。李賢義還開設了信義汽車部件（天津）公司、信義光伏產業公司天津分公司等。

《濱海時報》2015 年 6 月 15 日報導，天津市委常委、濱海新區區委書記宗國英會見以第 12 屆全國政協委員、信義玻璃控股有限公司主席、信義光能控股有限公司主席李賢義等為代表的香港工商總會企業家代表團一行，代表團參觀考察了濱海新區東疆保稅港區聯檢服務中心、太平洋國際集裝箱碼頭等地。

此次發生大爆炸的瑞海國際物流公司正是位於天津濱海新區的東疆保稅港區。公開資料顯示，這家民營企業是天津口岸危險品貨物集裝箱業務的大型中轉、集散中心，是天津海事局指定危險貨物監裝場站和天津交委港口危險貨物作業許可單位。但在工商註冊信息中，這家公司的業務範圍只是在港區內從事裝卸、倉儲業務經營，並沒有取得當地安監部門的危化品經營許可證。

海外博聞社消息指出，瑞海公司危險品倉庫所屬公司法人董事長等，表面上都是一些普通的自然人，但真正掌控者是張高麗的親家，張高麗主政天津期間，其親家獲得在該區設立化工品倉庫的許可，而該許可繞開了環保部門的審評安監，它是由時任天津市委副書記、濱海新區書記何立峰親自批發的，而何立峰的弟弟一直在天津承建工程項目。

張高麗主政天津期間，大力推動濱海新區開發，留下無數爛尾專案，砸下 600 億興建的濱海新區總部經濟的核心區——響螺灣商務區，被環球網形容「到處是空房如鬼城」，承擔開發建設的天津濱海新區建設投資集團已背負巨額債務，原天津泰達投資公司董事長劉惠文 2014 年 4 月自殺。2014 年 2 月，中共副總理汪洋在國務院部委主要負責人會議上稱，天津市已欠下 5 萬多億債務，實際已破產，如今要追究也已經晚了。

張高麗手下的城建大總管、原天津城投董事長馬白玉，2014 年 7 月因涉嫌濫用職權罪被立案偵查。馬白玉執掌的天津城投集團，負責整個天津市「城市路橋、軌道交通、環境水務、城市綜合開發」，是天津市最大的國企，資產規模接近 3500 億元。據知情人透露，馬白玉搬家，底下經理上供的都是金條。張高麗參加一個奠基儀式，馬白玉為了防止張摔著，光一個臨時上主席台的樓梯就多花 20 萬。

和張高麗成為親家之後，李賢義父子在大陸的生意扶搖直上，並和香港很多富豪聯手進行房地產開發和企業收購。李聖潑和張曉燕結婚不到半年，李聖潑便獲香港首富李嘉誠長實（長江實業集團）的創投基金智財寶垂青，合組創辦匯科系統，由李嘉誠的公司占七成股權，客戶包括長實、和黃、港鐵、太古等企業，還有房屋署等香港政府部門。

2008 年，匯科董事長李聖潑從深圳農產品公司手中收購了逾

10億元的「民潤」連鎖超市等。此時，匯科第一大股東是信義科技集團有限公司，持有70%股份；第二大股東是李嘉誠的長江實業集團旗下的智財寶發展有限公司，持有其30%股份。匯科實際控制人為李聖潑，匯科是一家集電腦軟硬體研發、集成與應用、銷售與服務為一體的綜合型高科技企業。

李聖潑任董事長的信義科技主要客戶為中共公安系統，開發公安信息化及視頻監控軟硬體系統，產品有「背景審查系統」、「人臉識別儀」、「網上作戰平台」、「財富分析系統」等，廣泛應用在公安、武警、部隊、金融、石油、機場、監獄、電力、通信、校園等領域，目前已成為國內知名安防高科技企業，就連北京首都機場、山東武警、濟南軍區等地都有生意往來。

張高麗多行不義 惹得天怒人怨

張高麗主政天津期間，天津公安隊伍腐敗成為市民熱議話題，天津有民謠：「窯子全是公安開，賭場打的警察牌。」天津網友說：「高麗書記讓天津的夜總會、洗浴中心、商務會所、商務KTV等成為了公安局三產。」天津公安鎮壓維權訪民、法輪功學員更是肆無忌憚。2014年7月，張高麗治下的政法大總管、天津市公安局長武長順涉落馬，2015年2月被移送司法處理。

此外，張高麗醜聞還涉天津私募詐騙事件，涉及資金數千億。在張高麗的呼籲宣導下，各路私募股權基金大量在天津全面開花，而從2010年初至2012年，有數十家公司被查封，給幾十萬家庭帶來災難。中國各地不斷有受害者到天津上訪、報案，甚至打出「張高麗還錢！」的口號。受害者透露，詐騙的贓款大部分被江澤民、周永康、張高麗一夥斂去。

張高麗長期追隨江澤民迫害法輪功，「追查迫害法輪功國際組織」對張出追查通告。張高麗主政天津期間被迫害致死的法輪功學員眾多，天津也是軍隊醫院和地方醫院聯合活摘法輪功學員器官最興盛的城市，張高麗是活摘器官罪行的主要參與者之一。張高麗作為江澤民的台前死黨，正在為保護江派殘餘勢力、逃避迫害血債和貪腐罪行被追究而負隅頑抗。

張高麗多行不義惹得天怒人怨，也給天津一再帶來災難。2012 年 6 月 30 日，天津薊縣縣城萊德商廈發生火災，中共官媒新華社稱事故造成 10 人死亡，16 人受輕傷。而民間數字稱 378 人遇難。天津當局瞞報火災死傷人數，引起強烈民憤，很多民眾要求天津市委書記張高麗及其班子集體下台。而張高麗下令嚴控輿論，封鎖火災現場，連悼念儀式都不准舉行。

2014 年 3 月 4 日，中共兩會期間，天津再次發生特大火災。天津市華苑產業區鑫茂科技園一座 20 多層高的大廈被大火吞噬了整座樓體。然而，事故的消息再次被死死封鎖。天津官方微博稱，未接到人員傷亡報告。海外媒體稱，此次大火死傷慘重，約 50 人死亡，是天津有史以來最大的火災之一，兩幢樓瞬間燒沒，死傷慘重，質疑天津當局隱瞞實情。

作為前任天津市委書記，張高麗對天津接連發生特大火災、涉數千億私募詐騙事件、濱海新區響螺灣商務區鬼城、天津市 5 萬多億債務等難脫干係。此次，張高麗親家又被指認是天津大爆炸的出事公司幕後老闆。近日有報導稱，落馬的江蘇省委原常委趙少麟之子趙晉已招供大量關於張高麗的貪腐罪證。種種跡象表明，江澤民派系鐵桿張高麗倒台的日子不遠了。

習江最血腥生死搏殺 張高麗中槍

第八章

張高麗卑賤齷齪的仕途路

掩蓋留學北韓經歷、為江澤民抬轎登泰山，張高麗趨炎求榮之路並不光彩。任職天津期間，更刻意縱容非法集資，坑陷千億金額。在私募案的數十萬受害者中，大量受害人在要不回投資後陷入悲慘處境，境況悽慘令人扼腕，自殺者不勝枚舉。

（Getty Images）

第一節

學歷、長相
張高麗竭力粉飾的醜事

在中共18屆政治局常委的七人中，無一具有歐美留學背景。聲名狼藉的張德江與張高麗兩人都曾留學北韓金日成綜合大學，但張高麗卻在簡歷中隱瞞了這段經歷。而且張高麗的長相很「特別」，以至於給他拍照成了攝影記者的苦差事。

張高麗曾留學北韓

18大常委名單公布後民間戲稱，金日成的朝鮮大學打敗了美國的哈佛大學，入常呼聲很高的哈佛受訓生、前哈佛校長的得意門生李源潮，敗給了兩名曾留學金日成綜合大學的張德江和張高麗。

海外知名經濟學者何清漣在推特爆料說：「我查了一下，張高麗的簡歷上現在只寫其廈門大學學歷，不寫其金日成大學的短

期受訓（相當於二年制研究生學歷）。這一點，當時在深圳可是作為坊間笑談，認為是其保守由來。但張德江的大學學歷仍然保留了金日成綜合大學，估計是抹了這段就連大學也未畢業。」

18 大前，天津薊縣一場大火讓張高麗更加臭名遠揚，其名中的「高麗」二字也成為民眾調侃的話題：張高麗與「高麗人」有關聯（「高麗人」通常指朝鮮族人）。

陰險打壓輿論「美化」個人

何清漣曾在《深圳法制報》任專稿部副主任，對曾任深圳市長兼市委書記的張高麗的醜聞知之甚多。

2000 年張高麗任深圳市委書記期間，何清漣發表了《現代化的陷阱——當代中國的社會經濟問題》，引起社會各界的強烈反響。但深圳市奉中宣部命令對何清漣採取「隱形封殺」，傳達時沒文件，且不准與會者記錄和錄音。何清漣被毫無理由地調離崗位，不准發表任何文章。在遭受長達一年半的全天候監視後，何清漣於 2001 年赴美。

何清漣曾透露，張高麗主政深圳期間忌諱很多。他的臉一邊大，一邊小，所以媒體只能從一個角度給其拍照，如果記者從另外一個角度照，照片要是見了報，第二天早上他的祕書會把報社總編罵得狗血淋頭。

為張高麗攝影的記者都感到是一種苦差，如果拍得沒讓張高麗滿意，輕則是挨批評，重則被處罰——寫檢討，還被扣發獎金、工資等。張調到山東後惡習不改，據山東跑時政的電視記者透露，張高麗因為臉上某個地方有疙瘩，就要求電視台拍攝時，個人鏡頭不能太大，結果每次拍攝出來的鏡頭都是人物小之又小，背景大而又大，反被電視台指責構圖不合格。

何清漣還介紹說，張高麗任深圳市委書記期間，將深南大道人行道的彩色地磚都換成大理石，下點小雨就滑，很多行人摔跤，市民怨言頗多。

第二節

曾陪江澤民
在泰山指揮殺胡錦濤

2014 年 10 月，到美國外訪的張高麗，不僅因緊隨江澤民迫害法輪功被「追查迫害法輪功國際組織」（簡稱：追查國際）通告追查，遇法輪功等團體抗議外，其與美國總統奧巴馬會面的消息亦被中共新華社封殺，同時張本人和親戚貪腐的醜聞在這個敏感時刻被大量曝光。

分析稱，權力已被架空的中共政治局常委張高麗，因涉巨額貪污及大量政治醜聞、血債，被安排外訪美國而讓國際聚焦及同時遭遇政治羞辱，張高麗正面臨遭清洗的政治處境被廣而告之。

背負法輪功血債的中共現任常委張高麗，與張德江、劉雲山一起，被江澤民在「18 大」塞入常委。目前隨著曾慶紅、江澤民勢力大減，「兩張一劉」的實權已經被架空，政治上被邊緣化；張高麗更被習近平當局架在火上烤。

據知，中紀委正暗中有系統的曝光張高麗主要面臨 3 宗罪行，

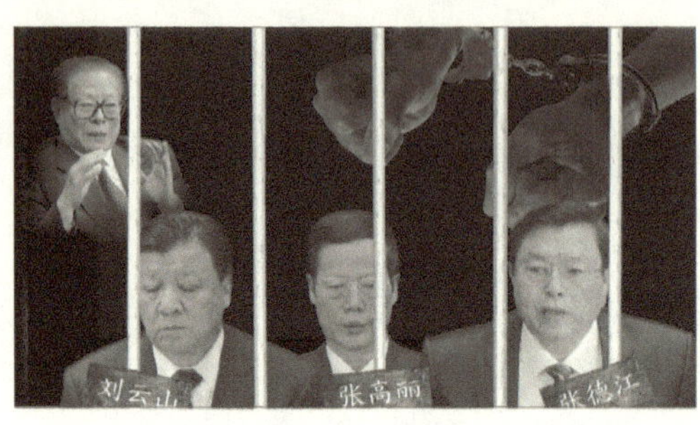

劉雲山、張高麗、張德江（由左而右）三常委目前是江澤民集團在檯面上的代言人，不過許多跡象顯示，此江派三常委的處境危在旦夕。（大紀元合成圖）

包括斂財，據傳他的資產達到 100 億元人民幣；陪江澤民上泰山指揮刺殺胡錦濤，捲入政變；積極迫害法輪功而犯下重大命案，包括涉活摘及非法販賣法輪功器官等罪惡。張高麗已在國際上被起訴，涉群體滅絕罪、反人類罪、酷刑罪等。

外訪遇抗議 會晤奧巴馬消息被官方封殺

2014 年 9 月 23 日，張高麗代表中共國家主席習近平參加在美國紐約聯合國總部舉行的聯合國氣候峰會。早上 8 點步出酒店，張高麗便在抗議聲中坐車倉皇離去。法輪功學員在紐約聯合國總部外，以及中共代表團下榻的酒店門前，抗議中共對法輪功的迫害。

同時，中共官方「新華網」關於張高麗出席聯合國氣候峰會的通稿中，隻字不提張高麗會見美國總統奧巴馬的消息。而中共「中新網」一篇關於張高麗會見奧巴馬的報導則被刪除。

而早前，8 月 28 日至 29 日，以張高麗為首的 750 名中共官方代表團出訪捷克時，張高麗等 5 名中共官員因迫害法輪功，亦遇到當地法輪功學員的抗議。

在張外訪之際，9 月 21 日，中共政協成立 65 周年大會上，6 常委全部參加，獨缺張高麗；同日，中共官媒高調刊發題為《京津冀水資源環境嚴重超負荷 水利一體化亟待破冰》的文章，指向出任京津冀協調小組組長張高麗。張可謂內外交困。

此前江派常委劉雲山外訪歐洲時，也受到同樣的「待遇」，甚至曝出改由垃圾通道進出以避開抗議的窘境。習近平藉外訪，讓江派三常委出醜，當中以張高麗的處境最尷尬，一連被安排兩次外訪，所到之處都被抗議聲包圍。

陪江澤民在泰山指揮刺殺胡錦濤

張高麗從深圳市委書記被江澤民一路提拔到山東、天津直至政治局，擔任過深圳市委書記、廣東省委副書記、山東省長、山東省委書記、天津市委書記。他與江澤民早早掛上鉤。2000 年 2 月，張高麗任深圳市委書記期間，時任中共總書記的江澤民在廣東首度發表「三個代表」講話後，隨即赴深圳考察。

2001 年 11 月，張高麗被任命為山東省省長，此後不久，江澤民前往山東考察。當時，張高麗在江澤民停留的每個地方都掛上了大型橫幅，上面寫著江澤民說過的話，大拍江的馬屁。

江退位後，2006 年 5 月 1 日，在主政山東的張高麗陪同下去泰山還願，張下令將整座泰山封閉，讓泰安市全套領導班子成員，以及濟南所有的廳級以上幹部列隊歡迎，把江與毛澤東放在同等位置。並指令 8 人抬著為江澤民特備的大轎上山，自己則緊跟其後「護駕」。

據接近中共高層的知情人士透露，張陪江上泰山還有一個驚天的祕密，就是江當時正密鑼緊鼓地密謀刺殺胡錦濤，江要坐鎮泰山，以觀其變。

據知，2002 年胡錦濤上台以來，胡、江兩人展開 10 年奪權生死搏擊。據海外媒體報導，江曾策劃 3 次刺殺胡錦濤事件，當中最驚險的一次就是在 2006 年 5 月，地點就在山東。

2006 年 5 月初，胡錦濤祕密前往青島，視察北海艦隊演習。當胡乘坐一艘導彈驅逐艦視察時，另外兩艘軍艦同時向胡乘坐的導彈驅逐艦開火，打死驅逐艦上 5 名海軍，導彈驅逐艦立即載胡駛離演習海域，直到安全海域，胡換乘艦上的直升機飛回青島基地，未作停留，也未回北京，直飛雲南。一星期後，北京一切安排妥當，胡才回北京。

個性貪婪 斂財或達百億

主管金融的張高麗，為人相當貪婪。有消息人士向《大紀元》披露，張高麗利用職務之便，瘋狂斂財，他的資產至少達到 100 億元。

據悉，張高麗從主政深圳時所修的濱海大道，賺了幾個億。濱海大道兩邊的石頭都是自他老家採購，這就是 2003 年、2004 年深圳曾廣為流傳的「高麗石」的來由。同時，張高麗在深圳期間曾協助江澤民兒子轉移資金到國外。

張高麗在 2007 年成為天津市委書記後，更是仗著江澤民的關係，貪得無厭。

最著名的是天津私募詐騙事件，此事件涉及資金千億，從 2010 年初至 2012 年，有數十家公司被查封，給幾十萬家庭帶來財政的災難，至今還有民眾為此事上訪、報案。有報導指，天津私募事件是江家幫張高麗等人設局詐騙百姓，詐騙的贓款大部分被江澤民、周永康、張高麗一夥斂去。

迫害法輪功被追查起訴

江系背景濃厚的張高麗，曾追隨江澤民積極參與迫害法輪功，雙手沾滿鮮血，總部設在紐約的追查迫害法輪功國際組織（追查國際）2014 年 8 月 25 日宣布，該組織已針對張高麗迫害法輪功罪行，進行立案通告追查。

9 月 20 日，「清算江澤民迫害法輪大法國際組織」發布了《迫害法輪功的主犯張高麗罪狀公告》，詳細列舉了張高麗涉嫌觸犯群體滅絕罪、酷刑罪、反人類罪的證據。

張在廣東、深圳、山東、天津等地任職期間，積極布署迫害法輪功，使這些地區數以千計的法輪功學員被非法抓捕、關押、判刑，是大量法輪功學員遭酷刑導致傷殘、死亡的罪魁禍首。他任深圳市委書記、深圳警備區黨委第一書記期間，曾布署「百日會戰」嚴打法輪功。在 2001 年至 2007 年迫害高峰期間，時任山東省委書記、省長的張高麗要求打擊法輪功。

張高麗調任天津市委書記後繼續迫害法輪功。2008 年 5 月奧運前，張高麗要求加大打擊法輪功的力度，並下令天津市各區、縣、鄉鎮派出所，對法輪功學員逐家逐戶走訪調查。張高麗親自到大港區坐鎮，強制法輪功學員及工作單位和家庭作出保證不去上訪等等，天津市「610」借奧運之名綁架多名法輪功學員。

國際上曝光的中共活體摘取法輪功學員器官的罪惡中，山東省的多個器官移植機構如千佛山醫院肝臟移植中心、天津市第一中心醫院器官移植中心是涉嫌大量活摘器官的單位。2010年7月，張高麗視察並鼓吹該中心「繼續發揮器官移植優勢」，當年該中心肝移植總量占全國的三分之一。

作為積極參與迫害法輪功的主犯，張高麗不僅違犯了國際法，也同樣違犯了中共政府的法律，已構成違法違憲多項犯罪。以國際法量刑，根據聯合國《國際刑事法院羅馬規約》第六條「滅絕種族罪」和第七條「危害人類罪」，以及聯合國《禁止酷刑公約》等相關條款，張高麗犯下了：群體滅絕罪、反人類罪、酷刑罪。

總部設在美國的兩個非政府組織「法輪功之友」和「追查國際」向美國國務院宗教自由委員會、美國國土安全部提交一份詳細報告及首批102人名單，要求美國政府根據美國移民歸化法和1998年國際宗教自由法案，禁止或遣返直接迫害法輪功的中國官員及直系親屬入境美國。102人名單中就有張高麗。

第三節

揭祕天津私募大案 千億資金被騙

「投資錯過了上海浦東，錯過了深圳特區，千萬不要錯過天津濱海新區！」2008 年，時任天津市長黃興國接受香港鳳凰衛視吳小莉的專訪時如此說，這句話也被許多天津私募投資（PE）公司當成了宣傳的資料，成為吸引民眾資金的有力號召。

但現在，這句話對於眾多天津私募投資受害者來說，顯得無比諷刺與坑爹。

2012 年 9 月 3 日、4 日，逾千位來自中國各地的天津私募投資受害者來到天津市政府前請願示威，民眾高喊「張高麗（天津市委書記）、崔津度（副市長）還錢！」等口號，並要求和市長對話。其中一些受害者已經不是第一次聚集在此，自 2010 年底以來，他們已經多次前來討說法。

天津私募案受害者眾多。現場的逾千位請願抗議者也並不是天津私募受害者的全部，許多人只是受害者的代表，他們包裡裝著其他受害人的委託簽名。在場的幾位維權者代表對外聲明，他們收集到近 1 萬 4000 名受害者的簽名，涉及資金超過 34 億元，而這些遠不到受害者總人數的十分之一。此外，僅負責天津活立木投資受害者管委會一家透露，已經有近一萬名活立木投資受害者向他們發來授權書，牽扯到的投資金額估計有 20 億元。

這些投資受害者分布非常廣泛。活立木管委會表示，中國大陸幾乎所有省份都有投資受害者，甚至連港澳台、東南亞一些國家、紐西蘭、澳大利亞都有受害者。記者調查發現，天津私募公司吸收資金並不問來處，基本有錢即可投資，出事的私募公司中曾向海外引資的並不鮮見。

截止目前，天津私募公司已經被查封數十家，有分析稱，其中涉及金額高達數百億，受害人數十萬，是國內最大的私募金融詐騙案之一，還沒有被清查的天津 2000 多家私募公司中，大多數都有問題，其中更涉及資金高達數千億元。

究竟天津假私募為何如此猖獗？受害者為何如此輕易上當？幕後的推手隱於哪裡？這一切不得不回顧天津私募歷史。

天津私募的興起

天津濱海新區位於天津市最東端、環渤海地區的中心地帶，可供開發的鹽鹼荒地約 1200 平方公里，2010 年底建成面積約 300 平方公里。2006 年 5 月，中共國務院批准天津濱海新區為國家綜合配套改革試驗區，支持天津濱海新區在企業改革、金融創新等十個方面先行試驗的改革開放措施。

2006 年 6 月，中共《國務院關於推進天津濱海新區開發開放有關問題的意見》公布，《意見》稱：「在金融企業、金融業務、金融市場和金融開放等方面的重大改革，原則上可安排在天津濱海新區先行先試。」

2008 年 5 月，中共發改委又發布了《關於在天津濱海新區先行先試股權投資基金有關改革問題的復函》，支持天津市加快發展股權投資基金。2009 年，天津市出台政策，對於在天津註冊的股權投資基金，在稅收、房租、人才落戶等方面給予優惠，鼓勵各類型的股權投資基金落戶。

隨後短短時間內，眾多所謂私募投資公司在天津如雨後春筍般冒了出來，大街小巷遍布私募投資的廣告。

在 2010 年年底到 2011 年 10 月期間，天津各級政府的相關官員在各種會議上，要求廣大投資人響應「先行先試、非禁即入、借用管還」的號召到天津去投資。在政府的宣傳與欺騙下，中國以及世界多地投資者墜入了私募致富的幻夢中。

天津股權投資基金中心總裁王樹海曾表示，截止 2011 年底，在天津落戶的私募股權投資基金及管理企業已達 2400 多家，認繳資本突破 4600 億元，天津已經成為中國最大的私募股權投資基金聚集基地。

然而公開資料顯示，天津超過 2400 家註冊的私募公司中，在天津市發改委進行備案的公司不過寥寥數十家。對於其他 2300 多家私募企業，天津監管部門並沒有強制要求進行備案或跟蹤備案。這給多數騙子公司混跡其中創造了條件。

天津私募相似的騙人手法

天津私募投資受害者稱，天津私募公司有著極其相似的募集資金手法，模式基本都是政府站台、高額返息、拉人投資有獎、募集巨額資金後消失。

記者研究資料後發現，在已經被查封的私募騙子公司中，以活立木公司最為典型。查封之前，活立木介紹稱：「公司是經國家工商部門核准，註冊資本金 50 億元的大型金融企業。」並且將顯示註冊資本 50 億元的營業執照在公司顯著位置高高懸掛，引人注目。

更讓人感到放心的是，2011 年 3 月以前，任何人都能從天津市工商行政管理局網站上查詢到活立木公司「營業期限截至日期為 2060 年，註冊資本 50 億元」等信息。公司還介紹說，募集資金投向為低碳項目，投資三個月紅利可達 5%等。

天津政府部門頒發的營業資質，註冊地在金融改革試點天津市濱海新區。政府信用的背書讓眾多投資者相信了這家公司的實力，高額返息又讓人難以抗拒發財的誘惑。眾多誘人因素加在一起使上萬人上當受騙，把自己的積蓄匯入了天津活立木股權投資基金管理合夥企業董事長李宏的銀行帳戶上。

活立木的受害者中，來自廣東的女士周延華就是其中之一。如今她的身分是活立木管委會主任，代表活立木受害者群體與政府協商、維權，爭取討還自己被騙走的資金。活立木被查封後一個月，周延華等七位投資者自發成立了「天津活立木投資者管理委員會」，希望能夠抱團自救。

周延華接受《新紀元》記者採訪時介紹說，當時活立木公司跟天津其他私募公司一樣，利息很高，根據投資者投資年限不同而利率不同，這給了投資者相當大的誘惑力。如果介紹別人前來投資，還有獎勵，這使許多人把自己的親朋好友都拉進來一起投資。

周延華舉例：如管委會的鄭先生，五兄妹一起投了100多萬；一對遼寧鞍山的老夫妻，先投資後覺得好，然後拉孩子、拉兄弟姐妹、好友等十來個家庭參與投資，總額將近400萬元；河南新密的王女士，兄弟姐妹加上父母孩子十幾個家庭一起投資了700多萬元。

《新紀元》記者查詢活立木的網頁發現，活立木公司對介紹他人投資的業務提成相當高，最高可達18%，即拉來100萬可提成18萬元。高息誘惑之下，眾多投資受害者介紹自己的親朋好友一起入局。

與活立木類似。天津市寶坻區龍華案也是系列私募金融詐騙案中的一個典型案件。

2007年，天津寶坻區政府出頭，由區政府的官員朱國才作為甲方法定代表，以劉仲田天津龍華環保淨化有限公司（下簡稱龍華公司）為乙方法定代表，合作經營2.5億元的重大環保項目。

由於有天津政府甲方公章的文件、合同、委託書等官方證件，以及一系列官方紅頭文件，乙方天津龍華環保淨化有限公司以高息（利息不等，可高達17%）迅速吸引社會資金達1.2億元，並承諾2007年8月還清。但過了還款期後，債主們卻發現根本拿不到任何錢，不得不報案。2008年案發至今，天津寶坻區政府只追繳贓款200多萬元，還不到贓款的2%。該案殃及河北、山東、吉林、天津市等10幾省市1000餘人。

天津盛華投資案同樣如此。天津盛華投資的全稱是中國盛華投資控股集團公司，自稱經營項目主要集中在煤炭、環保、金融等高端領域，利潤豐富，並通過網站、自辦印刷刊物、到各地開動員大會、開設分公司等形式在中國各地以月息6%的高額利息，不分額度地吸收民間資金。最終，盛華兌中在攬得巨額資金後，2011年9月初拒絕履行支付利息，公司管理人員集體消失。

其他如蒙更威力、日盛昌、億泓、盛世富邦、天凱等私募公司的騙人手法皆是如此。有報導稱，不完全統計，僅2012年上半年，天津就已經查封30多家類似公司，2011年與活立木一批被查的有13家。

天津政府吹捧宣傳 投資者信以為真

在天津私募投資受害者群體中，並不乏高知識、多閱歷人員，甚至包括法官、公務員、退休局長、專業會計師等社會精英階層，外界疑惑，他們為什麼能相信如此輕鬆就能獲得高額返利並上當受騙？

一名受害人說，他本不信私募公司，但相信了改革開放推出的新生事物，相信了天津政府相關的批註手續和宣傳。結果成了誰信誰遭殃！

周延華說，介紹她投資的會計師事務所朋友曾親自到天津考察過活立木項目，無論從公司註冊的50億資金上看，還是公司執照上看，該公司實力雄厚，天津工商局網站也可以查出該公司註冊資金50億元，看不出任何問題，非常可信。

其他許多投資者也曾專門到天津工商局調查情況，得到確認50億註冊資金屬實，最重要的是，該公司獲得了天津市政府的大力支持，包括市直機關的人都有投資，天津副市長崔津度還為該公司剪綵，活立木董事長李宏被邀請出任《天津印象》（天津市發改委組織編輯的大型工具文獻書）編委會特邀委員。

周延華認為，大部分投資者都是相信了天津市政府的宣傳，才參與了天津的私募投資。

被查封的盛華投資之前同樣受到了政府的追捧。2011 年 6 月 10 日至 12 日，天津市政府、中國工商聯、國家科技部、美國企業成長協會共同舉辦的「第五屆國際融資洽談會」上，盛華投資法定代表人張建勇被天津和平區相關部門推舉作為先進企業代表參加了這次會議。在會議展區，盛華投資巨幅圖文資料被特意安排在和平區金融辦展位的顯要位置。根據會議對參會企業的要求，參會企業必須是成長型或成熟型的企業，且具備成熟的商業模式。

甚至和平區政府曾召開會議，向投資者們極力推薦盛華投資基金，以至於不但外省人上當，而且天津當地也有眾多投資者踴躍購買。

此外，最早一批投資者以小額資金投資嘗試的時候，還迅速拿到了首筆投資的高額利息，這令收到利息的投資者相信原來坐在家裡發財不是夢，不但迅速把獲得的利息和更多資金重新投了進去，而且還介紹親朋好友一起加入進來。

夢醒時分 註冊資金實繳為零 巨額資金打水漂

2011 年 3 月，活立木的一些投資者發現沒有拿到按月入帳的利息。很快，他們得到消息，活立木被天津政府查封。

周延華以及其他投資者迅速湧向天津。在天津工商局，他們發現，活立木的實繳資本是「0」，「註冊資本 50 億元」一項也變成了「認繳資本 50 億元」。這與當初查的結果完全不同。

天津市政府認為，活立木涉嫌非法集資，沒有在天津市發改委備案，並查封了公司的帳戶。這對投資者來說如同晴天霹靂，一旦被打入非法，這意味著政府將不會負擔投資者的任何損失，投資者們將血本無歸。

盛華案中，從和平區工商局核發給盛華兌中公司的營業執照等材料中，該公司 2010 年 9 月 17 日註冊成立，註冊資金一億元，註冊經營地位於天津市和平區長春道。在其經營範圍欄裡，工商局確認其可以從事股權投資業務。而且該公司的註冊機構代碼、銀行監管帳號等其他相關信息都有跡可查，顯得相當規範。

但事發後，投資者同樣在工商局發現，盛華根本就是空頭基金。

在越來越多的私募公司被查後，一些投資者也感到非常不踏實，開始懷疑他們投資的天津私募基金公司。他們通過調查這些公司的銀行監管帳戶發現，很多註冊資金上億元的私募基金都是空頭基金，帳上一分錢也沒有。

《新紀元》記者調查發現，在金融改革試點的招牌之下，加上天津市政府的政策支持，天津私募驚天大案爆發之前，要在天津註冊一家私募基金相當容易，只需要一兩萬元就可以註冊一家註冊資金上億元的私募基金公司，並且可以迅速拿到政府的營業執照。

天津市當地一位律師 2011 年上半年接受《中國經營報》採訪時稱：「其實註冊一家活立木基金這樣的合夥企業成本只需要幾百元，而且不需要任何資質，無任何審批程式。最少兩個合夥人簽字的身分證複印件就可以了。」

不作聲的天津市政府

當天津眾多私募基金被定為非法集資並查封之後，各地受害者不斷向天津市政府上訪請願，要求天津市政府給出解釋。投資者最多的質疑就是：如此多的非法集資公司在號稱「私募天堂」的天津茁壯成長，而且成立之初還有政府為此大肆宣傳，究竟為何？為何從營業執照與審批程式看這些公司都是合法的，並且註冊資金的數量當初在工商局都有顯示？大量的空殼公司、沒有實體的公司，如何拿到工商部門註冊資本數億的營業執照。而政府的監管又體現在何處？

面對投資者的上訪請願和質問，天津市政府並沒有做出具體回應，採用的手法與中國各地的維穩手段並無不同，用軍警將上訪者驅散、恐嚇、抓捕或勞教。

《新紀元》記者調查發現，實際上對於私募公司與非法集資的區別，天津市政府並非沒有規定。天津市政府的規定顯示：私募股權投資只能面向特定對象，而且有人數限制（股份公司制股權基金不超過 200 人，合夥制和有限責任公司制股權基金不超過 50 人）；投資私募股權的自然人出資額不得低於 200 萬元；投資期限一般為五至七年；且不得承諾保本或固定回報。

相反，非法集資則往往向社會公眾即社會不特定對象吸收資金，涉及人數眾多；集資一般期限較短，通常以月、季、半年、一年或兩年為期；對最低投資金額也沒有限制，並以高息、返點等作為誘餌，承諾在一定期限內還本付息或給予回報。

不過，在實際操作中，天津市政府並沒有把這兩者的區別大力宣傳，著眼點更注重號召外來投資者到天津來投資，「先行先試、非禁即入、借用管還」，而且對成立的私募基金並沒有什麼監管，以至天津私募公司短期內即成立了 2000 多家，中間更是良莠不齊。

據《法制周末》報導，在天津超過2400家註冊的私募公司中，在天津市發改委進行備案的公司不過寥寥數十家。實際根據相關規定，不備案的公司根本不具備合法募集資金的資質。

被查封資金 金額說法不一

在對上訪者態度強硬的同時，對於出了問題的私募基金，天津市政府處理起來也毫不客氣，但處理過程中許多問題相當引人深思。

天津市政府處理活立木公司的非法集資案就非常具有代表性。

活立木被查封後一個月，周延華等七位投資者自發成立了「天津活立木投資者管理委員會」（簡稱管委會），希望能夠抱團自救，而眾多的活立木受害人迅速響應，紛紛授權管委會代理相關權益。但周延華他們發現，活立木公司的檔案資料迅速被人神祕搬空，辦公場所被銷毀，甚至有人造謠說「管委會僱人把活立木公司砸了」。由於這極可能成為政府取締管委會的理由，管委會迅速派人趕到天津報警處理，同時通知天津市金融辦，以避免這種被動的局面。儘管警方沒有給出任何說法，但管委會此後的調查表明，天津活立木專案組搬空了活立木的資料。管委會認為，這是一種蓄意栽贓。

2011 年 6 月，活立木受害者向天津市政府上訪並提出七點要求：一、要求政府解釋虛假註冊問題；二、要求解釋天津工商局註冊資金改成認繳資金的理由；三、要求嚴厲追究天津工商局的責任；四、強烈要求市政府澄清將活立木轉讓給「財團」的謠言；五、強烈要求市政府查清誰清空活立木辦公場地；六、要求公布查封了多少資金；七、強烈要求管委會接管活立木，以便能盡快解決活立木問題。

但天津市政府官員姍姍來遲，對所有上訪者的要求均予以拒絕，還質疑管委會是非法組織，要求大家回家等通知。

管委會主任周延華說，天津活立木專案組以投資者名義設立許多活立木受害者 QQ 群，並且冒充投資者放出恐嚇投資者的各種言論。

儘管活立木投資模式與金融傳銷有區別，但管委會還透露，天津專案組派人到中國各地辦案，要把活立木的案件辦成金融傳銷，給投資者定罪罰款，追繳所有非法所得。

「河南新密五個投資者被抓了，每個人交 100 多萬保釋；河北邢台一位投資者個人銀行卡被拿走了，20 多萬存款至今沒有歸還；浙江一位投資者投了 100 多萬，到天津被抓了，後來又交了 30 多萬取保候審。」周延華舉例說，有投資者苦不堪言，悲憤之下揚言報復。

周延華還表示，天津市政府究竟從活立木的帳戶中查封了多少錢，這也是個謎。

據活立木管委會了解，當時活立木剛被查封，公司負責人之一李萍說資金被查封 7.9 億；有投資者利用個人極強的私人關係找到當時的天津市副市長，副市長找來天津市政府副祕書長陳宗勝詢問，陳宗勝彙報說活立木公司資金查封了 5.3 億，這被在場的投資者親耳聽到；但查詢天津市金融辦，被查封的資金數字變成了 3 億；到了專案組，回答的查封資金數字又變成了 1 億。

周延華還透露，2011 年 1 月份活立木公司被查封後，帳戶已經由專案組管理，但天津專案組也不發出通知告訴投資者，結果很多投資者還在往這個投資帳戶中匯錢，這些錢也都泥牛入海不見了蹤跡。

不管究竟活立木被天津政府查封了多少錢？但周延華確認，至今活立木的投資者們一分錢也沒拿回來。

天津活立木專案組還告訴管委會聲稱：對活立木案件的查辦方法，是他們「成熟的辦案模式」，對待其他私募也都這麼做的。

周延華說，管委會目前已經拿到將近一萬份投資受害人的授權書，當初管委會與天津市政府交涉時，也提交了一個管委會關於活立木的整改方案，提出接管活立木帳戶資金。有天津市政府的官員看後表示贊成，並想把活立木做成處理類似私募公司問題的一個試點，但此後天津市政府對管委會的整改方案進行討論，最終不了了之。

有投資者利用私人關係找到天津市政府某高層，該高官透露，天津副市長崔津度直接表示，如果活立木還了錢，前面還有類似的數百家，那以前的事情怎麼還錢？言外之意暗示，以前的錢早就花了。

周延華說，到現在只要投資受害者對政府提出對投資者有利的條件，政府就喊打喊殺，嚇唬投資者。「投資者維權，完全是與天津市政府對立了。」

活立木受害者上萬人抱團維權都已經如此艱難，對於其他天津私募受害者來說，各自維權的困難狀態更是可以想像的毫無門路。

投資者談天津私募

周延華說，天津大多數私募公司的模式都一樣。「高息、拉別人的資金來有獎勵。」而這些私募公司能夠在天津生存與天津市政府的支持是分不開的，「沒有地方，政府提供辦公地址；沒有資金，政府站台。」

最值得玩味的是，天津市政府一邊查封，另一邊大力註冊新私募公司。資料顯示，活立木等 13 家私募公司被查封的同時，2011 年上半年，天津註冊類似私募公司 836 戶，相比上年同期的 195 戶增長了 328.72%。

周延華還說，活立木的管理人員實際上跟天津市高層、專案組的關係都非常好，專案組主要抓的都是投資者。

許多投資者認為，這是天津市政府某些人設的一個局，一個籌集資金的局。

有投資者對香港撰稿人何旴芝表示：「天津用合法的金融執照和優惠政策誘騙中國大批老百姓投資，然後再用權力扣住老百姓的錢，執照和政策都是騙人的。讓千家萬戶聽黨話、跟黨走的老實投資者血本無歸，妻離子散、家破人亡！」

河南受害人丁先生說，中國百姓從相信政府的「先行先試」，演化成「先行先死」後。從相信黨、相信政府，成了誰信黨，誰遭殃！民眾不僅討要被政府騙去的金錢，還從心底發出了不要這個無法信任的中共統治百姓的吶喊。

2011 年 7 月 11 日，天津下發了《天津股權投資企業和股權投資管理機構管理辦法》。辦法規定：股權投資企業註冊登記認繳資本不少於 1 億元人民幣，其中公司制股權投資企業、合夥制股權投資企業和股權投資管理機構的首期實際繳付資本分別不少於 2000 萬元、500 萬元和 200 萬元人民幣。

如果按此辦法追查，意味著在此之前已經註冊的 1700 多家私募公司絕大部分都是非法，投資者數千億的投資資金隨時面臨查封或罰沒。而對於此後註冊的近千家私募來說，首期投資額相對於上億元募集資金也根本就算不了什麼。

「天津政府把養私募當成養豬，鼓勵支持它『吃』各地投資者資金，然後挑肥了的關門宰殺，然後自家吃肉。」有投資者認為，這是最佳比喻。

第四節

天津私募受害者慘境 哭瞎求死

9月3日、4日，逾千位來自全國各地的天津私募投資受害者到市政府請願。（六四天網）

天津私募案的數十萬受害者中，許多受害人是舉家投資，或是借債、貸款投資，也有眾多受害人拉來親朋好友一起投資。血本無歸之後，投資者上訪的腳步從天津市政府到中紀委、國家信訪局、國家工商總局、到公安部等等他們能想到的部門，但至今沒有得到任何回應。

大量受害人在要不回投資後，陷入悲慘的境地，自殺者不勝枚舉。

為還債吃開水泡飯 重病纏身無錢醫治

原在天津一家醫院工作，具有高級職稱的龔玉就是天津龍華案的受害人之一。

龔玉退休時有20多萬元的積蓄，她與丈夫決定把這些積蓄，加上向外借了 20 多萬，湊足 50 萬元投向龍華公司。

事發後，天津政府相關部門只給她查證 27 萬，其餘的 23 萬至今尚無下落。政府相關部門解釋稱，代收集資款的農業銀行當時開出的收據不合法，加上龍華公司將帳目全部毀掉，無法查證實際數目。

龔玉目前全身病痛，卻無錢醫治，只能躺在床上，當接受《大紀元》時，她掙扎著堅持坐起來，抽抽噎噎著向記者訴說她那不幸的遭遇。

龔玉說，這個詐騙案是天津政府企圖掠奪全部的集資款，銀行等國家金融信用機構都被其調動起來參與了詐騙。事發後，在確認受害者投資款時，所有投資人都被政府找藉口白白砍 50%左右款項，就是這樣剩下被認可的部分，仍分文未能退還，至今已達四年之久。為此，龔玉一家三口陷入了債台高築的境地。

為了還外債，龔玉年近 70 歲患有心衰和其他疾病的丈夫，被迫忍著病痛出去打工，每月也只能掙得 1200 元，加上退休工資共 3500 元全部用於還債。而龔玉的 2150 元退休金，則用來支付一家三口生活費和用於全家人的醫藥費。

龔玉的兒子患有先天性殘疾和其他疾病，好不容易找了一個對象，但當女方得知龔家有外債纏身時，婚事即告吹。她兒子在這種痛苦和精神壓力下，病症加重，更無法找工作。龔玉自己也患有心衰等多種疾病，一家三口的藥費早已超過生活費。

龔玉接受採訪到此時，她已經很累了，記者只好暫停採訪，勸她先休息休息。龔玉妹妹龔林接過話題繼續向記者講述她姐姐的不幸。

龔林說，2011 年她的兒子想出國留學急需一筆費用，她就來找龔玉，看政府是否解決了還款。當她進門時，她姐姐一家人正在吃飯，而桌上僅有一碟小菜，據她姐夫說，這還是他下班時從菜市場拾回來的爛菜。而瘦得不像樣子的龔玉只是開水泡飯，那些菜說是留給兒子吃的。

龔林見此慘狀，當時忍不住淚水嘩嘩地流了下來了。她說：「我只在電影裡看到中共把舊社會渲染成這種場面，沒想到現實的中共所謂盛世，百姓竟然都被中共害得如此悽慘！超過所謂舊社會千百倍。姐姐，這錢你不要還給我了。」說著姐妹倆抱頭痛哭。被政府欺騙和冷遇多年的龔玉，此時此刻才感到一些溫暖和同情，她哭得好傷心，丈夫和兒子也不斷抹著淚水。

龔林接著說，她姐姐是個非常好面子的人，有苦處從來不吱聲，事後龔玉依然堅持還錢，龔林只得將這些錢買些藥品和營養品送給姐姐一家。

龔林還說，詐騙案受害者從地方到中央政府各級部門上訪皆無結果，受害人訴狀早已在中共各級部門堆積如山。中共政府不作為，不為民作主，受害人在共產黨天下已找不到地方告狀，天津私募系列大案已導致成千上萬的受害者家破人亡，有的被迫離異，賣掉住房四處漂泊，還有人眼睛都哭瞎了，因此而病倒的人也不計其數。

眼睛哭瞎了 仍盼政府還錢

龍華案受害者中有一位老人叫曾凡珍，她一家在該詐騙案中損失 20 多萬元，其中 12 萬元是借款。

事發後丈夫在悲憤中死去，女兒失業，還要撫養孩子。曾凡珍僅有 1000 多元的退休金要養活多病的自己都困難，她還得寄一些錢給她老家的哥哥。她說，哥哥是失地農民，沒有生活來源，而當地政府每月只給他 60 元的生活補貼。當地街道和居委會都知情，但沒有給予曾凡珍任何關懷和資助。

為此曾凡珍把眼睛都哭瞎了。曾凡珍的左眼完全失明，而右眼視力非常差，醫生說如果不做手術就會雙眼失明，但她目前身欠巨債，根本無錢動手術。

曾凡珍後來聽說天津市委書記表態要在 18 大前解決天津私募受害者問題。她說，18 大馬上要召開了，就等著天津政府還款後，馬上還債和醫治眼睛，但後來沒有聽到政府有任何動靜。前些年也有天津官員表示要解決問題，但還是沒解決，她不願相信這又是政府官員的一句空話，她每天就期盼著某天下來一個青天大人，滅除中共所有腐敗，為民作主。

據認識曾凡珍的龔林說，曾凡珍由於牽掛哥哥和無盡的期盼，以及抱著要還債的堅定信念，才沒有想和丈夫一同去死。而她如果不及時向姐姐龔玉施以援救，龔玉家的後果也難料定。

人活著 錢被騙沒了

在活立木（森林中活著的立木）兩名投資者的留言中，可以想像他們生活的狀況。

一名投資者說：「因為天津政府引誘我投資了活立木，因為相信帶了高息投入，因為還不起高息朋友反目成仇。昨晚再次來家中討債，強行搬走了我的電腦，還毫不顧忌地說，下次再不給就把房子騰出來給他做生意，天啊！……家內內戰，家外冷眼。

日子怎麼過啊！」

另一名投資者說：「每月兩萬餘元的高利貸怎麼還啊？整天被逼債，東躲西藏的不敢回家，難道這是我的錯嗎？不是你政府給李宏批了 50 億的營業執照，我們敢貸款投資嗎？」

一些受害者靠死以求解脫

在天津私募案的數十萬受害者中，多數人不能承受巨額資產被騙的後果，最終以死來解脫。但從一些信息來看，尋死的人並不在少數。

龔林說，目前，據說因天津私募而死去的人，已不計其數，僅龍華案被騙的 1000 餘人中，已有 30 多人因此而亡，更多受害人生活在水深火熱之中。

投資受害者李鵬先生接受《大紀元》記者採訪時表示：「現在傾家蕩產的人占相當比例，僅河南新鄉市就有三個人被逼自殺了。」

智江最血腥生死搏殺 張高麗中槍

第九章

最高打工仔 多次想赦免貪官

為了阻止江派黑幫腐敗事蹟被迫曝光，張高麗夥同張德江提案赦免貪官。而在江澤民集團大勢已去的局勢下，2014 年張高麗也被邊緣化、失去實權，淪為七常委中的「打工仔」，幾乎沒有決策權，只有聽命執行的份……

張高麗從主政深圳時所修的濱海大道，賺了幾個億。（新紀元合成圖）

第一節

北方信託董事長自殺
或引爆張高麗主掌天津黑幕

中共第五巡視組在天津市展開為期兩個月的巡視工作期間，2014 年 4 月 19 日晚天津北方信託原董事長劉惠文自殺身亡。有評論分析，其自殺或與張高麗的天津房地產及私募資金在利益上的糾葛有關聯。

劉惠文是泰達系叱吒風雲的掌門人

2014 年 4 月 22 日，天津北方網消息稱，北方國際信託股份有限公司原董事長、市政協常委劉惠文 4 月 19 日晚被發現在其家中自殺身亡。

北方信託的負責人則回應稱劉的死因不明，待有關部門調查。大陸多家媒體報導，坊間普遍認為劉惠文係自殺身亡，天津金融辦相關人士對財新記者稱，劉惠文在天津金融圈內地位很高，歲數不大去世挺可惜。

據公開資料顯示，劉惠文 1954 年出生於天津，1996 年任天津泰達集團有限公司總經理；2001 年起擔任天津市委開發區保稅區工委副書記、天津泰達投資控股有限公司黨委書記兼董事長；並兼任旗下多個公司平台的關鍵職位，從此開始全面掌控泰達，包括北方國際信託投資股份有限公司黨委書記兼董事長、渤海銀行股份有限公司董事、渤海證券有限公司董事等職。

劉惠文 2011 年 1 月起任天津泰達國際控股（集團）有限公司黨委書記、董事長，是泰達叱吒風雲的掌門人。2011 年 5 月，他開始從泰達系統多個崗位上退下來，僅保留北方信託董事長一職。

據《21 世紀經濟》報導，目前泰達系統涵蓋區域開發與房地產、公用事業、製造業、金融和現代服務業等多個業務板塊。擁有 15 家全資公司，23 家控股公司以及 23 家參股公司，其中泰達股份、津濱發展、濱海能源、泰達物流、濱海投資、四環藥業等六家為上市公司。

中央第五巡視組巡視天津期間 劉惠文自殺

2014 年 3 月 28 日到 5 月 28 日，中央第五巡視組在天津進行兩個月的巡視工作。3 月 28 日上午巡視組組長王明方在動員大會上稱要「對腐敗問題零容忍」、「敢於碰硬，巡視出威懾力」等，稱重點監督檢查領導班子主要負責人。

時任天津市委書記孫春蘭回應，天津各級領導幹部將全力配合巡視組調查。而劉惠文的自殺也就正處於中央巡視組調查的此一敏感期。

天津千億私募詐騙案涉及張高麗

在劉惠文得勢時期，現任政治局常委張高麗從 2007 年 3 月至 2012 年 11 月任天津市委書記，當時中共中央意圖將天津打造成北方經濟中心，張高麗則野心勃勃，不僅想要天津超越北上廣深，成為全國經濟中心，更要成為中國的曼哈頓。於是私募股權基金，成了張高麗發展天津經濟的「靈丹妙藥」。

有消息稱，在此期間，江澤民、周永康等通過張高麗貪污了許多在當時不為人知的款項，其主要途徑就是股權投資私募基金。

在張高麗的大力推廣下，天津從 2007 年起出台系列的財稅優惠政策。再加上市、區兩級官員的配合廣招，於是各路私募股權基金在天津「全面開花」。

截至 2011 年底，登記註冊的私募股權基金公司爆增至 2396 戶，占了全國三分之二，註冊資本達 4409.51 億元。實際上 2011 這一年，許多基金都已經陸續爆發無法還本付息的違約糾紛，但天津政府卻仍毫無顧忌的大手筆核准 1479 家私募股權公司的營業執照，比前幾年的總和還要多。這年張高麗要為自己打造「18 大」入常政績，因此天津私募醜聞遭到封鎖，當地官媒更是集體失聲。

2013 年新年伊始，大批天津私募受害人在市政府抗議，並高喊張高麗還錢。據悉，由於民憤太大，張只好變向的查處幾個替罪羊，用很少一部分錢打發受害人，但卻同時將某些政府大力宣導的項目定調為非法傳銷，受害人一夕間反倒成了行騙人。

2009 年 4 月，天津泰達國際控股（集團）有限公司也聯手荷寶投資管理集團設立泰達荷寶資產管理有限公司，並成立可持續發展私募股權基金。按照天津市政府的定位，泰達國際專注於金融資產投資，泰達集團是渤海證券、北方信託、渤海銀行、天津信託的大股東。此外，中信信託、中信證券、光大銀行與北方國際信託也存在業務關係。

評論員周曉輝表示，在泰達金融資產的整合過程中，劉惠文扮演了什麼角色，與哪些人存在著利益糾葛，是否為張高麗在濱海新區攫取利益提供幫助，或許也是破解他離奇自殺的鑰匙。

不滿張高麗 汪洋揭「天津已破產」

張高麗 2007 年到天津任職後重點開發濱海新區，主打「大開發、大投資」，幾乎每月去一次濱海，大搞房地產建設，並引進大乙稀、大煉油等產業。

如此巨大的投資規模，只能靠地方政府借債、擔保來實現。2014 年 1 月初，天津地方債審計顯示，天津政府直接負債達 2246 億元，是 2013 年全年財政收入 2078 億元的 1.28 倍，僅償付利息的壓力就非常大。

濱海新區主要由響螺灣商務區、于家堡金融區、天津泰達 MSD（現代服務業廠區）構成。泰達 MSD 一期 2012 年入市，總體量 12.9 萬平方米左右，未來三到五年會有 70 萬平方米入市。但日後媒體報導，天津濱海區已出現「鬼城」。

投資濱海區房地產等的開發與劉惠文關係極大，2007 年劉惠文接受採訪時表示，要抓住濱海新區開發這樣難得的歷史性機遇，並稱「張高麗對濱海新區怎樣做以及目標和任務講得很明確，關鍵在於怎麼落實」，並稱要讓泰達控股在濱海新區開發開放過程中發揮更大的作用。

因此 2009 年 11 月，泰達集團公司注資 10 億元成立天津泰達創業商業地產開發有限公司、天津濱海新都市投資有限公司和天津悅海酒店投資有限公司，並表示未來將投資百億元，全力支持濱海新區開發建設。

周曉輝認為，劉自殺背後一定是因為他知道了太多的祕密，有些可能甚至涉及某些高層。在反腐的大火越燒越旺時，正是出於擔心自己被燒烤而難逃厄運，只好一死了之。

第二節

中南海最大「打工仔」：張高麗

2014 年 9 月，現任江派中共政治局常委張高麗出訪紐約和歐洲。此前張高麗出訪捷克期間遭法輪功學員全程相伴抗議。張高麗因緊隨江澤民迫害法輪功遭追查迫害法輪功國際組織（簡稱：「追查國際」）通告追查。手握法輪功血債的張高麗與其他江派常委張德江、劉雲山一起，被江澤民在「18 大」塞入常委，對當局在政治和經濟政策上展開狙擊。

在江澤民已經被看管、曾慶紅被監視居住、周永康等落馬的局勢下，這三名常委已經成為了江澤民利益集團檯面上的最高代言人。只是在這三名代言人中，張高麗幾乎處於出局的狀態。張自 18 大上任後實權就被拿走，在政治局常委中被邊緣化，現在已成為中共七常委中的「打工仔」，在代表現在中共最高權力的多個小組中，幾乎沒有決策權，只有聽命執行的份。

張高麗外訪面臨出醜

2014 年 9 月 12 日，中共官媒新華社報導，中共國務院副總理張高麗將作為習近平特使，出席 9 月 23 日在美國紐約聯合國總部舉行的聯合國氣候峰會，並於 9 月 24 日至 29 日訪問羅馬尼亞和白俄羅斯。23 日早上 8 點，當張步出紐約酒店時，迎接他的是勢如排山倒海般的法輪功學員抗議聲浪，張高麗在抗議聲中坐在車內倉皇離去。

此前，8 月 28 日至 8 月 29 日，以張高麗為首的 750 名中共代表團官員出席在捷克首都布拉格舉行的中國投資論壇和中國／中東歐國家、地方領導人會議。其中以張高麗為首的 5 個中共官員因積極參與了迫害法輪功而涉嫌觸犯群體滅絕罪、反人類罪，遭到當地法輪功學員抗議。

期間，有中共使館官員因暴力衝擊法輪功學員的和平抗議行為被捷克警察強制戴上手銬帶走。捷克報紙《今日青年陣線》大篇幅報導了張高麗對酷刑迫害法輪功負有責任，捷克電視台還採訪了法輪功學員。

中共使館官員因衝擊和平請願的法輪功學員，被捷克警察銬在地上。（明慧網）

早前的6月10日至19日，同樣犯有群體滅絕罪、反人類罪的江派另一常委劉雲山出訪歐洲4國：丹麥、芬蘭、愛爾蘭和葡萄牙，全程也遭到法輪功學員的抗議，「法輪大法好」、「法辦劉雲山」等大型橫幅「陪伴」全程，如影隨形。劉雲山一夥避走正門和大道，改由旁門、小門、後門，甚至由垃圾通道進出。

在葡萄牙，中共調來專門為阻擋法輪功學員的「歡迎隊伍」，有人被指使上前搶奪法輪功學員手中的橫幅和「法辦劉雲山」的牌子，搶去後拚命撕扯紙板丟在地上，然後用腳猛踩劉雲山的大頭像。訪問期間，劉雲山取消多個行程，在最後離開時，被耳邊「法辦劉雲山」的呼聲嚇得臉色慘白，站立不穩，經由身旁高個子保鏢架著慌忙離去。

失實權 只能在常委中「打工」

張高麗與江派另兩個常委劉雲山和張德江一樣，因為手握迫害法輪功的血債，被江澤民在2012年底以「要死大家一起死」的威脅，硬塞進中共18屆政治局。2013年3月在中共第12屆人大會議上，張高麗被任命為排名第一的國務院副總理，兼任黨組副書記，主管金融工作。2012年，《大紀元》就已經報導了，張高麗將受到總理李克強、副總理汪洋、劉延東和馬凱的夾擊，陷入孤立。

習近平上台後成立了「深改小組」、「國安委」、「財經領導小組」、「網路安全和信息化」等約10個小組。在這些握有大權及實權的改革小組中，習近平擔任組長，實際是降低了政治局中江派三常委的發言權，大幅削弱江派勢力。

在最有實權的深改小組中，習近平是組長，李克強任第一副組長，張高麗只是任第 3 副組長；在與張高麗對口的「財經領導小組」中，張只是落個排名第 2 的組員，主管文宣的劉雲山還排在其前面。

「深改小組」屬下有六大小組，其中被當局認為最重要的是「經濟體制和生態文明體制改革專項小組」。其餘分別是「民主法制領域改革專項小組」、「社會體制改革專項小組」、「紀律檢查體制改革專項小組」等等。

為江派代言的海外媒體在 3 月份曾大力放風，張高麗會任深改組下屬的「經濟體制和生態文明體制改革專項小組」組長，但是大陸媒體 5 月的報導顯示，5 月 16 日和 17 日，2014 年全國經濟體制改革工作會議在北京召開，「中央經濟體制和生態文明體制改革專項小組」負責人、國家發展改革委主任徐紹史出席會議並講話，這個小組的辦公室主任是習近平親信劉鶴。江派不斷放風應該擔任組長的張高麗，罕見連在報導中露面的機會都沒有。

官媒披露，張高麗被任命為「京、津、冀協調小組」組長，被派到這個地方利益糾纏最厲害的京、津、冀去「協調」，被指是塞給他一個「燙手山芋」。

在俞正聲主持的中共政協常委會議上，汪洋和張高麗都參加會議並做發言。汪洋作的報告是「發揮市場在資源配置中的決定性作用和更好發揮政府作用」。張高麗也參加了政協會議，但主題是「大力推進生態文明建設」。兩者對比，顯然張高麗的主題檔次比汪洋要低得多。張高麗實際成為政治局常委中最被邊緣化的一個人，成為常委中的「打工仔」，只是聽別人吩咐，再讓他去執行。

打開「新華網」張高麗的「重要活動」，大多數活動都跟主管金融不太搭邊，如：張高麗會見美國德克薩斯州州長（2014 年 9 月 10 日）；會見「立場相近發展中國家」氣候變化談判協調會代表（2014 年 9 月 3 日）等。張高麗已成為「花瓶」角色。

張高麗貪腐被曝光

張高麗出身農民家庭，早期在廣東石油系統工作了 14 年，攀上曾慶紅和周永康後，成為江派石油幫的一員。2000 年 2 月，張高麗任深圳市委書記期間，陪江澤民考察深圳，又巴結上江澤民。張高麗隨後從深圳市委書記被江澤民一路提拔到山東、天津直至政治局。

2006 年「五・一」期間，江澤民訪問山東時張高麗特備大轎，指令 8 人抬轎上泰山，自己在旁伺候，並吹捧其是「敬愛的領袖」，成為政壇笑料。

張高麗仗著與江澤民的關係，變得貪得無厭。最著名的是天津私募詐騙事件，涉及資金千億，從 2010 年初至 2012 年，有數十家公司被查封，給幾十萬家庭帶來毀滅性的災難，至今還有民

張高麗涉及的天津私募詐騙事件，給幾十萬家庭帶來毀滅性的災難。2012 年逾千位受害者在天津市政府示威。（天涯社區）

眾為此事上訪、報案。有報導指，天津私募係江家幫張高麗等人設局詐騙百姓，詐騙的贓款大部分被江澤民、周永康、張高麗一夥斂去。

成江系斂財叛逆基地 習近平清洗天津

2014 年 9 月 5 日，中共官媒「新華網」轉載報導曾是薄熙來對頭的中共政治局委員、天津市委書記孫春蘭的文章，標題為《天津市委書記人民日報刊文談京津冀：步子還不夠快》，重點談如何「推進協同聯動發展的重大舉措」、並稱要「頂層設計」、「3 地聯動」等。

這些內容本應是作為京、津、冀協調小組組長張高麗需要提出的措施和要求，卻由天津市委書記孫春蘭說出，並被官媒高調報導，暗示張高麗權力旁落或指責張的工作有問題。

最早 1986 年，中共就提出「京、津、冀都市圈」的設想，但是多年來，京、津、冀地方利益固化難破，矛盾重重，一體化沒有實質性進展，總規畫仍未出台。當地民眾最頭痛的是京、津、冀 3 地之間的「斷頭路」多達 2300 公里。

張高麗是中共政治局常委、中共國務院第一副總理，卻擔任「京、津、冀協同小組」組長這種職務，實權已經被拿走。

習近平也在清洗張高麗後院天津。張高麗升任政治局常委前，曾任天津市委書記 6 年，在天津根基深厚。張高麗的兒子是軍官，親家是信義玻璃主席李賢義，旗下信義科技主要客戶為大陸公安系統。天津成為張高麗的勢力後院，特別是早已作為江派的武裝基地，隨時配合江澤民左右局勢。

2014年年3月28日至5月28日，中紀委第五巡視組在天津展開巡視工作。期間4月21日，近3000名來自全國各地天津私募詐騙案受害者向中紀委巡視組訴冤，遭當局打壓。部分訪民還直接去了中紀委巡視組工作所在地馬場道老年俱樂部。

張高麗調離天津後，習近平花了半年時間，清洗張高麗後院天津。習近平讓帶有團派色彩的孫春蘭任天津市委書記，清理張高麗勢力。孫春蘭一到天津，就公開曝光被前任張高麗強力掩蓋的天津千億資金私募詐騙大案醜聞，起底張高麗，讓張在政治局投鼠忌器。

2014年年2月，張高麗「後院」政法系又遭大換血。天津市政府網站稱，滕義蘭、高家明、李建軍任公安局副局長，原天津市公安局李新建、董平副局長職務被免。田壽濤任天津市公安局刑事偵查總隊隊長。何建偉任天津市公安局交通警察總隊總隊長；魏俊剛任天津市公安局交通警察總隊政委；李恩發任天津市公安局特警總隊總隊長；郝建國任天津市公安局特警總隊政委。

2014年7月7日，《天津日報》報導，65集團軍副軍長姚小旋任天津警備區司令員。

就在風聲鶴唳之際，當時中共前黨魁江澤民死亡的消息在網上熱傳。據《大紀元》消息，江澤民就是害怕中紀委巡視組進駐上海後自己被抓，於是8月初藉口病重住進醫院，出院後，由習近平陣營的人馬監視、看管起來。江派三常委，包括張高麗前景不妙。

第三節

張高麗多次提赦免貪官

「兩張」常委會提「特赦」被否決 醜聞纏身

外界注意到，自 2013 年 4 月大陸媒體曝光「馬三家勞教所」的酷刑黑幕，觸碰了江澤民最害怕的禁區：非法殘酷迫害法輪功，從而引發江派的強烈反撲。中共迅速公開分裂，高層內鬥升級。隨後一系列江派官員被宣布調查，被外界認為是習近平陣營對江派攪局的直接回應。

張德江、張高麗「特赦」動議案被否決

據《爭鳴》報導，2013 年 5 月 10 日、11 日，由張德江、張高麗等聯署提出的《關於強化廉政建設制度化，特赦在限定時間內自首的經濟領域違紀、違法公職人員的建議》特別提議案在中

共政治局常委會、政治局審議、討論。

張德江、張高麗還要求如果該提案通過審議後，將於 6 月底召開中共中央委員會全體會議審議通過該決議案，並交中共人大常委會審議通過一條特別的法律條例付諸實行。

據報導，該提議案在中共中央政治局常委會審議後表決中被否決。除張德江、張高麗外，其餘五常委未投贊成票；而習近平的回應是：特赦腐敗是政治自殺。

張高麗貪腐醜聞集中曝光 或為習當「警告」

在張德江、張高麗聯署提出的特赦貪官特別提議案被否決不久，天津官方突然公開張高麗此前一直掩蓋的涉及資金高達數千億元的天津私募案。還有，深航案庭審的結束，張德江在其中扮演的角色也「浮出水面」。張高麗與張德江的醜聞接連被掀出，不得不令人聯想到習近平陣營對江派人馬該如何站隊發出警告。

此間，據官媒報導，中共天津市政府副祕書長陳宗勝稱，天津正在妥善處理涉嫌非法集資等問題的 26 支私募股權基金，涉案金額幾十億元。外界注意到，多年來在私募基金醜聞上一直默不作聲的天津市官方終於發聲，儘管涉案金額由此前民間估計的上千億縮水至官方限定的幾十億。

有分析認為，時任中共天津市委書記孫春蘭這麼做，有揭前任張高麗老底之嫌。因為這個私募案一旦揭開蓋子，接踵而至可能很多內幕都會被捅出來，到時張高麗後院就要失火。

一個時期以來，與張高麗相關的多起醜聞集中爆發。2013 年 4 月，廣東省紀委通報稱，深圳市原副市長梁道行涉嫌犯罪，決定給予梁道行開除黨籍處分。收繳其「違紀」所得，並移送司法機關依法處理。

中共喉舌媒體一反常態，大爆「賽會腐敗」黑幕，稱梁道行最後一個職務是深圳大運會執委會副主席兼祕書長、執行局局長。港媒披露，梁道行在位時與時任深圳市委書記的張高麗關係密切，包括好處「分潤」。港媒披露，因張高麗的強勢背景，梁才能在本已去職的情況下，主管大運會的籌備工作並藉此大撈一票。

有消息稱，梁道行被查令張高麗坐臥不寧。傳梁道行至少貪腐 6.8 億，有 49 處房產，並與多名女星有染。有分析說，梁道行被查辦，或形成對張高麗的「影射」，其意義遠遠超過了案件本身。中共黨媒意猶未盡，稱梁道行落馬，或將絆倒更多官員。

繼涉深圳大運會貪腐、被黃華華舉報在廣東持有別墅、豪宅後，江派背景的中共政治局常委張高麗楣運當頭，又被曝在主政深圳時在濱海大道工程中貪腐。張高麗早在 1997 至 1998 年任廣東省委常委、副省長，深圳市委書記。到任一年內，先後完成濱海大道、深南大道建設及老東門步行街改造等三大項目。

公布官員財產 中共高層未達共識

進入 2015 年後，習近平針對江澤民集團的反腐打虎出現升級信號。在這種緊張敏感的時刻，媒體高調報導推進官員財產公開制度，被解讀為是對江澤民集團採取重大行動前做輿論準備。

有關中共公布官員財產的討論，據說王岐山等人的意思是按照西方標準，公布夫妻兩人資產和收入。但有很多人不同意，聲稱這種方法不適合中國國情，也無法獲得民眾認可。

反對者認為，中國社會以家族為核心的結構，子女及親屬、兄弟姐妹甚至父母，都應該是「陽光法案」的一部分。所以要麼全部公布，要麼就不要公布。

北京一名人士認為，一旦實施「陽光法案」，可能涉及中國數億人的財產收入問題，而且將無可避免受到各級官員的強烈反對。

但也有人認為，中共官場白手套盛行，如果不採取決然措施，根本起不了任何作用。目前有關問題尚待習近平做出最後決定。

2014 年中共七名現任常委最新財產申報狀況最近曝光，不過，外界對這份財產申報清單存在質疑，認為江派三常委張德江、劉雲山和張高麗的財產遠不止這個數，人們再次關注此三人的貪腐醜聞。

港媒報導七常委財產申報清單

2015 年 3 月海外媒體報導，習近平在 3 月 1 日的政治局擴大會議上，重點提出「黨政公職人員」和家屬財產申報公開公示制。

報導還列出了現任七常委最新年度財產申報，包括配偶財產至 2014 年 12 月底狀況：

姓名	存款及國債證券	住房
習近平	160萬	1套
李克強	280萬	1套
張德江	340萬	2套
俞正聲	220萬	2套
劉雲山	260萬	2套
王岐山	128萬	1套
張高麗	375萬	2套

此前，海外網路曾流傳一份七常委財產清單。消息稱，中共中央已經獲得了七常委財產的第一手資料，常委的財產由各常委的祕書上報，是中共自己擬定的，尚未最後做核實。

習近平：

- 房產 3 套，存款 230 萬
- 福州市台江區象園路 58 號象園公寓 1 套
- 杭州市文三西路省政府家屬樓 1 套
- 北京市紫竹橋總政家屬樓 1 套

李克強：

- 房產 2 套，存款 180 萬
- 鄭州市經五路緯三路省委家屬院 1 套（房改房）
- 北京市朝陽區紅廟西裡首經貿家屬樓 1 套（妻子程虹房改房）

張德江：

- 房產 2 套，存款 180 萬
- 廣州市天河區龍口西路 551 號穗園社區 1 套（房改房）

- 北京市豐滙園社區 1 套（妻子辛樹森建行房改房）

俞正聲：

- 房產 2 套，存款 370 萬
- 武漢市水果湖步行街社區 1 套
- 上海市徐滙區永福路 86 弄伯樂大院 1 套

劉雲山：

- 房產 1 套，存款 170 萬
- 北京市復興門廣電總局宿舍 1 套（房改房）

王岐山：

- 房產 2 套，存款 480 萬
- 廣州市越秀區達道路省委大院 1 套（房改房）
- 北京市朝陽區幸福一村西裡市委家屬樓 1 套

張高麗：

- 房產 2 套，存款 390 萬
- 濟南市市中區六裡山路 1 套（房改房）
- 天津市越秀路祥和裡 1 套

劉雲山被指家族貪腐最嚴重

對於以上兩份七常委財產清單，外界都普遍存在質疑。其中，劉雲山被指家族貪腐最嚴重，有重大隱瞞。

據多方報導，劉雲山是現任七常委中貪腐最嚴重的家族，坐擁數百億的資產。劉雲山是山西忻州人，但其於 1968 年從內蒙古自治區集寧師範學校畢業後，長期盤踞在內蒙古，直至 1993 年調任中共中宣部副部長。劉雲山家族在內蒙古攫取了巨額財富。

劉雲山的長子劉樂飛，歷任首創證券公司執行董事、中國銀河證券有限責任公司投資管理總部總經理，後被劉雲山安排為中國人壽保險股份有限公司投資管理部總經理，負責掌管超過 5000 億元保險資產的投資運用。

2008 年，劉樂飛出任新成立的中信產業投資基金管理有限公司董事長兼 CEO。35 歲的劉樂飛已經管理 4 個基金，總規模達 350 億元人民幣，累計投資 50 多個項目。

劉雲山的次子劉樂亭，則涉足藥品和保健品業、房地產業，是內蒙多家製藥企業的幕後老闆。據悉，劉家兩兄弟還幕後操控內蒙古著名地產商雅世春華置業有限公司，旗下地產項目遍及內蒙古多地，其中包括呼和浩特最大的房地產項目東岸國際。內蒙包頭市的東河區舊城改造，主要也是劉氏兩兄弟旗下的公司奪得。

張高麗身陷三大貪腐醜聞

據港媒報導，2013 年 1 月下旬，前廣東省長黃華華向中共政治局常委、中紀委書記王岐山遞交一封致政治局、人大委員會黨組及中紀委的信件，全文及附件等長達 4 萬多字，分 4 個部分。其中第 3 部分即：中共黨內高層在廣東的特權、貪腐典型情況。

舉報稱，中共黨內高層在廣東貪腐、侵吞、揮霍資金、財產等情況是怵目驚心的，是經過收集、調查及其他人士協助得來的。據黃華華提供的信息，被點名在廣東持有別墅、豪宅的高官有：前中共政治局常委、國家副主席曾慶紅，以及曾培炎、唐家璿、肖揚、當時在職的李長春、劉淇，18 大晉升的張德江、張高麗、杜青林等。

2013年4月，有消息稱，張高麗從主政深圳時所修的濱海大道，賺了幾個億。濱海大道兩邊的石頭都是自他老家採購，這就是2003、2004年深圳曾廣為流傳的高麗石的來由。

張高麗早在1997至1998年任廣東省委常委、副省長，深圳市委書記。到任一年內，先後完成濱海大道、深南大道建設及老東門步行街改造等3大專案，其中深南大道至今仍是深圳市區的標誌性道路。

天津千億資金私募詐騙大案受害人曾亮（化名）揭露：私募詐騙大案整個行騙內幕實際上是中共領導層籌畫出來的，張高麗在深圳期間曾協助江澤民兒子轉移資金到國外，由此攀上了江。受害人代表對媒體說：「天津私募系江家幫張高麗等人設局詐騙百姓，江澤民退而不休把張高麗搞進常委，目的在於維護其自身利益；中共已不可能變好，百姓也沒有耐心繼續等待。」

有民眾在網上撰文道：「天津主要的私募公司很多人去樓空，涉及受害家人百萬之眾，被騙金額高達上千億，全國各地的老百姓因投資天津私募股權投資被騙得傾家蕩產或家破人亡的為數不少。這麼大的一個群體被騙，其幕後黑手直指天津政府。」

曾亮稱，為了填平經濟上的漏洞同時也為了斂取更多不義之財，張高麗就在天津濱海新區搞先行先試股權投資基金，大騙民眾腰包裡的錢，這是江澤民「悶聲發大財」的一部分。其註冊的私募公司的後台老闆大都是江澤民一夥的人，周永康的兒子周濱在ABCD農業集資等項目中也涉足詐騙。

曾亮以前並不相信中共政府會明目張膽地行騙於百姓，現在已證實天津私募和其他政府設局的集資專案，全部是中共政府一手策劃的騙局，江澤民把張高麗搞進常委，其趨勢是要繼續把受害百姓的冤案壓制到底。

張德江陷深航案 妻被曝年薪百萬

2013 年 4 月，北京高調推出「深航」案後，海外媒體報導說，時任廣東省委書記張德江對深圳航空公司股權拍賣非常關注，甚至親自過問。

2013 年 4 月 9 日，深航原高級顧問李澤源、原董事長趙祥等 6 名高管一起出庭受審。他們被控挪用深航 20.3 億元資金，導致高達 7.5 億元的資金至今未還。曾 3 次入獄的李澤源當年掌舵深航，4 年時間給深航留下近百億的財務黑洞。

大陸媒體報導說，2013 年 6 月 5 日，在法庭上，李澤源在供述當年深航競購內幕時提到，從上海、北京找人向廣東省的高層「打招呼」後，其一手成立的深圳市匯潤投資有限公司即聯手來自哈爾濱的億陽集團，借用後者資質，以 27.2 億元人民幣的「天價」競買下廣東發展銀行持有的深航 65％股權，獲得深航控股權。

李澤源當日的庭審供述與早前媒體的報導相互印證。當時李澤源憑藉眾多的關係，2005 年底得以在爭議聲中正式入主深航。而當時主政廣東的張德江親自「過問」此事，也讓李澤源「事半功倍」。

2012 年張德江暫時代理重慶市委書記時，對於是否要對深航案開庭，中共不同派系間各有放風。

有消息稱，張德江受到敲打。此後在 2012 年 3 月的中共兩會上，習近平要廢除勞教的問題上，張德江挾中共人大進行對抗，故意拖延，於是 4 月 9 日中共官方「隆重推出」深航大案，並在庭上不點名地說出此案涉及「廣東政府領導」，矛頭直指張德江。

另據《證券日報》2009 年 4 月 13 日報導，「多家銀行高管薪酬超標，財政部限薪令面臨嚴峻考驗」，其中就包括張德江妻子、時任建行副行長辛樹森。

根據建行年報顯示，多家銀行高管薪酬雖然已從 2007 年有所下降，但還是在百萬以上。建行董事長郭樹清的薪水已經從 2007 年的 179.5 萬元降到 156.9 萬元，而行長張建國和副行長辛樹森的薪水也分別降到 156.1 萬元（之前 177.4 萬元）和 140.9 萬元（之前 155.1 萬元）。

2010 年 5 月 14 日，《證券日報》再次發表報導銀行高管高薪的內幕，稱「銀行高管薪酬『雙軌制』迷霧重重，限薪令只管幹部？」

文章稱，隨著限薪令的出台，三大國有上市銀行的高管薪酬出現了較大幅度的調整。建行方面，2009 年度董事長郭樹清的稅前合計薪酬為 90.6 萬元，行長張建國的稅前收入為 88.2 萬元，監事長謝渡揚的稅前收入為 86.8 萬元，副行長、紀委書記辛樹森的稅前收入為 75.6 萬元……

有報導評論說，張德江的妻子曾經拿了多年百萬以上的年薪，「對於媒體所說的，超標部分是否退還，我們就更無從知曉了。」

第十章

一電話促習鎖定張高麗「能下」

虛假的「APEC 藍」遭揪，負責此事的張高麗也受中共高層譴責；原負責起底張高麗接任天津市委書記的孫春蘭，也因與江派甚密而遭調職。習的反貪決心，促發遭津區官員迫害出逃的富商欲回國協助；而張高麗與江澤民的機要一通電話，更是激怒習近平，欲予撤換。

據「追查國際」發布電話錄音顯示，張高麗親口證實中共活摘法輪功學員器官達數百萬。（大紀元合成圖）

第一節

張高麗治霾不力
恐有官員位子不保

與 13 年前的上海經合會議相比，2014 年 11 月 5 日至 11 日中共在北京懷柔雁棲湖召開的 APEC 亞太經合組織會議，仍不惜花費巨額民膏國脂，為自己不合法的專制政權塗脂抹粉。然而天公不作美，中共立下軍令狀要保證 APEC 期間的藍天白雲、製造一個虛假的「APEC 藍」，最後也都失敗了，負責此事的張高麗也受到中共高層譴責，有人甚至會因此丟官撤職。

據消息人士透露，當初有四個舉辦峰會的候選之地，最高層最終決定在位於懷柔郊區的雁棲湖開會，企圖避開可能出現的陰霾天氣，但最後還是難以避免。在民間風水師的眼裡，陰霾是些陰性有害物質所產生的，對人相當不吉利。

據中共官媒報導，2014 年 10 月 30 日，北京在一個月內第四次出現重度空氣污染，京城上空陰霾瀰漫，空氣質量明顯下降。京津冀等近兩年的陰霾經常是「霾一片」，而非「霾一點」。

就在同一天，中共人大常委會在第11次會議上分組審議大氣污染防治法執法檢查報告。報告顯示，大氣污染防治、聯防、聯控「乏力」、排污懲處力度弱等。中央第十巡視組組長令狐安、清華大學副校長袁駟，致公黨中央副主席閆小培等中共人大委員和常委們紛紛公開指責官方數據「偏離」感受，而這項工作正是張高麗分管的。

2014年8月，張高麗被任命為京津冀協調小組組長，其中一項工作就是改善京津冀及周邊地區大氣污染問題。

張為保官位 不擇手段滋擾民生

2014年10月24日，張高麗出席有關京津冀等大氣污染防治會議時候講話稱，APEC領導人非正式會議期間的空氣質量保障，是當前工作重點。同時他也承認，陰霾天氣仍然嚴重，空氣質量保障「面臨巨大壓力和挑戰」。

此前的10月8日和9日，京津冀地區陷入大範圍陰霾之中，北京市區的空氣質量指數（AQI）均超過300，達到「嚴重污染」級別，人就好像吸塵器一樣，只要呼吸，就不斷把有害物質吸入體內，從而引發多種疾病。

為了保住官位，張高麗下令採取的措施幾乎到了瘋狂的地步，外媒評論他「滋擾民生，不擇手段」。

為緩解交通壓力和減低汽車廢氣排放，北京機動車單雙號限行、700萬人被迫放假；為減少大氣陰霾，京津冀多個高污染、高排放行業的工廠被勒令停產，火葬場被禁焚燒死者衣物；醫院關閉，很多學校也因此放假。為了減少粉塵排放，很多地方暫停暖氣供應，家有老人、孩子、病人的家庭不得不挨凍。微博上還傳出消息說，北京市民至藥店買消毒酒精，竟被告知APEC峰會期間因安全原因，消毒酒精已全部停售……

為了讓北京APEC峰會開成一個「有裡有面」的會議，中共不計代價的動用了一切力量，而張高麗為了保住官位，更是不惜犧牲基本民生所需，所下令採取的措施幾乎到了瘋狂的地步，就連外媒也評論他「滋擾民生，不擇手段」。

空氣淨化失敗 北京屏蔽污染數據

據《華盛頓郵報》11月10日報導，在APEC期間，北京的火葬場不許焚燒死者的衣物，餐館和工廠被關閉，數以百萬計的汽車被禁止上路等等，然而中共還是沒有實現APEC期間的「藍天白雲」。在無力消除空氣污染之後，中共為維護「國際形象」，使出最後一招，那就是屏蔽污染數據，或在污染數據上造假。

當APEC領袖在中共招待的晚宴上享用晚餐時，美國駐華大使館網站上顯示，北京的空氣質量指數（AQI）為203，PM2.5（細顆粒物）為153微克／立方米。PM2.5是指大氣中直徑小於或等於2.5微米的顆粒物，也稱為可入肺顆粒物。世衛組織表示，日常PM2.5的安全水準應該是25微克／立方米，也就是說北京的PM2.5濃度是標準水準的6倍。

《華盛頓郵報》報導，中國大陸的智能手機和網站上，通常會同時顯示美國污染指數和中共官方污染指數。現在美國大使館的數據被刪除了，只剩下中共官方147的空氣質量指數，顯示「輕度污染」。

一個本來顯示美國大使館污染程度的應用程式，早上還顯示北京的污染度穩定上升，在午餐時間忽然數據被修改，猛降到了令人難以置信的「零：優秀」的讀數。中共官員聲稱，美國領館的數據是不準確的，因為那是基於在北京某一點測量的數據。北京空氣質量網站上有一個通知，該通知說「本月的空氣質量請參閱北京市環保局數據」。

即使是空氣質量指數達到 203，對北京來說也不是什麼新鮮事，10 月份的污染程度達到了不正常的有毒水準。馬拉松選手戴著口罩參加了北京的比賽，美國駐華使館的 PM2.5 讀數達到 344 微克／立方米。

對北京居民來說，「APEC 藍」已成為一句俚語，形容非常美好、但短暫或不真實。還有人開玩笑說，APEC 是 Air Pollution Eventually Controlled（空氣污染最終控制住）的縮寫，也有人說，北京的空氣如此糟糕，「即使 BPEC 藍或 CPEC 藍也是聊勝於無」。

北京市長王安順立下提頭軍令狀

2014 年 10 月 13 日，親習近平陣營的大陸媒體財新網旗下《新世紀》周刊刊文稱，中共國務院於 2013 年 9 月 10 日發布了《大氣污染防治行動計畫》要求：到 2017 年，北京市細顆粒物年均濃度控制在 60 微克／立方米。然而，如今早已超標 5 倍。報導稱，北京市長王安順回憶說面對中央這個領導對空氣污染的指示，自己簽訂了一份「生死狀」：「如果空氣污染（治理目標）到 2017 年實現不了，領導說了句既是玩笑話，也是句分量很重的話，要

『提頭來見』。」王安順還說：「領導見了面就反覆問一件事：今年的亞太經合組織會議，你能不能保證空氣質量沒問題？我說能。」「你不能也得能啊！」

有人猜測這位領導就是主管北京、天津、河北協作的張高麗。有專家根據現有數據推算，即使全面落實現有減排措施，2017 年北京的 PM2.5 年均濃度將下降 25.6%，北京年均 PM2.5 濃度將由 2013 年的 88.3 微克／立方米下降到 2017 年的 65.8 微克／立方米，還是不能達到國務院定的 60 微克／立方米。

按照財新網的說法，北京完全治理好空氣污染是沒戲了，除非王安順被逼繼續增加碼投入。看來，王安順好似要準備「提頭」去見「領導」了。

王安順涉江派周永康案被約談

為何是王安順攤上這個苦差事呢？諸多消息來源稱，「王安順就是江澤民、周永康安插在北京政壇的心腹人馬」。2014 年 1 月 26 日，有港媒披露，王安順因涉及周永康貪腐案近日被約談。

周永康從遼河石油勘探局起家，武漢地質學院畢業的王安順曾在吉林石油勘探指揮所、東北石油地質局工作過，90 年代兩人還在國土資源部共事過，後來周永康與王安順一直保持著密切的上下級關係。1999 年，周永康調任四川省委書記後，王安順在周永康及時任中央組織部長曾慶紅的提拔下，出任甘肅省委組織部長、中共甘肅省委常委。2001 年，王安順又被調任江澤民的老巢上海市委組織部長。2006 年陳良宇案發後，2007 年 3 月，王安順調任北京市委副書記、政法委書記，成為江派迫害法輪功的幫凶。

2008 年 3 月 1 日，「追查國際」就北京當局借奧運迫害法輪功學員發布緊急通告，將中共政法委書記周永康、北京市委書記劉淇和北京市政法委書記王安順列作迫害法輪功的「涉案主要責任人」。

北京召開 APEC 會議期間，為掩蓋嚴重的陰霾問題，中共滋擾民生，不擇手段，但仍無法營造虛假的「APEC 藍」，負責此事的張高麗也受中共高層譴責，恐有官員位子不保。

王安順因周永康案被查，北京官媒又提前對外公布他簽下的生死軍令狀，如今在瘋狂擾民之後，APEC 期間北京空氣污染依舊惡劣到這種程度，看來，不光是王安順得「提頭來見」其領導了，其背後的張高麗恐怕也得「提頭來見」了。

第二節

習近平拿下天津
孫春蘭接替令計劃搞統戰

2015 年新年伊始，中共官方宣布令計劃被免除的統戰部長職務，將由天津市委書記孫春蘭接替，習近平的舊部、原天津市長黃興國代理天津市委書記，而接替黃興國的是習近平的陝西同鄉、原天津市專職市委副書記王東峰。此波人事調動，習的班底將接管天津。

令計劃 2014 年 12 月 22 日被查，但直到 12 月 31 日才被官方宣布免去統戰部長職務。此前一天，網路上就流傳中央政治局委員孫春蘭卸任天津市委書記，接替令計劃擔任統戰部長的消息。不過，官方在 2015 年 1 月 1 日才正式宣布孫春蘭的接替。這種「未免除、先任命」的做法，儼然有違中共原有的程式。

2014 年 12 月 30 日，中共官方公布孫春蘭不再兼任天津市委書記，另有任用；天津市委書記的職位將由市長黃興國代理。

黃興國是習近平的舊部、原天津市長，而接替黃興國的是原天津市專職市委副書記王東峰，其為習近平的陝西同鄉。專家分析認為，這可能意味著習的班底將接管天津。至於孫春蘭，則是成了近 20 多年來首名不兼任政協副主席的統戰部長。據悉，除其工作能力不被習近平信任外，就是孫春蘭一度和江派張高麗走得近。孫春蘭在遼寧、福建、天津任職期間均追隨江澤民殘酷迫害法輪功，因而受到海外「追查國際」通告。

習近平舊部代理天津書記

黃興國 1989 年 7 月起先後任浙江省台州地委副書記、書記，台州市委書記，省政府祕書長；1998 年 1 月起，先後任浙江省副省長，省委常委、寧波市委書記。2003 年 11 月調任天津市委副書記，並擔任天津市常務副市長。2007 年 12 月，天津原市長戴相龍請辭，黃興國被任命為天津市代理市長。2008 年 1 月其被正式任命為天津市長。

習近平 2002 至 2007 年先後任浙江省委副書記、代省長、浙江省委書記、省人大常委會主任等職。因此黃興國曾是習近平的舊部。

《明報》報導，對黃興國代理市委書記一職，國家行政學院教授李拓表示，這可能意味著黃興國地位的上升。

獨立歷史學家章立凡表示，黃興國在浙江時曾是習近平的舊同事，孫春蘭的離開，可能意味著習的班底將接管天津。

天津作為中共直轄市，近年來其書記均由中共政治局委員出任。時任天津書記張高麗在中共 18 大時成為常委。孫春蘭也在入主天津時進入中共政治局。因此，孫春蘭離開天津後，天津的人事變化也備受矚目。

外界評論，令計劃落馬，孫春蘭接替，天津市委書記由在天津任職 10 年的浙江籍市長黃興國接任，天津也將由此成為習近平時代被其第一個收入囊中的直轄市。

孫春蘭追隨江澤民迫害法輪功

在主政天津前，孫春蘭曾在遼寧、福建等地任職。據海外明慧網報導，任遼寧省委副書記的孫春蘭就積極追隨江迫害法輪功，從 2001 年 3 月接任大連市委書記職務，到 2005 年 11 月底離開大連期間，是大連當局迫害法輪功最嚴重的時期。孫春蘭和薄熙來、夏德仁一樣，是大連、遼寧對法輪功進行殘酷迫害的首惡之徒。

2004 年 3 月，海外「追查國際」發出通告，追查遼寧省大連市委書記孫春蘭、市長夏德仁等人迫害法輪功的罪行與責任。通告指出，大連市委、市政府官員對法輪功學員進行暴力洗腦、抄家、非法拘留、各種酷刑折磨、長期勞教，導致大連市是法輪功遭受迫害最嚴重的城市之一。

孫春蘭 2009 年調任福建省委書記後繼續迫害法輪功。

明慧網報導，據不完全統計，自孫春蘭調任福建省委書記後至 2012 年，福建省僅福州一個地區法輪功學員遭到迫害的案例就有 20 多起。

「追查國際」於 2013 年 6 月 8 日再次發布「追查天津市迫害法輪功學員的責任人孫春蘭、散襄軍等的通告」。通告表示：據舉報，在現任天津市委書記孫春蘭授意下，天津市政法系統及

「610」組織對法輪功學員的迫害手段依然是暗中監視、非法抓捕、祕密庭審、刁難律師、非法判刑。

第三節

戴相龍背後的財富搶劫內幕

在落馬的天津幫中，還有 2002 至 2007 年任天津市委書記的戴相龍。

2015 年 4 月 8 日，原天津市長戴相龍被調查。這被視為是郭文貴和馬建案的延續。在這則傳聞的背後，有一個頗為驚人的財富搶劫故事：郭文貴和馬建曾合作霸占價值 20 億美元的天津環渤海集團，原老闆鄭介甫被迫流亡澳大利亞，被稱為是將航母引入中國的第一人。

原天津市長戴相龍被調查

2015 年 4 月 8 日，美國財經媒體集團「彭博社」報導，前天津市長戴相龍因為涉嫌以權謀私被中紀委調查，中紀委對戴相龍的調查主要是針對其在擔任央行行長、天津市長和全國社會保障基金理事會理事長期間，是否利用其影響力掌握的內部消息為親屬牟取利益。

據稱，中紀委在調查國安部副部長馬建案時，發現戴相龍女婿車峰牽涉案件的線索，才導致戴被查。

4 月 10 日，「法廣」引述知情者透露，目前戴相龍尚未被採取強制措施，銀監會等金融主管機構要求各金融機構協助中紀委調查，而戴的女婿車峰則處於協助調查，尚未被正式抓捕。

2013 年 1 月，《紐約時報》曾爆料，2002 年戴相龍擔任中共央行（即中國人民銀行）行長，並對保險行業有監管權。戴相龍女婿車峰掌控的「鼎和創業投資有限公司」以「極其優惠的價格」買進平安保險公司的大量股份。到 2007 年，這筆投資最後一次公開時，這些股票已經價值 31 億美元。

報導稱，「數年後，平安保險進行了 IPO，這些內部交易者套現幾十億美元。」

「法廣」還報導，車峰一直和神祕富豪郭文貴關係密切，被指在郭開發的盤古大觀樓盤裡擁有「空中四合院」物業。而郭以香港商人郭浩雲身分在香港持有的香港上市公司數字王國集團有限公司 2013 年財報顯示，郭浩雲與車峰同為該公司股東。

「博訊」的報導稱，在郭文貴「扳倒」劉志華後，結識了前央行行長戴相龍的女婿車峰。

外界分析稱，此次戴相龍被調查，可被視為是郭文貴和馬建案的延續。

郭文貴鯨吞天津華泰公司

公開資料顯示，戴相龍，1944 年 10 月 1 日出生，江蘇省儀黴人，1995 年 6 月出任中國人民銀行行長、黨組書記。2002 年 12 月至 2007 年 12 月 28 日，戴先後出任中共天津市委副書記、天津市代市長、市長等職。離開天津後，戴還擔任過全國社會保障基金理事會理事長等職，目前仍任中國國際經濟交流中心副理事長、南開大學教授。

戴相龍剛剛離開天津，天津即發生了一起頗為驚人的財富搶劫故事。2008 年，天津環渤海集團有限公司（下稱天津環渤海）的一次內部紛爭，郭文貴以「撈人」的角色介入，卻登堂入室，通過隱祕操作獲取了天津環渤海下屬天津華泰控股集團股份有限公司（下稱天津華泰）的所有權，並從中套現 4 億元現金，以及一系列的其他資產。

天津環渤海董事局主席是鄭介甫，他被稱為將航母引入中國的第一人。2000 年，鄭介甫花 8000 萬元從俄羅斯買入「基輔」號航母。2001 年 1 月將基輔號航空母艦的用途變為觀光。

2015 年 4 月 6 日，澳大利亞《大洋日報》發表題為《「響馬」郭文貴「打劫」華泰前後——記者探訪流亡富豪鄭介甫》的文章，鄭在文中感嘆，做夢都沒有想到自己成功的經商進程中，會遇上並敗給一名初中未畢業的山東商人郭文貴，資產被奪取，個人被通緝，人生事業皆被摧毀。

2004 年，鄭介甫的環渤海招募一名助手，即從事證券交易的趙雲安。2005 年底環渤海集團資金鏈緊張。趙對鄭稱自己能為環渤海集團融到 5000 萬現金，條件是自己必須成為天津華泰法人代表。迫於資金壓力，鄭介甫完成天津華泰的法人變更手續。2006 年下半年，趙雲安成為天津華泰董事長。然而，趙雲安承諾的資金卻遲遲未到位。不久之後，天津華泰持有的津濱發展股份進入市場流通，鄭介甫及時解決了資金難題。

2006 年，鄭介甫為了支付購買基輔號航空母艦的仲介費用，他找到了河南籍商人謝建升，提出借款 1000 萬美元。用於抵押借款的是鄭實際控制的北京銀邦偉業投資有限公司（下文稱：銀邦），而銀邦最重要的資產就是間接控制的天津華泰的控股權。

據鄭介甫介紹，從 2005 年到 2008 年三年時間，趙雲安通過私刻公章和偽造簽字等手段，偷天換日把銀邦的資產轉移至自己的名下，並最終控制了天津華泰大約 73％的股權。2008 年，大夢初醒的鄭終於意識到趙雲安的問題，隨即報警。2008 年 5 月 23 日，天津市公安局以「涉嫌挪用資金罪」對趙雲安立案調查。

趙雲安被天津公安局羈押後，他的妻子白昱找到了趙雲安的大學同學虞曉峰，虞的身分是北京盤古氏投資有限公司（下稱：盤古投資）副董事長，郭文貴是盤古投資董事長。郭就是在此時盯上了天津華泰這塊大肥肉。「趙雲安在郭文貴的運作下，在羈押還不到一個月的時候就取保候審了。」鄭介甫說。

據虞曉峰在公安局的筆錄顯示，2008 年 7 月趙雲安前往盤古大觀與郭文貴見面對其出手相助表示感謝。「趙雲安就是在此時決定將手中非法占有的天津華泰股份悉數轉讓給郭文貴，但在這個過程中郭文貴並沒有實質性的支付一分錢。」鄭介甫表示。

2008 年 9 月，郭文貴將天津華泰遷址鄭州，並更名為源潤公司。鄭介甫說：「趙雲安與郭文貴合作的條件之一，就是他要求郭文貴設法把我送進監獄，於是 2008 年末郭文貴就以我涉嫌職務侵占向鄭州公安局報案，我隨即被鄭州公安局通緝。而趙雲安的案子就徹底不了了之。」而鄭介甫因為當時正好在澳洲參加女兒畢業典禮，躲過一劫，也因被立案通緝而滯留在墨爾本。

鄭介甫說，因為擔心這樁股權糾紛存在的風險，郭文貴將天津華泰帳上資金全部掏空。根據在郭瓜分華泰過程中的實際操盤手曲龍在公安局的筆錄顯示，天津華泰擬購買河南裕達置業有限公司價值約 10 億的房產。按照協議，天津華泰支付 2 億訂金，對應違約金也是 2 億。此後只需一分違約合同，即可合理轉移天津華泰股份帳面上的 4 億元資金。而事實上，當時裕達置業的相關物業已經在銀行做了抵押根本無法進行售賣。

除了上述 4 億資金之外，鄭介甫還透露，「當時天津華泰在河南還擁有一個鉬礦，從郭文貴對這個鉬礦的處理上就能窺豹一斑他是一個什麼樣的人，這個鉬礦儲量豐富，如果開採合理至少價值數十億，但是郭文貴根本無心做實業，他只喜歡類似『搶劫』方式得到的快錢，在郭文貴的干預下，鉬礦倒閉，所有資產被郭文貴席捲一空。」

鄭介甫二度流亡澳大利亞

在郭文貴指示曲龍瓜分華泰的過程中，這兩名「不分彼此的兄弟」開始出現裂痕，隨即兩人的鬥爭越演越烈。曲龍於 2011 年，主動向媒體爆料郭文貴收購民族證券的問題，徹底激怒了郭。

2011 年 3 月 31 日，曲龍在北京東南四環頌江南餐廳附近，被河北承德公安經偵支隊郭東斌、郭文貴保鏢趙廣東，以及時常出現在盤古大關的馬建手下、安全部某局處長高輝等數十人強行帶走。最終，曲龍因職務侵占被判刑 15 年。「瓜分華泰的得力幹將、郭文貴的『好兄弟』最後自己進了監獄，郭文貴斂財的血腥和殘酷可見一斑。」鄭介甫說。

2011 年，鄭州市公安局在經過長達 2 年多的調查取證後，認定鄭介甫涉嫌職務侵占的罪名不成立，進而撤銷對他的指控和通緝。鄭也就是在此時從墨爾本返回中國。

剛剛回到中國的鄭介甫非常希望解決天津華泰的問題，郭要他到北京盤古大廈談判。當天郭文貴根本沒有出現，而是郭手下的兩個馬仔明確告訴鄭介甫，不要想拿回天津華泰，而且還要追討鄭之前為了公司周轉，從天津華泰調動的資金。

2012 年 8 月，天津華泰的債主謝建升在無望要回借款的情況下，以合同詐騙向焦作公安局報案，華泰的原法人代表趙雲安被抓捕歸案。但是事態的發展跟當初在天津如出一轍。在趙雲安供認不諱、犯罪證據確鑿的情況下，因時任安全部副部長馬建運作，最後不予批捕趙。

2012 年 9 月 30 日，負責謝建升案的專案組組長、焦作市公安局副局長王紹政涉嫌受賄遭到調查，而謝建升也因涉嫌行賄王紹政遭到通緝，不得不逃往加拿大。不久，鄭介甫也因為華泰的合同欺詐罪被焦作市公安局通緝，再一次流亡澳大利亞。

鄭介甫遭遇死亡威脅

2015 年 4 月 6 日，澳大利亞《悉尼晨鋒報》報導，鄭介甫的窘境是他不知道為什麼 4 月 1 日晚上一輛三菱轎車尾隨他到了墨爾本郊區，他們是習近平的反腐戰士還是習近平的反對者？

報導說，如果那輛車以及過去幾個晚上的車是由習近平團隊派出的話，那麼向澳洲警察報警將引發一場外交事件，並損害鄭介甫在中國重新開始事業的渴望。

鄭介甫告訴記者：「他們等在我的家門口。他們跟蹤我到海灘。但是我不想叫澳大利亞警察，因為我不知道是誰派他們來的。」

然而如果那輛車是由另外一方派來，鄭介甫說「那麼我將處於極大危險」。

鄭介甫指控，2008 年，一個精明無情的商人郭文貴跟大權在握的前國安部副部長馬建勾結霸占了他價值 20 億美元的天津環渤海集團。

在那之後，鄭介甫說，郭文貴和馬建摧毀了他所有重要的關係，破壞了他的婚姻，威脅他的子女，並一度派出六名戴著墨鏡穿著黑衣的爪牙找到他。於是他從寧靜的墨爾本灣區看著自己的商業王國被肢解。

「馬建和郭文貴的聯手是官和商的聯姻。」鄭介甫說：「在中國他們會告訴你，如果你不交出你的企業，他們將把你和你的所有人扔進監獄。」

3 月 10 日他的郵箱出現一張條子，上面寫道：「老鄭，回國是一件好事。咱們國內見。回去了，胡說八道的代價你清楚。趙雲安詐騙案與我們沒有關係。你們全家人的身家性命都在我們手上。保重吧，一切你都懂。」

鄭介甫說，過去六年他充滿驚恐。他詳細描述了馬建的勢力範圍和郭文貴的馬仔在澳大利亞的馬仔網絡。

鄭介甫願意回到中國幫助習近平指證馬建和郭文貴。鄭說他有很多有用信息，包括有關郭文貴的兒子跟令計劃兒子令谷的關係。但是他首先需要一些高層的安全保證。

第四節

習近平的
北戴河「能上能下」絕密名單

2015 年中共高層北戴河會議前夕，中央政治局審議通過了中共官員「能上能下」規定。有海外中文媒體披露，習近平手中絕密的「能上能下」高層名單，其中包括一名現任政治局常委在內。

北戴河會議絕密「能上能下」名單

2015 年 6 月 26 日，習近平主持開中共中央政治局會議，審議通過《關於推進領導幹部能上能下的若干規定（試行）》（以下簡稱《規定》）。

官媒解讀時稱，這是中共 18 大以來關於幹部人事制度改革最重要的文件。這一文件的出台可能是中共幹部體制的關鍵轉折點。

30 日，有海外媒體報導稱，《規定》重點不在「能上」，而在「能下」，顯示中共想藉此建立一套新的官員流動制度，重點要藉此拿下那些已經上位、無才無能礙手礙腳者，特別是身居高位的庸官。

據博聞社報導，北京消息透露，習近平考慮的難點是已上位但又無才無能者如何下來。

一份「能上能下」的高層名單將是北戴河會議的重要議程，但困擾習近平的是，「能上」的不多，「能下」的卻不少，如何調整一些副國級以上的官員，成為困擾習的難題。

在習近平的「能上能下」絕密名單中，「能下」的高層有一大串。其中包括多名現任政治局委員，以及一名現任政治局常委，其靠前任總書記「抬轎」上位、實際能力不行。

上述報導雖未點出那名現任政治局常委的名字，但從靠前任總書記「抬轎」上位的信息來看，張高麗或為所指之人。

然而很多人沒有注意到，為何習近平在 2015 年 6 月 24 日會突然高調宣布要讓張高麗「下來」，原來，在這兩天之前，張高麗幹出的一件醜事和惡事，令整個中南海震驚不已。

張高麗獻媚做擔保 被錄音公諸天下

2015 年 6 月 24 日，追查國際調查員以江澤民辦公室祕書的身分，就江澤民下令活摘幾百萬法輪功人員器官的罪行，對正在哈薩克斯坦訪問的中共國務院副總理張高麗調查取證。

以下是電話調查內容：

李光聯絡員：hello ？

調查員：李光聯絡員嗎？

李光聯絡員：哎，你好！

調查員：你好，張高麗同志在你附近嗎？我是江澤民同志辦公室的劉祕書啊。

李光聯絡員：劉祕書，你好！

李光聯絡員：張副總理現在還沒到。

調查員：你看什麼時候到？

李光聯絡員：他還得再過至少四十分鐘。

調查員：好，那我過一個小時再打過來，五十分鐘，好嗎？

李光聯絡員：好的。

李光聯絡員：喂？

調查員：喂，是李光聯絡員嗎？我是劉祕書啊。

李光聯絡員：你好！

調查員：張高麗同志回來了嗎？

李光聯絡員：馬上，您稍等一下，我馬上把手機遞過去。

調查員：好，謝謝！

李光聯絡員：好的。

張高麗：哎，我張高麗啊。

調查員：是這樣的，我是江澤民同志辦公室的劉祕書。

張高麗：劉祕書，你好！

調查員：你好！江澤民同志有幾句話讓我轉告你。說最近有上萬名法輪功習練者向最高檢查院控告江澤民同志，說追究江澤民同志下令摘取幾百萬法輪功學員器官的責任，所以江澤民同志很擔憂這個事，他希望呢……

張高麗：啊。

調查員：他希望你呢在政治局討論的時候，一定要阻止追究這件事。

張高麗：好。

調查員：你能做到嗎？

張高麗：好，好，好。

調查員：你要知道追究幾百萬活摘法輪功學員器官的這個事情責任很大，很重，你知道嗎？你理解的。

張高麗：我現在在哈撒克斯坦。

調查員：啊，對。

張高麗：剛下飛機，嗯。

調查員：對，我就說你回去了以後啊，你回去了以後，這個事你得……

張高麗：還得請江主席放寬心吧。

調查員：還有一個事啊。

張高麗：我，我……

調查員：我想問一下啊。

張高麗：我一定啊。

調查員：好，行，你一定要阻止這件事情啊，你要知道。

張高麗：哦，一定的！

調查員：追究江澤民同志下令摘取幾百萬法輪功學員器官這個事，責任很嚴重。

張高麗：啊，這個，祝江主席健康長壽啊，祝江主席健康長壽啊。

調查員：那你這個事一定要回去抓緊啊。還有一個，剩下的法輪功學員習煉者也得處理好，不能出紕漏。

張高麗：好，好，好。

調查員：那就這樣。

張高麗：好，好，好。

調查員：再見。

此調查結果證明：

一、身為現任中共政治局常委、國務院副總理，張高麗面對以江澤民祕書的名義提出的「江澤民同志下令摘取幾百萬法輪功學員器官」這一點，沒有否認，也沒有任何因不知情而驚訝；而且對江要求他「在政治局討論的時候一定要阻止追究這件事」，積極承諾「我一定」，並請江「放寬心」。

這進一步補充證實：是江澤民下令活摘法輪功學員器官，而且多達幾百萬！中共最高層完全清楚，張高麗也是活摘器官罪行的主要參與者之一。

二、張高麗承諾的對「剩下的法輪功學員習煉者也得處理好」，證實了關押大量法輪功學員的活人器官庫時至今日還存在，還有法輪功學員隨時面臨被活摘器官的危險。

三、張高麗的言辭還表明：海內外上萬法輪功學員控告江澤民，已在中共高層造成了相當大的壓力。張高麗作為江澤民的台前死黨，正積極利用手中的權力掩蓋罪行，保護江派殘餘勢力，負隅頑抗。

追查國際把這個錄音放到網上，人人都可以聽。據說習近平聽了非常震怒，第二天的 6 月 26 日，習近平就在政治局會上宣布《關於推進領導幹部能上能下的若干規定（試行）》，言外之意就是一定要盡快拿下張高麗。哪知不到兩個月，張高麗曾經主政的天津發生這麼嚴重的瀆職違法的大爆炸事故，這回可能老帳新帳要一起算了。

習江最血腥生死搏殺 張高麗中槍

第十一章

源於天津的那場萬人驚世行動

很多關心中國人權的西方人記住「天津」這一地名，是在1999年的4月25日萬名法輪功學員到北京上訪，事件起因是天津當局非法抓捕了40多位法輪功學員。沒想到16年後西方人再次記住天津這個地名，是因為一場驚天動地、歷史性的大爆炸。

4·25上訪的法輪功學員隊伍整齊排列，地面乾乾淨淨，見證的路人耳目一新稱道「從未見過這麼高素質的人。」（AFP）

第一節

李瑞環力克江澤民 23 年後再出重拳

李瑞環（前）和喬石（左）一樣，都公開反對江澤民（右）對法輪功的鎮壓政策。（AFP）

在天津官場中，不但張高麗從天津升到了政治局常委，曾經還有一人也是從天津走進了中南海。2015 年天津大爆炸中，江派媒體也不忘把這個人拿來構陷一番。

人們知道趙紫陽因堅持改革被鄧小平從總書記位置上打下去了，但很多人不知道，還有個人因為堅持改革，也被鄧小平、江澤民「涼拌」了幾十年，這個人就是李瑞環。

退休十年了，人們對李瑞環的印象更淡了。不過中共核心人士明白，自從江澤民踏著「六四」血跡爬上來之後，在中南海敢跟江澤民正面衝突的，不是胡錦濤，而是李瑞環，李因此被稱為「江剋星」。18 大前夕，為打擊江派勢力，李瑞環再次出手整治江……

從小木匠到天津市長

現在很多年輕人不知道李瑞環是誰，老年人也不記得李瑞環在公開報導中幹出了啥成績，不過熟悉中共幕後權鬥的人知曉，李瑞環是個很有特色的中南海前高官，胡錦濤能成為中共總書記，與李息息相關。以至於有人說道：「那些希望接近胡錦濤而排不上隊的中國政客們，不妨走一下李瑞環的家門！」

李瑞環，1934 年 9 月出生在天津一個貧寒的農民家庭，沒有真正上過學，17 歲到北京打工，從小木匠幹起，到 1951 年在北京市第三建築公司當木工，1965 年提幹前，他搞了 100 多項技術革新，被譽為「青年魯班」。他設計的新方法寫成了《木工簡易計演算法》被推廣，其故事還被拍成了電影。

在當了 15 年工人後，他被提拔為幹部，從建築公司黨委副書記幹起，到 1980 年他當選為共青團中央書記處書記、全國青聯副主席。其辦事能力受到時任共青團中央負責人胡啟立的欣賞。在胡啟立任天津市長後不久，李瑞環於 1981 年被任命為天津市副市長，由此正式進入政壇。胡錦濤在 1982 年 9 月調任共青團甘肅省委書記，數月後擔任共青團中央書記處書記、全國青聯主席，1984 年任共青團中央第一書記。這樣算來，李瑞環還可稱為「老團派」。

在天津，李瑞環通過城市基礎設施建設，在民眾中取得不錯的聲譽，其中「引灤入津」工程緩解了天津市民吃水難的問題，城市交通幹線也贏得民眾的稱讚。據說李瑞環當年沒有想過要當天津市長，總書記胡耀邦做了一個民意調查，稱 90％的天津市民希望李瑞環做市長，於是他被提拔成市長。1987 年他當選為中共中央政治局委員。

1989 年「六四」事件後，鄧小平從地方提拔了兩人：天津的李瑞環和上海的江澤民，並將他倆增補進政治局常委，當時李瑞環 55 歲，是常委中最年輕的，他出任中央書記處書記，而江澤民則任中共中央總書記。

1992 年 10 月，李瑞環成為中共政治局常委中的四號人物，分管意識形態及統戰。李瑞環頂住來自中共黨內保守派要求「反對自由化」的壓力，強調文藝創作「必須有一個寬鬆和諧的環境」，被視為是繼胡耀邦、趙紫陽之後，中共又一個思想開明的領導人。

十年政協的「李瑞環特色」

由於李瑞環堅持改革開放，與江澤民等人的觀點相左，於是在 1993 年 3 月的「兩會」上，李瑞環以 59 歲之「低齡」，被貶到一向被視為是「只有退休了的前中共領袖」才會擔任的「閒職」——全國政協主席。港媒報導說，當時鄧小平是出於讓江澤民穩妥接班的考慮，才讓群眾口碑很好的李瑞環交出了宣傳大權，以免中共政壇出現新的變數。

不過這個說法有點牽強，有知情人對《新紀元》表示，真實原因是江澤民動了妒忌之心，故意貶低李瑞環。「李瑞環比較實幹，江澤民就只會玩弄權術，幹正事的能力還不如一個科長，這樣的人怎麼能治理好國家呢？」於是從一開始，李瑞環就跟江澤民不是同一條道上的人。據了解，李瑞環是唯一至今仍直呼江澤民為「老江」的政壇元老。

從1993年到2003年，李瑞環連任了十年政協主席。自從1950年代中期，全國政協作為「議會」的功能被全國人大取代後，政協就成為中共政壇上的「花瓶」。李瑞環入主政協後，積極鼓勵政協委員參政、議政。經過十年，李瑞環把全國政協變成了一個「言官」的大本營，並不時發出一些與「主流思想」不同的聲音，逐漸形成「李瑞環特色」的參政議政風格。

所謂「李瑞環特色」就是敢於「直言犯上」。江澤民執政期間，李瑞環沒有積極響應「三講」和「三個代表」等主流意識形態，而是在各種場合繼續強調領導人必須保持親民作風，多辦實事，少喊空口號，不擺花架子。李瑞環不僅把全國政協變成了一個「言官」大本營，也樹立了自己在向來沉悶的中共政壇中難得的「黨內反對派」的形象，每年「兩會」上李瑞環的發言是人們的一大看點，人們期待著這個「小木匠」能說出一些與主流聲音不同的話，不僅是因為他有這個資格，更因為他有這個膽量。

在2002年11月中共16大前，輿論一度盛傳李瑞環將繼任中共政治局常委並接任全國人大委員長，組成「胡錦濤、溫家寶、李瑞環」的新一屆領導班子，不過，突然李瑞環宣布和其他元老一起集體退出政治局。在他最後一次主持政協會議時，他的告別演說獲得2000多名委員長達半分鐘的掌聲，不過，這也標誌「中共政協的李瑞環時代」結束了。

16大前 胡錦濤的接班人地位遭攻擊

事隔多年之後，民間有不少關於中共16大前政治風雲變幻的內幕，人們說的大同小異，主題都是李瑞環為了幫助胡錦濤，被江澤民騙了。

當時的七人政治局常委的年齡都比較大，2002 年時江澤民（78 歲）、李鵬（74 歲）、朱鎔基（74 歲）、李瑞環（68 歲）、胡錦濤（60 歲）、尉健行（71 歲）、李嵐清（70 歲）中，除了胡錦濤，李瑞環是最年輕的，按照中共 70 歲高層退休的標準，李瑞環是能夠留下來。

中共官場歷來人走茶涼，誰都不想退下來。當時中共第三代領導班子內吵鬧不停，既有因為經濟改革的不同意見而面紅耳赤，也有因為政治改革的方向而發生的辯論，還有就是個人恩怨在裡面起著錯綜複雜的糾葛。有消息說，江澤民、李鵬對朱鎔基的經濟改革方式有很大意見，但李鵬、胡錦濤就是不表態支持江澤民，而李瑞環和尉健行也常常在投票表決時站在江澤民的對立面，通常情況下只有李嵐清偶爾投票支持江澤民。於是江在很多情況下都很孤立。

比如 1999 年 7 月，江澤民力主鎮壓法輪功，但遭到政治局其他常委的全部反對。為了一逞其妒嫉私心與藉機鞏固地位，江澤民故意叫手下人偽造了所謂「法輪功勾結海外勢力」，以這個莫須有的罪名來強力鎮壓法輪功。

16 大召開前，在江澤民退休後誰來接班這個問題上，中共內部也發生了激烈爭鬥。按道理是遵照鄧小平的安排，讓胡錦濤繼位，為此，早在 1997 年 15 大原人大委員長喬石退休時，就明確提出兩點要求：一是政治局常委以 70 歲劃線，無論職務，超過者必須退休下台；二是對外公布鄧小平提出的中共第四代接班人、也就是江澤民的接班人必須是胡錦濤。

但貪戀權勢、以便其家族更多機會「悶聲發大財」的江澤民，此時卻想不退、或扶持一個自己的親信來取代胡錦濤。據說江澤民看中的接班人是當時61歲的吳邦國和63歲的曾慶紅。對胡錦濤，江澤民從心底裡看不起，也不喜歡。

歷來中共接班人的命運悲慘，從劉少奇、林彪、華國鋒到胡耀邦、趙紫陽、甚至江澤民，他們都得當小媳婦。於是，胡錦濤的策略就是「中庸內斂」，無論江澤民如何打壓，胡錦濤一直保持低調態度，從不正面與江交鋒；胡的想法是，即使不能順利接班，也要順利退休，不能「毀」在江手中。

由於胡錦濤從不與江澤民交鋒，事事避免和江發生正面衝突，以致讓江摸不透胡，對胡更加的不放心。江與胡兩人的脾氣性格可謂截然相反。眾所周知，江喜歡吹、拉、彈、唱，更喜歡在人前賣弄，甚至在國外也丟人現眼地，在西班牙國王面前梳頭髮，在國宴上賣唱《我的太陽》等等，在美國說英文，把孫女說成了奶奶，這樣低劣的水準，江卻時時賣弄，被人恥笑。

相反，胡錦濤是個謹慎內斂之人，與人交往表情並不豐富，有想法從不表露，即使是自己構思的稿件，在公開場合也要照稿念，言行很拘謹，以至於他去美國訪問時，美國媒體驚呼：「Who is Hu ？」

為幫胡錦濤 李瑞環被江澤民騙退

據知情人對《新紀元》表示，當時在胡是否成為江接班人問題上，江再次被孤立。朱鎔基因尊重鄧小平而支持胡接班，李鵬和尉健行對江澤民非常不滿，所以江越不希望胡接班，二人越抬出鄧小平來壓江；李嵐清同樣希望胡錦濤接班；李瑞環是第三代領導班子中與胡錦濤私交最好的，而且雙方政治觀點比較接近，李的意識形態是中間略右，而胡是中間略左，但李瑞環對江澤民的不滿常溢於言表，而胡對江的態度則讓任何常委都搞不清楚，不過李瑞環力挺胡錦濤卻是最賣力的，特別是 1999 年江澤民鎮壓法輪功以後，李瑞環對江澤民的反對態度更是一天比一天強盛。李瑞環非常希望早一天把江澤民趕下台，換上胡錦濤，以便開始新的局面。

於是江澤民利用了李瑞環這個急切願望，花言巧語地勸李說：「我們老人要給新人讓路，最好 15 大班子全部退出，集體退休，這樣有利於小胡打開新局面。」江還說，如果李瑞環不退休，那麼其他常委也很難退休，這樣一來胡錦濤接班就不能現實了。於是雙方達成協議：江澤民一定要全退，胡錦濤一定要接班。為了確保胡錦濤能在 16 大後掌握實權，於是李瑞環公開宣布自己要退休。

2002 年 11 月 14 日，很多中國人都非常高興，因為這一天 16 大閉幕時宣布，上屆六名老常委全部退休，人們如釋重負，胡錦濤終於從江澤民手上接過了印把子。然而誰也沒想到，第二天 16 大一中全會竟宣布江澤民連任軍委主席，這令所有人都大吃一驚。人們在失望之中看到了得意的江澤民身後站著握有軍權的時任中共中央軍委副主席張萬年。原來是江利用張萬年攏絡提拔的那些「醬軍們」奪了胡的軍權。

在 16 大開幕禮上，李瑞環對著電視台直播的鏡頭，臉色十分難看，他所要傳達的信息昭然若揭。隨後他在訪問澳門時的講話，更是公開講明自己主動提出退休，並說：「我不留戀職位。」言外之意，是在影射江澤民的戀權醜態。

李瑞環三次拒絕江澤民

可想而知，被江澤民欺騙了的李瑞環心裡是多麼窩火。香港《前哨》雜誌記者羅冰曾報導，2003 年中共「兩會」之前，李瑞環至少四次反擊江澤民，2003 年 1 月 27 日，政協黨組第四度否決了「三個代表」入憲的提案。

得以連任軍委主席的江澤民，他當時的美夢是，以修改憲法的形式，將他的「三個代表」寫入《中華人民共和國憲法》中。他以為這樣，他的權威就可以像秦始皇的萬世一系那樣萬世永存了。

此前，江澤民已經變相把「三個代表」修改進了黨章。當時江澤民遇到各種反對意見，於是搞出個折衷方案，不提「江澤民三個代表思想」，改稱「第三代領導集體的結晶」，勉強過了關。這次兩會上，江又決定以不修改憲法的前提下，搞「增修」和「列入」的形式塞進《中華人民共和國憲法》中，等到了 2004 年的十屆二次人大上再通過。

不過，李瑞環堅決反對江的美夢。2003 年 1 月 27 日，在九屆政協黨組召開了第 152 次會議上，第四次否決了將三個代表思想增修入國家憲法的議題。表決時，九票反對，三票（王兆國、陳錦華、毛致用）贊成。

最早的一次否決是在 2002 年 2 月底。2002 年 8 月，在北戴河會議之後的政協黨組會議上，李瑞環再次決定不把「三個代表」思想列入和增修到國家憲法中，還提出，補救此事上報人大討論。

江澤民看李瑞環拒絕了他的要求，質問李說，這樣，黨中央的權威（實際上是江澤民本人的權威）怎樣能體現，黨對政協的領導又怎樣能體現？李當即反擊說：國家憲法和共產黨的黨章，在政治上、地位上是有區別的。憲法是國家大法，黨章只是對黨組織、黨員的規範約束。李還說：從共產黨在政治、社會上的地位和實際作用，不能反映、體現出貫徹三個代表。三個代表只是作為共產黨反思、改革的鏡子，作為要對人民、國家的承諾體現出的實際準則。

被拒絕後，江不甘心，一個月後的2002年9月，政協黨組被要求第三次討論此事。曾慶紅到會作了一番三代表入憲的必要性、原則性的說明，但三個半天的討論後，政協還是否決了此事。當時江澤民再次責問李瑞環：「這是政協黨組人多數同志的意見和立場，還是你和葉選平、任建新少數人的意見？」李瑞環當即反擊：「這是黨組按組織原則體現的決議，也是黨組絕大多數同志的立場。」

防遭淘汰16大江澤民提前公布名單

江澤民在說服李瑞環退休、並答應自己也全退之後，開始著手安排16大自己的人馬入常，結果江的頭號親信曾慶紅在「16大」上連跳兩級，順利地自候補中央委員的身分，升至中共中央政治局常務委員，並出任中共中央對台工作小組副組長，主管對台工作業務。組長則按照慣例，由總書記胡錦濤出任。

北京消息表示，由於江澤民要保證曾慶紅、賈慶林等親信可以連跳一級或兩級，順利進入政治局或政治局常委，在16大召開之前，江澤民就決定將16大政治局常委的人事安排通過新華社向外發放，以免「部分」地方黨代表再次出現「誤會」，不投曾、賈等人的票，令他屬意接任中共中央重要職務的這些親信在16大的選舉裡得票過低，把場面搞得很難看。

在一切都安排妥當之後，江澤民才放心前往美國。2002年10月23日，江澤民最後一次訪問美國，收到法輪功的起訴書，指控江澤民犯下酷刑折磨等多種反人類的「群體滅絕罪」。

第二天的24日，新華社提前宣布前重慶市委書記賀國強將任中共中央組織部長，接替曾慶紅的職位，暗示曾慶紅將任政治局常委。此舉是為了避免發生15大時曾慶紅因得票太低，不但進不了政治局，連中央委員都沒選上，最後只擠上了候補中央委員的位子。

這種選前就公布選舉結果的醜聞，恐怕只有江澤民才做得出來。當時李瑞環等人非常氣憤，江澤民離開北京去美國訪問時，歡送和歡迎隊伍裡都沒有李瑞環和李鵬的身影。其實，江回北京的當天上、下午，李瑞環還出席了一個文化活動，但下午就是不出來迎接老江。

公開反江 李瑞環遭江派人馬封殺

由於公開反對江澤民，16大後，李瑞環遭到江派人馬的封殺。他在政協副主席會議上的講話、在政協黨組生活會議上的講話、在出席各民主黨派中央座談會的講話，都被封殺了。中共中央辦公廳每日上下午的《簡報》、《人民日報》的《內參》、中央書記處每日的《動態》，都沒有關於李瑞環講話的報導。11月下旬和12月下旬，原訂李瑞環要出席的外事活動，也都被取消了。

為此，全國政協常務副主席葉選平，帶著政協黨組除王兆國之外的其他成員聯名簽署的意見書及政協副主席聯署的意見書，找到胡錦濤，查問：究竟中央又有什麼重大規則的變化？如有變化，也要有個組織程式，怎麼能對同志、對政協搞突然襲擊性的政治行動？胡錦濤聽了之後，明確地說：規則沒有變，有變化也要通過新的決議。

第四次反對三個代表入憲

在三次被拒絕後，2003 年 1 月 27 日，政協黨組第四度討論、表決是否將三個代表思想列入憲法，賈慶林以新中央政治局常委，擔任政協領導的身分出席了會議。

這個江澤民扶持起來的親信，講了一個多小時，聲稱：如果不把三個代表思想增修到國家憲法中，等同把國家憲法和新黨章對立，等同否定 16 大通過的全面建設社會主義小康社會指導思想和理論的決議，等同否定以江澤民同志為核心第三代領導集體 13 年來舉世公認的業績和發展，把黨內不同意見、看法的爭議擴大化、公開化，演變成無休止的爭論，造成親者痛、仇者快的後果。

此前，在 16 大後的一次新、老二屆政治局委員會議上，江澤民當眾咆哮，一口氣講了七、八個黨內的「不滿和反對」，包括：13 年來，黨內始終有人不滿和反對以江澤民為領導核心；不滿和反對若干政治、經濟上的決策、政策；不滿和反對會議上通過的人事決定；不滿和反對體現黨的強有力的領導地位；不滿和反對三個代表集體結晶的思想……

據說，江在講這些「不滿和反對」時，立即引起李瑞環、尉健行、丁關根、田紀雲等人退出會場。後來由宋平出面勸阻會上出現的對立場面。然而事後官方報導還說：這次會議上，兩代革命家和領導同志暢所欲言，重溫共同工作時的友情和真誠，云云。

把江澤民拉下軍委主席

2003 年 9 月中旬，李瑞環在出席原政治局常委、政治局委員座談會時，要求江應該讓出軍委主席的位置。據《新紀元》報導，此前 2002 年 9 月張萬年以發動軍事政變的方式，逼迫胡錦濤同意江澤民連任軍委主席。

李瑞環說：「江澤民同志留任軍委主席，屬於協助一程、觀察（國際形勢）一程、新領導駕馭全域一程。目前新領導層實踐立黨為公，執政為民，已經有了嶄新局面，受到全黨、全軍、全國廣泛的擁戴，國際社會的好評。胡錦濤同志、溫家寶同志都顯示了能駕馭全域，克服政治、經濟和突發事件的卓越的領導才智和膽略，比我們這一代強。他們的思想包袱要少、要輕，這也是新一代的優越之處。今天是江澤民同志考慮黨內、社會上的意見，該退下的適當時候了。」

李瑞環還指責曾慶紅、賈慶林、李長春等在塑造江澤民是鄧小平式的傳奇政治領袖。

上屆中央軍委副主席遲浩田、中央軍委委員王瑞林，在座談會上也提出：江澤民已完成歷史重任，是全面退下的時候。

2004年9月，在16屆四中全會前，江澤民被迫辭去軍委主席，2005 年 3 月，人大接受江的辭職，3 月 13 日，胡錦濤就任中央軍委主席。不過，江利用其扶持起來的上海幫在幕後的操控卻一直持續著。

李瑞環的言論集錦

李瑞環雖然沒有正規文憑，但他喜歡讀書學習，特別喜歡哲學，探索人生的終極問題，比如「我是誰？我從哪裡來？要到哪裡去？」等。

2000 年 11 月在與香港各界知名人士見面時，李瑞環講了這樣一個故事：「漢朝時，京城田氏三兄弟一直和睦相處。其家中有棵紫荊樹，長得花繁葉茂。但後來他們鬧彆扭，要分家，紫荊一夜之間就枯萎了。兄弟三人大為震驚，均受感動，不再分家，紫荊花又盛開如初。晉代陸機作詩說：『三荊歡同株，四鳥悲異林。』唐代李白感慨道：『田氏倉卒骨肉分，青天白日摧紫荊。』上面講的紫荊花，和作為香港特區標誌的紫荊花是不是一個品種，我沒有考證。上面講的故事，是體現『天人感應』思想的一個傳說，故事所表達的道理的確發人深思。」

他話鋒一轉，點破主題，「我們這個五千年文明古國，之所以歷經磨難而綿延不衰，屢處逆境而昂揚奮起，就是因為有許多這樣博大深邃的思想，有一種內在的強大凝聚力。當今中國要發展、要振興，必須繼續弘揚中華民族的優良傳統，特別要倡導和合，強調團結。我看香港也是如此，最最重要的是加強團結，惟團結才能發展繁榮。」

一次在全國政協開會時，李瑞環對《紅旗》雜誌副總編蘇星說：「你們那個《求是》的名字還是我起的呢！ 1988 年 3 月上旬開人大常委會，胡啟立坐在我身邊，拿著一個寫了一大堆刊名的單子在那裡琢磨。他說《紅旗》停刊了，新刊還沒有一個好名字。我想了一下，就在那單子上寫了兩個字：求是。」

學哲學用哲學

2005 年 9 月，李瑞環出版新書《學哲學用哲學》，他說：「我這一生最感興趣的一門學問是哲學，下功夫最多的是哲學，對我幫助最大的也是哲學。」

書中坦承，「六四」事件中共在相當多問題上的確「脫離群眾」，他批評統戰工作上不少幹部「不尊重黨外人士」，他也表示，在宗教問題上，無神論者和宗教自由並非勢不兩立。凡此觀點，都與當時的中共當權派大不相同。

他還強調，不「改革制度，共產黨必垮」，他說，社會上、黨內，當前最集中的意見是，黨內腐敗、社會貧富二極分化、民主和法治進程，其實這也是當前最突出的矛盾、社會最嚴峻的危機，不從體制上著手解決，不從共產黨自身上改革，再五年，更長些十年，共產黨必然自垮，國家必然會大亂。

2003 年 1 月，李瑞環以一個普通共產黨員的身分，致信給中共中央委員會暨總書記，題為《以法治國、政治改革是國家的光輝道路，是人民的意志》，全文有 1 萬 5000 字，在黨內高層，在人大、政協高層，廣為流傳、議論。

但曾慶紅掌控的中央書記處在內部放風稱：李瑞環把他的個人意見和看法，在黨內外公開，在時間上、組織上，都是不合適的，在不同程度上損害了黨的團結的形象和黨的工作。

2006 年 1 月，大陸媒體報導說，李瑞環 10 年間拿出個人資產人民幣 53.3 萬元，以化名資助了 148 名貧困大學生。2006 年，李瑞環又捐出一筆稿費，委託天津市教委三年內每年再資助 100 名貧困大學生。報導還稱李瑞環已立下遺囑，稱他逝世後遺產統統變現資助天津貧困學生。

有分析指出，李瑞環此舉對曾被批評「在助學貸款上沒有動作」的江澤民愛將、天津市長戴相龍來說，是一記當頭棒喝。同時，李瑞環被稱是唯一一個熱心慈善的中共高官。

18 大前哨戰 喬石、李瑞環打響

2009 年，雖然胡錦濤已經執政多年，由於江澤民勢力仍然還有不少殘餘，江還提出人選名單，企圖繼續掌握 18 大主要人事權。當時胡溫曾徵求老領導們的意見，朱鎔基明確表示「屁都不放一個」！李鵬因擔心新任領導人平反「六四」而對他進行政治清算，比較偏向江澤民繼續掌握人事話語權，因為他認為，畢竟江和他是一條船上的。

而此時兩位平時不愛管事的人卻在關鍵時刻站出來說話了。一個是前人大委員長喬石，一個是政協主席李瑞環。由於喬石的能力、資歷、人緣等，各方面都比江澤民強，鄧小平一度想以喬石取代江澤民，於是江澤民一直對喬石非常嫉恨，民間一直也流傳一個說法：「江落石出」。只有江澤民敗落的時候，喬石才有出頭之日。李瑞環則常常公開與江澤民鬥爭，而且經常能「贏」，於是李瑞環被稱為「江澤民的剋星」。

據中辦一位局長透露，早在 2008 年奧運會期間，這兩名領導人就質疑現任黨中央：是誰決定讓江澤民參加奧運會開幕式的？江澤民是以什麼身分參加的？如果是代表上一代領導，為什麼不經過他們的同意？

中辦主任後來親自登門解釋，現任領導沒有決定讓江澤民參加，但江澤民祕書多次致電中央，要求能讓江澤民參加。在中央沒有給明確答覆而奧運會日益迫近的情況下，江澤民更是親自寫信，要求以「一個普通公民的身分」去現場感受奧運開幕氣氛，他甚至在信的末尾寫上：我需要一張票。這種口氣逼迫胡溫不得不讓江澤民參加。

喬石和李瑞環還發現，江澤民在其他事情上，也故意要求更高待遇，比如，江澤民以自己身體不適合坐飛機為由，要求按照毛澤東專列的樣子為他建兩節專列車廂。不過 2009 年經多個中共退休領導反映，要求對江澤民調用專機實行控制，同時要求停建為他專門建造的專列。

北戴河會議前 李瑞環給胡錦濤支招

2012年新年過後不久，李瑞環與胡錦濤聚會，作了一番長談。由於十年前李瑞環的「犧牲」，逼退江，胡才能上台，於是，胡視李為「恩人」，很注意傾聽他的建議。那時王立軍還沒有出事，但江澤民的身體已經不行了，基本成了個植物人，但江派人馬在周永康、曾慶紅、薄熙來的操縱下，還很有威懾力。

李瑞環對胡錦濤說，與其公開同江派正面衝突爭權，不如幹幾件實事爭取民心。事情幹成了，民意威望便都急劇上升，無須爭奪便壓過了江，對 18 大的籌備工作自然擁有了話語權。

《前哨》報導了李瑞環說的一件「實事」是平反「六四」。

李認為，平反「六四」是一張好牌，關鍵看如何打。李特別說了句意味深長的話：「誰都想拿到好牌，但不是每個人都能有機會，如今好牌到你手裡了，你不要就只能打給下一家了。」他認為，平反「六四」是一件阻力最小、收效最大的舉措，影響所及不但國內，而且還會涉及國際。

據悉，李瑞環建議胡錦濤平反「六四」並非一時心血來潮的。早在 2003 年 3 月初，即將退休的李瑞環以全國政協主席身分最後一次到廣東視察，在一個非正式場合，以出人意料的坦率談到了「六四」事件。他坦承，中共在「六四」事件上犯了錯誤；他再次肯定了大部分學生的愛國熱情。

李表示，解放軍在天安門開槍肯定不對：「沒有處理的經驗，但我們開槍了，我們錯了，確實是錯了。」政府「將從中吸取經驗教訓，不會再犯同樣的錯誤。」他的這番話被媒體披露後，曾被海外廣為讚揚。

不過，2012 年新年當李瑞環給胡錦濤 18 大「支招」時，胡表達了對平反「六四」可能引發後果的擔憂。胡思前想後，最終還是沒有採納李瑞環的建議，未利用「六四」事件 23 周年紀念日的機會宣布平反「六四」。不過，也有消息說中共總理溫家寶在政治局會議上曾經三次提議討論平反「六四」的問題，而反對者主要是江系周永康、曾慶紅，非胡錦濤。

有分析說，目前盛傳胡溫將留下來監黨，也許拖一年也還是胡溫來處理「六四」，而沒有把好牌留給下家。據說王滬寧提出恢復中央顧問委員會的形式，讓胡溫分別擔任中顧委的負責人，這樣能幫助新班子開展工作。

朱鎔基親口說「李瑞環也煉法輪功」

不過，據北京高層人士對《新紀元》透露，李瑞環給胡錦濤的建議，除了平反「六四」，還有平反法輪功。

2012 年 5 月，一份蓋有 300 個村民手印的請願信，被中紀委上報給中央政治局常委。這是河北省泊頭市富鎮周官屯村 300 戶村民寫的請願信，要求釋放一位因修煉法輪功而被政法委非法關押的鄉村教師王曉東（詳情請見《新紀元》周刊 278 期特別報導）。這封信在中南海引起激烈反響，他們把這個信的重要性，類比成 30 多年前引發中國農村改革的小崗村民的手印上書。

這位知情人說，針對支持法輪功的村民 300 手印，不光中共現任高層進行了討論，習近平、李克強還分別徵求了朱鎔基的意見。朱鎔基表示，「處理 4．25 事件是一個敗筆。李瑞環他也煉法輪功，他就是非常明確的支持法輪功。」

據說，李瑞環的一個兒子長了一個瘤在腦子裡，怎麼治也治不好，後來煉法輪功煉好了，於是李瑞環也修煉法輪功了。江澤民鎮壓法輪功後，所有的常委都被迫表態，包括朱鎔基在內，都是按照江澤民的那個口徑講話，只有李瑞環是一個例外。

李瑞環在政協主席位置上退下來之前，曾經做過三次政協報告，但沒有一次提到法輪功，那時中共把鎮壓法輪功當成頭號政治任務，每個報告裡都有鎮壓法輪功的表態，但李瑞環從來都沒有表態批判過法輪功，相反，他和喬石一樣，公開反對江澤民對法輪功的鎮壓政策。其實，在中共高層和其家屬，很多人對法輪功都有非常正面的認識，很多人還修煉過法輪功，包括江澤民的妻子和孫子。

李瑞環退休後，據說唯一愛好就是喜歡看戲劇。有知情人士給《新紀元》透露，李瑞環很喜歡看一張叫「神韻」的光盤，也就是美國神韻藝術團在海外一流劇院上演的第一流的舞台演出現場的光盤錄像。

據明慧網報導，目前神韻光盤在中國大陸流傳甚廣，中共高層幾乎人人都看過了，在民眾中也引起了巨大的震撼。目前在大陸近一億法輪功學員和正義民眾的廣泛製作和傳播下，神韻光碟被稱為「中國第一流行碟」，幾乎大部分中國家庭都能收到免費的神韻晚會光碟。神韻將幾乎被破壞殆盡的中華純正傳統文化再現出來，令人看後百感交集，震憾、感佩、讚譽、激動、愧疚等等各種情感都有。

由於神韻光碟影響力太大，中共已經失去對中華文化解釋的話語權，恐懼政權崩潰，中共將法輪功學員向民眾免費贈送神韻晚會光碟的舉動定為「刑事案件」，動用大批警力跟蹤、抓捕、抄家，甚至用酷刑逼供、羅織罪名起訴判刑長期監禁。震驚中南海的「河北300手印案」的主角王曉東，就是因警察在王曉東家中抄到製作神韻光盤的光盤盒，而被逮捕的。

李瑞環留給胡錦濤的教訓

「有權不用，過期作廢」，這話是老百姓諷刺中共貪官污吏的，有權在手，才能貪污腐化，一朝失去權力，便貪不成了，不過也有人用在清官身上。

漢朝的京兆尹（首都市長）張敞，上任後雷厲風行，用權懲治豪強惡霸。當他被免職尚未離任時，又捉到一個惡霸。過堂時這個惡霸嘲笑張敞：「五日京兆耳！」（你幹不了幾天就下台了，還逞什麼威風？）不料張敞當堂立即處死這名惡霸，百姓稱這是善於珍惜手中權力的典範。

只不過在共產黨的執政歷史中，掌權者運用手中的權力做好事的太少了，《爭鳴》評論說，「李瑞環手中有權時不用，下台了，幹勁也出來了，有什麼用呢？不但李瑞環如此，以前萬里和喬石也是這樣，有權的時候不用，過期作廢之後，勁頭也來了，常常仗義執言。但手裡已經沒有令箭，光用嘴說說，有多大用呢？」

「當然，說說總比不說強，仗義執言總比助紂為虐強。但是如果當初不是逆來順受，而是當仁不讓，毫不猶豫地運用手中的權力，真正以人民的利益為重，對鄧小平、江澤民等獨裁者的倒行逆施據理力爭，投票反對，中國的事情不致於弄成今天這種局面。」

第二節

法輪功 4・25 歷史真相

談到天津，談到法輪功，就不得不談一談那個震驚世界的「4・25」萬人大上訪。

1999 年 4 月 25 日，在中國北京國務院信訪局來了上萬名法輪功學員上訪，史稱「4・25」北京萬人大上訪，由於國務院信訪局就在中南海附近，上萬的法輪功學員秩序井然的上訪方式發生在中共中樞要地中南海附近，一般人便稱之為中南海事件。也有人簡稱為「4・25 事件」。

上京僅要求合法煉功 上訪學員只占萬分之一

在 1999 年 4 月 25 日之前的一段時間內，法輪功學員在中國公園煉功屢受中共地方公安的騷擾，並且多次受到官方控制的電視、報刊、雜誌不實報導，天津公安打人、抓人、與當地政府部門又講不通的情況下，法輪功學員懷著對中央政府的信任，到北京中南海牆外的信訪辦公室集體上訪，要求天津公安釋放當時因在天津上訪而被抓的四十餘名法輪功學員，要求允許出版法輪功書籍以及給廣大法輪功群眾一個合法寬鬆的煉功環境。

中國憲法規定民眾有上訪的自由。中共官方保守估計當年參加上訪的法輪功學員人數超過一萬名。因為修煉者眾，這個人數只占當時全國法輪功學員人數的萬分之一。

有人說「4·25」法輪功上訪的學員太多了，中共官方報導是上萬人，實際人數可能更多。多與少是相比較而言的。當時全國的法輪功學員上億，北京的法輪功學員就有幾十萬，人人都想為法輪功講句公道話，相比之下去的人並不多。

依照中國憲法賦予公民的上訪權，人在受到不公正待遇時應該有說話的權利，否則就是在默許錯誤的蔓延，阻止正義的伸張。上訪不光是維護法輪功學員自身的權利，也是維護憲法的尊嚴、呵護公民權利。

「圍聚中南海」情勢實為公安誘導調度所致

1999 年 4 月 11 日，何祚庥在天津發表文章誣衊法輪功「亡黨亡國」，天津法輪功學員去編輯部反映情況後，4 月 23、24 日被警察暴力毆打，45 人被抓。天津公安還故意放話說：「這是中央的決定，要想放人，得到北京去反映情況，只有上面點頭才能解決這問題。」於是為了營救被抓的天津功友，發生 4 月 25 日的法輪功學員集體上訪。

4 月 25 日當天，法輪功學員首先到達的地點是信訪辦，當時他們本來都自發地去信訪局上訪，但是在中共警察的有意引領下，要求法輪功學員從中南海正門沿兩邊匯集成一圈。法輪功學員當時並未察覺事有蹊蹺，始終努力配合警察的調度指揮。而最終圍聚中南海的情勢實為中共公安部門誘導調度所致。

中共媒體聲稱法輪功「包圍」中南海，其實完全是一種構陷。

而且在「4・25」當日，當發現法輪功學員和平理性，挑不起事端後，天津抓捕法輪功學員事件的始作俑者、參與構陷法輪功陰謀的何祚庥和司馬南，公開現身在北京中南海的門口長達 20 多分鐘，目的很明顯，因為他們是天津事件的始作俑者，那麼如果法輪功學員稍微有一點衝動的話，就會為當時抓捕法輪功製造一種藉口，但當時法輪功學員以和平、理性、善良的方式化解了中共的陰謀。

當時的中共國務院總理朱鎔基當天和上訪的民眾臨時推選出的代表會談，並做出了妥善處理，法輪功學員當晚和平散去。「4・25 上訪」的和平解決，受到國際社會的稱讚。

中共一直在找鎮壓的藉口

法輪功自 1992 年公開傳出後，以其顯著的祛病健身與道德提升效果受到民眾的普遍歡迎，修煉者人數每天都在大量增加，一直想「管天、管地、管人思想」的中共，為了控制群眾，早在 1996 年就指使其喉舌開始了一系列不實的批判與詆毀，試圖阻礙法輪功的發展。因為中共執政合法性的缺失，使它對一切群體活動都抱著本能的恐懼。

1996 年 6 月在知識分子中發行最廣的《光明日報》，以反

《偽科學》為題誣衊法輪功，當時法輪功在知識分子中大受歡迎；1996 年 7 月，中共新聞出版署不顧法輪功書籍名列全國暢銷書排行榜前列的事實，以「掃黃打非」的名義全面禁止法輪功書籍的出版發行。很多民眾不解的問：法輪功教導人「真善忍」做好人，這怎麼可能是黃色色情書籍呢？

1997 年初，羅干指使公安部派出特工學煉法輪功，企圖為定性法輪功為「邪教」收集證據，可是任何證據都沒得到；1998 年 5 月羅干的連襟何祚庥在北京電視台誣衊法輪功有害於人，但電視台在了解真相後，從新製作了節目予以變相更正；1999 年初公安部派出大量便衣警察，對法輪功煉功點進行監控和暴力騷擾，企圖挑起事端以嫁禍法輪功，然而這些企圖都被法輪功學員以善行化解了，中共一直找不到鎮壓的藉口。

「4．25」拉開人類正邪較量的大幕

中共打壓法輪功是其邪惡本性所致，沒有中南海「4．25」和平請願，照樣打壓，只是過程和方式有所不同而已。中共一直蓄意製造事端以構陷法輪功。

「4．25」事件拉開了歷史上古今中外正邪較量的一幕，讓人們見證法輪功修煉真、善、忍的風範，開創了正法修煉的正行、正念力量的舞台，也給社會提供如何識別正與邪，善與惡，好與壞。

從 1999 年「4．25」開始，到 1999 年「7．20」中共迫害法輪功到 2004 年 11 月，法輪功學員一直在給中共機會，希望中共能夠改過，能夠糾正所犯下的歷史大罪，但是中共聽不進去，到

2004 年 11 月《九評共產黨》出來以後，法輪功學員做的事情就進入了新的階段，承天意、順民心，全面揭露中共邪黨的惡行。廣泛救度被中共邪黨迷惑和打下獸印的人，解體中共。從此以後，法輪功學員不再向中共提出任何要求，不再對中共抱任何幻想。

1999 年「4・25」法輪功學員中南海和平請願，以其大善大忍的精神風範震撼了世界，也從此拉開了天地間正邪較量的序幕。

16 年過去了，以「假惡鬥」為根本的中共邪黨在瘋狂叫囂要「三天」、「三個月」、「三年滅掉法輪功」的癡人夢語中，一天天消弱下去，正在走向徹底的崩潰和解體；而法輪大法及其「真、善、忍」的修煉者們，在年復一年、日復一日的講清真相、救度眾生、揭露邪惡、解體中共、制止迫害的過程中，走出中國，走向世界，洪傳全球，正在走向最後的輝煌。

第三節

我們所親歷的「4・25」

中共原預謀「4・25」當晚12點若未離開即展開武力鎮壓，是法輪功學員的理性平和，粉碎了中共預謀。圖為1999年4月25日晚間武警出動的緊張情勢。（AFP）

「4・25」中南海事件至今已16年，儘管中共仍在掩蓋真相，但透過部分當事人的回憶，是非正邪清晰可辨，法輪功學員大善、大忍的情操歷歷在目。

1999年4月25日，一夜間上萬法輪功學員靜靜的出現在北京中南海附近，這被史學家稱為「4・25中南海事件」至今已整整16年，但中共官方依然掩蓋真相。《新紀元》採訪了部分當事人，希望從不同角度再現當時的盛況。

冒死傳遞天津抓人打人的信息

目前旅居韓國的法輪功學員李慧當時在天津市工作。4月19日在煉功點聽功友說，天津教育學院出版的《青少年科技博覽》雜誌上，刊登了一篇中共政法委書記羅干的親戚、被科學院同事稱為「政治專家」的科痞何祚庥寫的一篇文章，稱學煉法輪功會「亡黨亡國」。

李慧回憶道：「面對這不實報導，當天上午我就去了天津教育學院，我只想跟編輯反映我自己修煉法輪功的真實情況。路上遇到一位母親帶著孩子，孩子得了白血病，醫生說他活不了了，但煉法輪功後奇蹟般地好了，而且成績也名列前茅。這位母親以前病得連路都走不動，現在一身輕。她說法輪功給了她們第二次生命，怎麼能顛倒黑白說法輪功不好呢？

於是大家都想去報社反映情況。編輯們聽了都很感動，表示第二天更正。可是第二天他們突然說，上面有指示，不能更正。23 日下午報社來了幾車警察，傍晚時就開始暴力驅散。他們真是大打出手啊，有的學員頭被打破了，牙被打掉了，非常慘。那些武警一看就是經過特別訓練的，專門打人的要害部位。很多人被打傷，還有 45 名學員被抓。我們到市政府要求放人，結果警察說，這事歸中央管，要上訪，得到北京的國家信訪局。於是就有了後來的『4．25 中南海萬人大上訪』。

有件事我看這些年都沒有報導。事件一開始，天津法輪功學員中的教功輔導員就被抓了。有的正在上班就被抓走了，有的在家被抓走的，結果我們和北京完全失去聯繫了。當時他們嚴密封鎖消息，開往北京的車輛都要嚴格檢查，那時網路不像現在這麼發達，當時中共的宣傳是，天津市沒抓人也沒打人，是法輪功學員鬧事，包圍中南海。

於是我決定把天津的真實消息傳出去。28 日那天我起得很早搭計程車到了火車站，沒想到火車站廣播上在喊我的名字，說廣播室有人找我，讓我趕快去，廣播一遍一遍地喊，我意識到可能是特務盯上我了，我逕直上了火車。

火車到了北京站，那麼多節車廂但只允許從一個車門下，很多警察盯著每個下車的人。我當時想，一定要把消息傳出去，我一定要安全下車。說來也很神奇，我就在警察眼皮底下走過來了，還順利來到北京站一個輔導員家裡。

可是他也被監控了，而且他沒有電腦無法上網。情急之下，我決定和另一個法輪功學員汪春曉一起南下廣州，最後從廣州輔導站把天津抓人打人的消息傳到了海外，也傳到了全國各地。

事後我回到北京才知道，北京的法輪功學員教功輔導員也被監控封鎖了，他們根本不知道天津究竟發生了什麼，更不可能號召各地學員到北京上訪。據說朱鎔基總理要找法輪功代表談話時，都找不到負責人，最後是從他們家裡把負責人找去的，『4·25』上訪完全是學員自願的行為，沒有組織。」

「7·20」時李慧再次去北京上訪，被判一年勞教，由於不放棄修煉，她又被延期關押了一年，而一同跟她到廣州傳遞信息的汪春曉，30多歲就被迫害致死，他可是同事家人公認的大好人。

理性平和 中共當晚鎮壓預謀落空

現居美國的法輪功學員吳伽理（Gary Wu）、周琳娜（Lina Zhou）夫婦當年親身參加了「4·25」大上訪。

周琳娜回憶，天津警察毆打抓捕了上訪的法輪功學員之後說，這件事公安部已經插手，天津沒權做主解決，要學員到北京中央上訪。「那時法輪功學員對中共當局還存有幻想，希望他們能公正處理，於是從4月24日夜裡開始，許多法輪功學員就前往國務院信訪局上訪。」周琳娜說：「當時北京的法輪功學員有幾十萬，聽到消息的學員自發去上訪，很快就去了許多人。」

她在早晨5點多鐘到達北京信訪辦所在地府右街，那裡已聚集了許多法輪功學員，警察也很多，警察還說：「早就知道你們會來。」警察把學員引領到中南海正門兩側的府右街和文津街，沿著圍牆站立，形成事後中共藉口鎮壓的所謂「圍攻中南海」之勢。

她說，當時法輪功學員雖然人數眾多，但秩序井然。有幾位學員代表進到中南海的中共政府信訪辦對話，外邊的學員都安靜地等著消息。大家都是站在人行道上，連只有幾十公分寬的供盲人行走的道路都讓了出來。多數學員站著，有少數人坐在地上，或煉功或看書，連互相交談的人都很少，場面非常安靜祥和。隔一段時間就會有學員出來，拿著塑膠袋收集垃圾，連警察丟在地上的煙頭都收拾乾淨。從早晨到中午，交通一直很通暢。下午，警察把路封了，交通才受到影響。

她還記得，當天下午何祚庥出現在府右街的西華門，站在門口等了大約半個小時才進去。「當時周圍都是法輪功學員，如果像中共誣陷的是來『圍攻』的，何祚庥這個挑起事端的元凶還能毫髮無損的離開嗎？」

她說，整個白天，警察雖然多，三步一崗五步一哨的，但看上去還比較輕鬆，還和學員談話。但到了傍晚，換了一批人，可能都是武警，情緒明顯不同了，他們都顯得很緊張，態度也不好。

大約晚上9點，學員代表出來了，告訴大家事情基本解決，天津學員已經放出來了。站了一整天的學員收拾乾淨地面開始撤退。

周琳娜家住得比較遠，她叫了一輛計程車，大約在 10 點 10 分到家。打開房門，室內電話鈴聲大作，她拿起電話，一位朋友焦急地告訴她：「中共準備武力鎮壓，如果到半夜 12 點法輪功學員還沒離開，就會發生第二次『六四』事件了。」周琳娜相信，中共當晚已經準備好武力鎮壓，是法輪功學員的理性平和，粉碎了中共企圖動用武力製造流血事件的預謀。

北京一個學法小組的故事

2003 年 4 月 25 日明慧網上有這樣一篇回憶文章，講述了他們學法小組的故事。當時在中國大陸，法輪功學員喜歡集體學法，大家傍晚沒事時聚集在一起，共同學習法輪功書籍，並溝通信息。

「我們學法小組一共八個人：曹阿姨夫婦、陳阿姨夫婦、曲大夫、小胡、小瑞和我。4 月 24 日是周六，晚上我們在曹阿姨家聽到天津學員被抓的事，當時大家一致決定明天一早去信訪辦上訪。第二天早上 5 點多，我趕到曹阿姨家，一看只到了六個人，原來曲大夫被丈夫鎖在家裡出不來，小胡也因故不能去了。於是我們六人在早上 7 點之前趕到了府右街。當時我們站在中南海西門 500 多米遠的地方。在這裡我看到了我們煉功點上的很多同修。這時我發現身邊有許多坐在地上的同修，頭伏在膝蓋上在睡覺，便小聲嘀咕道：『怎麼剛來就睡覺呀！』身邊的曹阿姨小聲對我說：『我剛聽說這是從河北趕來的功友，他們昨天夜裡 2 點多就到這裡了，所以現在很疲倦。』我恍然大悟。

後來人越聚越多，整個人行道都站滿了上訪的學員。中午突然從前面傳來聲音：『大家往下傳，現在總理已經接見學員，有沒有學法律的，趕快去西門。』就這樣，學員們一個接一個的傳遞著信息。

『下午發生的事讓我記憶猶新。為了保持隊伍的整齊，比較年輕的學員都站在了最前排，讓外地和年紀大的學員輪流坐在後面休息。』

傍晚，年輕的學員拉起手，組成了一道人牆，值勤的警察卻輕鬆地抽著煙，有的還跟學員聊天。這時，陳阿姨的女兒找到了我們。一見到爸媽她就哭了起來，說：『你們快回去吧，聽說晚上就要清場，像六四那樣。』

陳阿姨安慰她說：『沒事，你先回去吧，等問題有了結果，我們馬上就回家。』晚上 9 點多，前面傳來了好消息：『往下傳，問題已圓滿解決，請大家馬上離開。』大家整理好東西，然後倆倆相繼離開。」

一個局外人的見證

2002 年 4 月 25 日的明慧網上還登了一篇一個不修煉人所見的「4・25」，《心靈的震撼是任何謊言欺騙不了的——巧遇「4・25」見證者》，文章作者在賓西法尼亞的中國城介紹法輪功真相時，遇到一位親眼見證「4・25」的賓大退休老師。

老人回憶說：「那時我在北大醫院做治療，透過窗戶，一排一排的人整整齊齊的，前面一排站著，後面的坐著。問周圍的人沒人知道怎麼回事。我走下樓到了街上一個小冷飲店，問店主今天生意如何？他說：『今天生意可好了，那些人真文明，連冰棍棒都從地上撿起來，地上保持得乾乾淨淨的，從未見過這麼高素質的人。』我一看，人群中老年婦女居多，都很有涵養，這真不是一般的人，社會上從沒見過紀律這麼好的一群人。素質真高，素質真高。」

「我的心叫我來的」

一位外地的法輪功學員在回憶「4・25」經歷時，寫下來讓他感動的幾個場景。在一個胡同路口，一個中年婦女帶著年幼的孩子蹲在馬路旁，便衣警察過去問她：「誰叫妳來的？」她回答：「我的心叫我來的。」聽了她發自內心深處而又智慧的回答，我當即熱淚盈眶，我想她簡短的回答道出了所有的法輪功學員的心聲。

下午，京郊各縣的官員奉命趕到現場，一個自稱是延慶縣縣長的人詢問一個女農民：「你們放著地不種來這裡幹什麼？」女農民答：「我們修煉了法輪功，身體好了，莊稼長得也好，我們要把這些告訴中央領導。」準確又樸實的語言再一次深深感動了我。

當晚9點鐘左右得知上訪問題得到了圓滿的解決，大家將垃圾清理乾淨後就平和迅速的離開了。但是外地的學員多是由當地政府組織車輛接走的，所有參與進京上訪的學員被記錄在案，成為秋後算帳的依據。

「法輪功改變中國的民族性」

「4・25」當天，一位荷蘭記者在現場採訪了法輪功學員，這位西人記者描述法輪功學員：「這是一支品德高尚的隊伍，他們把《轉法輪》稱為藍色經書，他們有神的紀律，走後地上沒有留下任何髒東西。當時維持秩序的警察對周圍的人說，你們看看，這就是德！」

一位美國華人學者評價參與「4・25」的法輪功學員：「他們這麼的單純！而且呢，變得真是對這個國家充滿了希望！……中國這個民族是不當順民就當暴民的民族。在中國歷史上沒有和平解決問題的。而這一天證明了，中國人是願意走非暴力的道路的。事實上法輪功已改變了中國的民族性……」

大道無形 無需組織

張女士 1994 年開始修煉法輪功，她在 2009 年馬來西亞法輪功集會上發言談到「4・25」給她印象最深的是：「那種大法的威力啊，大法對人內心的改變。我們後來撤離的時候，就一句話，那麼多人，一瞬間就散開了，真的不誇張，就一瞬間，街道也乾乾淨淨，就好像什麼都沒發生過一樣，當時周圍的警察都佩服得五體投地。其實法輪功根本不需要組織，就是那種大道無形，從無中來，又回到無中去的感覺。大家都想為法輪功說句公道話，要釋放我們的同修，就來上訪了。過後說問題解決了，那我們就都回去了，其實就這麼簡單。」

放棄善惡原則 社會失去希望

4 月 25 日在倫敦的法輪功集會上，來自北京的周鳳玲在介紹完現場情景後說到：「晚上9點多，有消息說問題都解決了，於是大家很快散去。回到家，我丈夫生氣地告訴我：妳知道你們這麼做多危險嗎？當警察的老李專門到我們家說不要讓妳去。武警早就準備好了，你們晚上12點再不撤離，他們就要抓人了，北海公園已備好了車，醫院也騰出了地方。」

「哪怕後來的『7・20』，我們也要去上訪。我們不懂政治，也不參與政治，但我們懂得善惡是非。忍不是苟且，忍中還要有善、有真。善良也不是懦弱，寬容也不是對行惡的縱容。一個社會道德崩潰的開始，正是從每個社會成員放棄善惡原則開始的。如果人人都認同強權就是真理，或者把現實利益當作行為準則，那這個社會就失去了希望，最終受害的是每一個人。」

第四節

從天津到天津
核心引爆點的呼應

很多關心中國人權的西方人記住「天津」這一地名，是在1999年的4月25日萬名法輪功學員到北京上訪，事件起因是天津當局非法抓捕了40多位法輪功學員。沒想到16年後西方人再次記住天津這個地名，是因為一場驚天動地、歷史性的大爆炸。

從抓法輪功到發生大爆炸，這好像是不相干的兩件事，其實他們有很深的因果關係。

法輪功是按照「真善忍」修煉的佛家功法，時時處處講求修心性，做好人。1998年國家體委對法輪功祛病健身、提高人民身體素質給予了高度評價，當時中共人大常委會進行的調查結果顯示，法輪功對國家、社會、個人都是「有百利而無一害」。

1999年4月天津對法輪功的非法抓捕，促使了江澤民不顧其他中共常委的反對，在嫉妒心和權欲的指使下，於1999年7月對上億善良民眾舉起了屠刀。

有人說法輪功是中共官員道德底線的標誌和分水嶺，大凡良知未泯的中共官員一般都不願積極參與鎮壓法輪功，他們大多消極抵制，但如像羅干、薄熙來、周永康、徐才厚之流，為了金錢權力不惜違背做人的最基本底線，他們跟隨江澤民犯下了活摘數百萬法輪功學員器官的千古罪行，令神人共憤。

道德底線破了之後，人會無惡不作。大凡江派血債幫，都是極度的貪腐、淫亂、瘋狂。這次天津大爆炸，炸出的貪官，比如張高麗、武長順、董培軍、楊棟樑等人，無一不是這樣貪圖享樂、從不考慮民眾安全問題的狂徒。

為了避免被清算，從 2005 年開始，江澤民不惜多次暗殺胡錦濤以及繼任的習近平，令雙方反目成仇。18 大以後，習近平反腐，主要針對還不收手的貪官，他們大多是江派血債幫成員。於是，對待法輪功的態度無形無意中成了打虎的分水嶺，目前落馬的上百個省部級高官，絕大多數都是積極鎮壓法輪功的惡人。

這次天津大火爆炸案，與 2014 年的昆明血案很類似，都是江派想藉「報復社會」製造災難來掀起對當權者的不滿，從而伺機取而代之，或者是用恐怖分子的恐嚇來討價還價。

這次江派明確提出要習阻止法輪功群眾對江澤民的控告起訴大潮，也有人勸習李王走「和解」之路。

當一個暴徒還在殺人、還在搞鎮壓時，他哪有資格談和解呢？然而毒蛇改不了有毒的天性，「慶父不死，魯難未已」，不除掉江澤民這個大奸大惡之徒，哪有和解可言？其手下受欺騙利誘而跟隨幹壞事的人，倒是還有機會放下屠刀。

人心生一念，天地盡皆知。天津大爆炸再度把法輪功問題擺在每個人面前，看清時局，才能有未來。

第十二章

特殊「副組長」李東生被公訴

就在天津大爆炸仍是疑點重重的情況下，中共公安部原副部長、「610 辦公室」副組長李東生被通報在天津「公訴」，為何選在天津呢？其實就是因為內在有一條法輪功的主線。李東生是江派在輿論上誣陷法輪功的急先鋒。

在中共江澤民集團抹黑法輪功的輿論造勢中，李東生（左）曾負責主管的央視《焦點訪談》造假節目始終站在最前沿。（大紀元合成圖）

第一節

李東生被公訴
其「殺人不見血」恐曝光

2015 年 8 月 21 日，大陸官媒轉載「最高檢網站」的消息稱，中共公安部原副部長李東生涉嫌受賄一案，由最高檢察院偵查終結後移送天津市檢察院第二分院審查起訴。近日，天津市檢察院第二分院已向天津市第二中級法院提起公訴。

天津市檢察院第二分院起訴書指控：被告人李東生利用其擔任中央電視台副台長，公安部黨委副書記、副部長，中央政法委員會委員等職務上的便利，為他人謀取利益，利用其職權和地位形成的便利條件，為他人謀取不正當利益，索取、非法收受他人巨額財物，依法應當以受賄罪追究其刑事責任。

李東生「殺人不見血」：從媒體轉政法「玩火自焚」內幕

2013 年 12 月 21 日，前中共公安部副部長李東生落馬，當局罕見突出其隱祕身分——中央「防範和處理 X 教問題」領導小組副組長、辦公室主任，還特意強調了他「曾參與主創《焦點訪談》」、「媒體出身『轉行』政法」等細節。李東生是「天安門自焚偽案」策劃人之一，如今他的下台應驗了一句千古名言「玩火自焚」。

李東生復旦大學新聞系畢業，1978 年進入中央電視台，1994 年 4 月 1 日，央視新聞中心推出了每天一期的新聞評論性欄目《焦點訪談》，李東生是主要創意、組織、終審者之一。大陸媒體報導，他擔任副台長期間，曾主管《焦點訪談》，該節目是李東生的成名之作。

1999 年江澤民發動的鎮壓法輪功政策受到來自從中央政治局常委最高層到各省市高層消極抵制，江澤民處境很窘迫，李東生將自己曾負責主管的央視《焦點訪談》節目貢獻給江澤民，在中共抹黑「法輪功」的輿論造勢中，《焦點訪談》的造假節目始終站在最前沿。

由於李東生對法輪功無理智的誣衊，這點正是江澤民需要找到的維持迫害的承繼者。據追查國際 2013 年 11 月公布的最新一份調查報告《關於中央 610 辦公室主任李東生的調查報告》顯示，當時「610」辦成立初始，央視副台長李東生就被安排為副主任，與公安部副部長劉京分別負責宣傳和政法。

一直同當時政法委書記羅干、曾慶紅、周永康等鎮壓法輪功的元凶一起工作，李東生主要負責在媒體上做構陷法輪功的造假宣傳，之後被破格提拔到公安部工作。

李東生與《焦點訪談》

李東生原本是個媒體人，中共「610 辦公室」成立伊始，時任央視副台長的李東生就擔任副主任一職，負責反法輪功宣傳。為了討好江派，其主管的《焦點訪談》在收視率最高的黃金時段播出了大量抹黑法輪功的節目。

據「追查國際」的不完全統計，從 1999 年 7 月 21 日到 2005 年為止的六年半中，《焦點訪談》共播出 102 集詆毀法輪功的節目。其中從 1999 年 7 月 20 開始到年底的五個多月就占了 70 集。李東生之後的快速擢升與這些緊跟江派的諂媚之舉有直接關係，更是得益於 2001 年震驚中外的那場天安門自焚偽火。

1994 年的愚人節 4 月 1 日，中央電視台的《焦點訪談》正式開播。央視提供的數據顯示，1998 年，《焦點訪談》輿論監督內容占到 47%。但是，2002 年，這一比例下降到 17%。近兩年，那就低得央視都不願透露了。

1999 年 7 月，江澤民開始了全面鎮壓法輪功，造謠和抹黑成為《焦點訪談》重中之重。從那時起，《焦點訪談》播出了數十集誹謗法輪功的專題節目。

特別是「天安門自焚案」（自殺型）、「傅怡彬京城殺人案」（殺家人型）、「內蒙古打死警察案」（殺個別他人型）、「浙江溫州陳福兆殺乞丐案」（集體屠殺型）等等一系列誹謗法輪功的重磅炸彈，外加編造數不清的「受害者控訴」「當事人懺悔」等名目繁多、不同角度誣陷法輪功的訪談節目。

「天安門自焚」偽案

2001年1月23日，天安門廣場發生自焚事件，中央電視台一反新聞審查的常態，於罕見快的速度和前所未有的高調在《焦點訪談》報導，把事件栽贓在法輪功上。事後證明，這是由中共前政法委書記羅干主導，時任央視副台長、黨委書記的李東生負責媒體策劃報導，嫁禍法輪功的惡性政治事件。「國際教育發展組織更是將「天安門自焚偽案」定性為「政府一手導演的」「國家恐怖主義行徑」。

「天安門自焚案」是李東生親自監製在《焦點訪談》第一時間播出，聲稱有幾個法輪功人員在天安門搞自焚，李東生主要負責將中共自編自導的天安門自焚偽案剛一發生後，迅速將其傳播到全球。

「天安門自焚案」是《焦點訪談》歷年來製作的影響最大，騙人最多的一個節目。但是此案中的破綻又是最明顯，最具說服力。

根據慢鏡頭清楚顯示，當場死亡的劉春玲是被警察用重物打死的；「燒」得黑乎乎的王進東兩腿間裝汽油的雪碧瓶居然完好無損，他左前方的地面上還能看到一個麥克風（以確保他的口號聲音被《焦點訪談》節目清楚收錄）；12歲的劉思影「重度燒傷」，記者卻還能在她被抬上救護車的空檔兒，把她攔下，要錄下她撕心裂肺地喊「媽媽」……等等等等，破綻百出。

此案發生7個月後的2001年8月14日，「國際教育發展組織」在聯合國會議宣布：所謂「天安門自焚事件」是對法輪功的構陷，涉及驚人的陰謀與謀殺。聲明表示：經對央視播出的錄影分析表明，整個事件是「政府一手導演的」。該聲明已被聯合國備案。其「錄影分析」被拍成紀錄片《偽火》在國際上廣泛流傳，並於2003年11月8日在第51屆哥倫布國際電影電視節榮獲榮譽獎。

「天安門自焚偽案」是中共對法輪功抹黑並煽動民眾仇恨的重要一環。該案的廣泛宣傳煽動起的仇恨之火，促成了迫害迅速升級，間接導致成千上萬人喪失生命；又為之後維繫長達十幾年之久的殘酷迫害奠定了洗腦基礎。譬如那些迫害者、甚至那些活摘器官者被告知，這些被虐殺、被活摘者是法輪功學員，而殘害法輪功學員不算犯罪，是幫共產黨「清理敵人」。這些擊潰人性最後一道屏障的歪理邪說，正是基於喉舌媒體對法輪功學員的妖魔化宣傳。

李東生卻因為「天安門自焚偽案」的仇恨宣傳獲得江派青睞，很快升任中央宣傳部副部長，躋身中共高層。之後又因為賣力迫害法輪功而登上了「追查國際」惡人榜從而被周永康相中，被安插到公安部任副部長（同年接任中央「610辦公室」主任）。這個長期從事宣傳、沒有任何政法經驗的媒體人就這樣又到了政法系統，作為江派血債幫成員，維持對法輪功的迫害。

《焦點訪談》十周年述職迴避法輪功

2004年，在《焦點訪談》十周年之際，欄目組精心製作了一期名為《責任》的特別節目，回顧《焦點訪談》的10年歷程。

令人詫異的是，在這40分鐘的特別節目中，《焦點訪談》絕口不提這幾年花費大量人力物力製作的「法輪功」專題節目，證明自己都心虛了，也從側面反映出他們製作的那些法輪功專題是經不起「回顧」的。

「610」頭目走向毀滅之路

中共的所謂「防範和處理 X 教問題」辦公室對一般民眾而言是個神祕機構，在任何政府部門的文件裡面，都沒有設立該機構的正式文本。它實際上是中共黨魁江澤民專門為迫害法輪功而成立的、未經立法程式、淩駕於憲法和法律之上、超越公、檢、法、司運行的一個非法恐怖特務組織，因成立於 1999 年 6 月 10 日而簡稱為「610 辦公室」。

據海外《明慧網》報導：「610 辦公室」通過政法委控制公、檢、法、司、國安、武警系統，還可以隨時調動外交、教育、國務院、軍隊、衛生等資源。依靠這一套罪惡的體系，江澤民得以肆無忌憚地發動了對法輪功的血腥迫害（有報導說，迫害法輪功所動員的國家和社會資源超過了一場戰爭）。法輪功學員因之被酷刑、被注射成精神病、被自殺，甚至被活摘器官等等，數百萬法輪功學員被迫害致死，數以億計的人受牽連，其慘烈程度為古今中外所罕見。

中共一直對「610」辦公室諱莫如深，極其恐懼真相曝光。外界有評論分析認為：李東生的發跡史就是一部對法輪功學員和中國民眾的犯罪史——對法輪功學員，他的洗腦轉化導致了無數冤案和血腥虐殺，背負了累累血債；對中國民眾，他的仇恨宣傳將謊言的毒素根植到人們心中，摧毀了中國人的道德良知，剿滅了他們善良的人性，尤其像「天安門自焚偽案」如此惡毒的彌天大謊被他強行寫入小學教材，在孩子幼小的心靈播下謊言和仇恨的種子。

李東生操弄的其實是場超大規模的「殺人不見血」的精神欺騙和思想謀殺。

「追查國際」在對李東生的調查報告中指出，他因為迫害法輪功和煽動仇恨宣傳而犯下了反人類罪行。對於迫害者，無論天涯海角，無論時日長久，都將追查到底。

第二節

天津武清縣
近 600 法輪功學員告江

天津是迫害法輪功比較嚴重的地區之一。從 2015 年 5 月到 7 月 15 日，明慧網已收到天津武清縣 508 個控告書副本，有至少 573 位法輪功學員控告江澤民。以下迫害案例摘選武清縣部分法輪功學員的控告書內容。

母親為女兒冤獄告江

法輪功學員楊健，女，44 歲，家住天津市武清區梅廠鎮。因為修煉「真、善、忍」，楊健被武清法院判 5 年冤獄，至今還在天津女子監獄遭受迫害。

楊健的母親為女兒伸冤，控告江澤民。她的母親在控告書中說：「我女兒楊健本科畢業，在濟南熱電廠工作。修煉大法前，楊健脾氣不好自私，做什麼事情都感情用事，與同事之間關係非常不好，矛盾時有發生，她自己也很煩惱，後經同事介紹學習了法輪功，從此，楊健時時按照『真善忍』的標準要求自己，改掉了自私脾氣暴躁的壞習慣，在工作中主動幫助有困難的同事，領導分派的工作都兢兢業業地去完成，經常得到領導的讚譽，與同事的關係也變得非常融洽。楊健通過修煉大法改變了自己，去善待別人的同時自己也很快樂。

自從江澤民對法輪功創始人和法輪功學員發動了瘋狂的誣衊與打壓，女兒楊健因為不放棄信仰被單位開除公職，廠子剛分給楊建的房子也被無理收回，現被冤獄五年，關押在天津女子監獄。」

12 月寒冬被脫光衣服 不斷用涼水澆

龐德敬，男，今年 43 歲，商人。他在控告書中說：「我是 1998 年 8 月學了法輪大法的，看完第一遍《轉法輪》後，我明白了，作為一個人應有的道德標準與生命存在的真正意義。通過學法更加認清了自己的人生價值應該按照真、善、忍的標準去衡量與要求自己。」

龐德敬說：1999 年 7 月 15 日，我到國家新聞出版署上訪，詢問為何禁止出版法輪大法書籍。回家後，石各莊鎮派出所警察（劉宗禮）把我從家中帶走，夜間遭受到罰站，電棍電擊。

2000 年 12 月 9 日，我與妻子（劉興會）去北京上訪，結果在北京天安門被警察綁架至前門派出所，後被轉入北京某看守所關押。在關押期間，每到周四早晨，警察把監室後門打開，強迫所有在押人員脫光衣服，在小院內用剛剛接的涼水一盆一盆的不斷的從頭頂澆下迫害，當時天氣已進大雪節，每盆涼水從頭澆下，人幾乎就像剛出籠的包子，騰騰冒著熱氣，水流到腳下立刻就在地面結冰。

2002 年 10 月，我在廊坊被綁架了，關進武清區看守所，一個月後非法判我三年勞教，把我送往青泊窪勞教所，遭遇虐待、奴工、毒打、監視等等迫害。

2010 年 2 月 25 日下午 6 點多，武清區國保大隊與石各莊鎮派出所警察十幾人闖入我家，欲綁架，在母親和我女兒強烈的抵制和親朋好友與村治保主任的幫助，才得以解脫。

多年遭受到迫害，皆源於江澤民所以提請檢察機關，依法追究江澤民的刑事責任。

喪夫罹病身心俱傷 修煉後深感快樂

侯淑君家住天津市武清區楊村鎮。修煉之前，因她丈夫突遭車禍不幸去世，這突來的打擊使其身心俱傷，各方面的壓力使她感覺每天都在承擔著千斤重。身體多處疾病（胃炎、心臟病、皮膚病、腰肌勞損），再後來乳房和腋窩下長出不規則的幾個疙瘩，令侯淑君非常害怕，不敢去診斷。萬幸的是，鄰居介紹走進法輪功修煉，此後，侯淑君在不知不覺中身體一身輕鬆，沒有了病，心也亮了、輕了，讓侯淑君深感到久違的快樂！但她僅修煉法輪功一年多後，江澤民發起的這場迫害開始了。

在控告書中，侯淑君說：「從 1999 年 7 月 20 日至 2000 年底，我曾三次遭綁架、拘留，在拘留期間，被警察抽嘴巴。我還遭非法勞教一年。當時我在擺攤賣小孩衣服維持生活。一天下午，我接到當地派出所電話說讓我去拿書，我就去了。結果，我發現他們不是還我寶書，而是把我騙到那綁架。那天女兒放學回家，怎麼也等不到我，都到晚上了還沒回來。她當時才 13 歲，就自己到處找，還去派出所門口找。可以想像一個十多歲的孩子找不到了媽媽，她吃什麼？只有她一個人的家是什麼感受。而且在學校在同學夥伴中，受到一種非議和歧視，成了可憐的孩子。

我被綁架到勞教所，每天做奴工，一天要分很多豆子挑。基本上從早晨開始一直到晚上 9、10 點都在挑，挑不完不讓睡覺。裝車卸車，一兩百斤的袋子扛上去、卸下來。還要被灌輸誹謗大法的宣傳內容，勞教所的迫害剝奪了我思想的自由和人身自由，泯滅著人性，扭曲了人的靈魂。」

發法輪功真相資料是《憲法》賦予公民權

亓國玉，女，53 歲，天津市武清區東馬圈鎮。她說：「修煉前，隨著社會的世風日下，道德敗壞，自己也是隨波逐流。沾染了很多惡習，打架罵街成為常態，吸煙、打麻將，身體搞得一團糟。自從開始修煉法輪功，按真、善、忍嚴格要求自己，對待矛盾寬容忍讓，對待他人真誠、善良，化解了與丈夫、左鄰右舍和娘家兄弟的矛盾，善化了周圍的環境，戒掉了吸煙打牌的惡習，不爭強，知道了萬事皆有因緣，一切順其自然。

由於當時江澤民三權在握，他操縱了整個一部國家機器，包括軍、警、特務、公、檢、法、司、派出所、監獄、看守所、勞教所、媒體、電台、電視台等鋪天蓋地式的打壓，在對法輪功學員實行的「名譽上搞臭、經濟上截斷、肉體上消滅、打死白打，打死算自殺、不查身源直接火化的滅絕政策的指令下，使很多不明真相的人直接或間接的參與了迫害。我們當地東馬圈派出所積極執行江澤民的迫害政策，對我也實施了迫害。

2008 年藉奧運之機，大批的法輪功學員被抓捕，在 7 月中旬的一天，我和另一位同修（法輪功學員）去散發真相（法輪功受迫害）資料、貼真相標語，在途中我和同修被廊坊龍河派出所不法警察綁架，他們強行給我戴上手銬，塞進警車綁架到派出所，遭到非法審問、恐嚇、用腳踢，晚上派人看管，直到第二天下午才放我們回家。

2012 年大約是正月初六，我和同修用手機講真相時，被不明真相的人舉報，被當地東馬圈派出所不法警察搶走手機，並給我們拍照，強行拉我們上警車，我們不上，他們就把我們帶到常莊村委會，給我們照相，還讓報姓名。

2013 年 7 月 30 日，我和同修在董標村發真相資料時，被不明真相的人舉報，再次被東馬圈派出所警察遲電清等人綁架到派出所，張姓警察讓我在保證書上簽字，我信仰真善忍，不管我是散發真相資料還是講真相，都是《憲法》賦予公民的信仰自由權和言論自由權，也是賦予我的權利，我是在維護《憲法》，是他們在違法。

並且在沒有通知我本人也沒向我的家人出示任何合法手續的情況下，夥同村幹部進行非法抄家，將師父法像、講法錄音帶、錄像帶和幾十本大法書等東西抄走，後來我和他們要抄家的財物清單，他們不給。8 月 12 日我和同修去派出所要他們抄走的大法書等，他們不但不給，又將我們非法關押一天。

一次次的綁架和關押，不僅我自己身心承受了巨大痛苦與傷害，也給家人造成心理上的恐懼和精神壓力，整天為我提心吊膽，使我失去了穩定自由的修煉環境。

當地警察的不法行為，都是在江澤民的非法鎮壓政策指揮下進行和實施的，因此真正的罪魁禍首是江澤民。」

第三節

15 萬 7000 法輪功學員及家屬控告江澤民

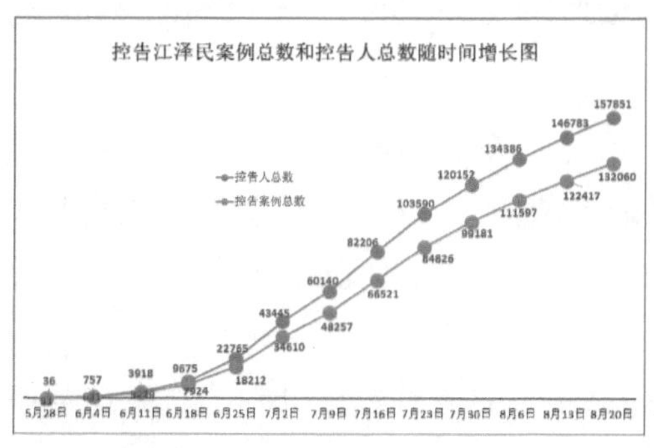

從 5 月底到 8 月 20 日，明慧網已收到總數 15 萬 7851 名（13 萬 2060 案例）法輪功學員及家屬遞交給中共最高檢察院、法院、公安部等相關部門的控告狀副本。（明慧網）

據法輪大法明慧網統計，從 2015 年 5 月底到 8 月 20 日，已超過 15 萬名海內外法輪功學員及家屬向中共最高檢察機關控告、要求起訴前中共頭目江澤民。控告狀來自地區涵蓋中國大陸所有 34 個省級行政區，96% 的地級行政區，以及海外 27 個國家和地區。

截至 8 月 20 日為止，已有 15 萬 7851 名海內外法輪功學員及家人向中共最高檢察機構遞交控告書。其中，15 萬 6080 人來自中國大陸，1771 人來自海外 27 個國家和地區。

部分從 7 月初起被中共國安局阻滯在「北京航站中心」的訴江狀郵件開始被轉致最高檢察機關，得到簽收。

據明慧網部分統計，8 月 1 至 7 日共有 8072 份訴江狀得到郵局妥投回覆或最高檢察院、法院簽收信息，其中有 2396 份是之前被滯留在北京一周到一個月的信件。

訴江狀總量及簽收情況

從5月底到8月20日，明慧網已收到總數15萬7851名（13萬2060案例）法輪功學員及家人遞交給中共最高檢察院、法院、公安部等相關部門的訴訟狀副本。8月14日至8月20日一周內，超過1萬1068人（9643案例）遞交控告狀控告江澤民。由於網路封鎖和信息傳輸等不便，實際數字不止於此。

根據郵局妥投回覆和高檢、高法簽收信息判斷，截至8月13日，中共最高檢察院、最高法院、公安部、中紀委已收到8萬2662人（6萬7452案例）控告江澤民的訴訟狀，占明慧網統計控告狀總和的55%。

中共對法輪功16年的迫害，使大陸難以計數的法輪功學員妻離子散，家破人亡，許多人被非法判刑、勞教、遭受酷刑折磨，致殘、致死，很多人被開除公職。與此同時，殘酷的迫害對這些家庭的孩子們造成極大的傷害，很多幼兒被迫成為孤兒。

僅在8月14日至8月20日一周內收到的1萬1068人的告江狀中，就有225名控告人的親屬在被迫害中離世，115名控告人遭迫害嚴重傷殘，1281人被非法勞教、判刑，3473人曾被非法拘禁在拘留所、看守所、洗腦班。446人的家人、孩子因迫害遭株連而失去工作、失學、精神異常、去世。迫害的慘烈程度超出一般人的想像。

警察：「其實我挺佩服你們的」

自訴江大潮興起之際，江澤民迫害集團勢力惶恐不安。6月

17日，中共防範辦（610非法組織）下發通知，要求各地所謂「高度重視，嚴厲打擊」。但是在法輪功真相深入人心的今天，這招已經不靈了。

8月14日上午，遼寧撫順市新賓縣法輪功學員劉悅接到當地派出所警察打來的電話問，「是否寫起訴書了？」劉悅回答：「是，你知道江澤民給我家帶來多大的傷害嗎？你看了我的起訴書嗎？」警察表示，起訴書就在他手裡，只是核實一下，並坦白說：「其實我挺佩服你們的，我打了這麼多電話，沒有一個不承認的。」

在中共迫害政策仍在貫徹執行中的今天，警察們敬佩法輪功學員們真名實姓控告江澤民的勇氣。

警察們「三退」

近日，遼寧瀋陽鐵西區警察陸續找法輪功學員到派出所詢問訴江一事。有的警察給法輪功學員家屬打電話，有的警察甚至夜裡11時到學員家騷擾，讓第二天到派出所做筆錄。法輪功學員給警察們講自己為什麼煉法輪功、煉功前後的變化；並告訴警察他們是依法控告江澤民，如果一味跟著江走，那就犯有非法剝奪信仰自由罪、非法侵入公民住宅罪等。警察表示他們也不願幹，是國保布置下來的。有位警察趁屋裡沒人，告訴當事法輪功學員，自己願意「三退」（退出中共黨、團、隊）。

河北省邯鄲市法輪功學員黨鮮霞、張冬青在向市民講述法輪功真相時，被叢台西派出所綁架到邯鄲市拘留所非法關押15天。8月12日，9位法輪功學員到拘留所去接2位法輪功學員回家，一直等到近中午，張冬青和黨鮮霞滿面笑容地走出拘留所大門。她們倆人在拘留所裡照舊講法輪功真相，40 到 50 人明白了法輪大法是正法，願意「三退」，其中包括 2 名該拘留所的警察。

警察：「對不起，我錯了，向你道歉！」

8 月 7 日，河北三河市法院非法庭審 4 位法輪功學員。法庭上，律師要求依法立即釋放當事人，並質疑：廊坊法制學習班（迫害法輪功學員的洗腦班）是什麼地方？是屬於什麼國家機構？法庭外布滿了特警、法警。早晨 8 時多，在三河法院現場，廊坊市法輪功學員楊建波身穿一件寫著「真善忍好、法輪大法好」的 T 恤衫，被北城派出所劫持。下午 5 時，許多法輪功學員圍著國保大隊隊長石連東要人，石連東走來走去的逃避。三河國保大隊 12 名人員，看到很多學員掏出手機拍照時，幾乎全部轉向，害怕自己被曝光。8 月 10 日，楊建波被釋放時，對相關警察說：「你們一開始抓我，就是錯的。」警察說：「對不起，對不起！我錯了，我錯了，我向你道歉！」

法輪功學員：「能告江澤民，別人違法也能告」

8 月 4 日，山東平度「610」人員郭玉成帶人到郭莊隋家柳林村法輪功學員隋守忠家，進門後，第一句話就問：「你們控告江澤民了？」

隋守忠說：「是，控告了。」隋守忠講：「學大法修『真善忍』做好人，沒有錯，我學大法後撿了很多錢能找到失主，還給人家，不學大法的能這樣嗎？」「610」郭玉成一邊講話，一邊到處看，看到隋守忠家有法輪功師父的法像和大法好的貼字。隋守忠知道郭玉成不懷好意，因為郭不管到哪裡看見大法的東西就拿，隋守忠嚴肅地對郭玉成說：「我家的東西不能動，動、拿是違法，我能控告江澤民，別人違法我也能告。」郭玉成狼狽地離開他家，臨走開開車窗還向隋守忠擺擺手。

「別站錯隊」

明慧網評論說，儘管對法輪功的迫害還在持續，但參與迫害的部門人員已毫無底氣，用他們的話叫作「別站錯隊」。「抓江」大討論在中國大陸民間展開，江澤民罪惡累累、自身難保，幾乎全國人都懂。

中國的未來掌握在中國人手中

訴江大潮氣勢洪大，各國各界人士、政要聲援訴江。加拿大國會議員肯特（Peter Kent）表示感到鼓舞，並期望中國的法院聆訊這些控告個案；國際人權機構創始人沙菲（Majed El Shafie）表示中國的未來掌握在中國人手中。

肯特議員說：「人們使用法律手段，正式去法院控告江澤民是好事。」肯特說，很多人可能對過去16年法輪功遭受的迫害還不了解。這些訴訟信息會通過法院傳到中共中央，通過法院傳給社會大眾。」「這些是很嚴重的人權指控，包括謀殺、強姦、非法監禁、強奪個人財產、酷刑。」

澳洲資深律師杜博樂先生（Robert Dubler SC）表示：「中國人民就是應該在自己的國家控告江澤民，任何人不可凌駕於法律之上。目前正在發生和掀起的控江大潮都是正常的反應，真是難能可貴。這是非常可喜的一步。」

大陸各省市寄發訴江狀數量概況

據明慧網部分統計，到 8 月 13 日為止，中國大陸 38 個城市法輪功學員控告江澤民。

天津（3552 人）；

北京（3199 人）；

重慶（2653 人）；

河北省：保定（4843 人）、石家莊（4427 人）、唐山（3056 人）、張家口（2424 人）、衡水（1992 人）、秦皇島（1781 人）、邯鄲（1704 人）、廊坊（1558 人）、邢台（1386 人）、滄州（1358 人）；

山東省：煙台（4692 人）、濰坊（3226 人）、青島（2631 人）、聊城（1740 人）、威海（1602 人）；

吉林省：長春（4677 人）、吉林市（2398 人）；

黑龍江省：哈爾濱（4622 人）、大慶（1771 人）、佳木斯（1368 人）、綏化（1260 人）、雞西（1161 人）、牡丹江（1000 人）；

遼寧省：大連（4176 人）、朝陽（3600 人）、瀋陽（2787 人）、葫蘆島（2347 人）、撫順（2143 人）、錦州（2143 人）、本溪（1213 人）。

第四節

歐美澳世界政要聲援告江大潮

歐美澳世界政要聲援告江大潮，呼籲逮捕江澤民。（大紀元合成圖）

自 2015 年 5 月以來，中國大陸控告中共前獨裁者江澤民的大潮風起雲湧，截至本周 8 月 20 日為止，已超過 15 萬 7000 名大陸法輪功學員、家人、正義人士以及海外法輪功學員向中共最高檢察機構控告江澤民。與此同時，歐洲、美國、加拿大、澳洲、烏克蘭、日本、韓國、香港、台灣等世界各國和地區的政要紛紛響應，在全球形成了一股聲援中國大陸民眾控告江澤民的浪潮。

多位世界政要要求中共當局逮捕江澤民；有的向中共最高檢察院致函，要求對江澤民提起公訴；有的政要期望中共最高法院聆訊告江案；有的政要在公開集會上說，現在是將江澤民繩之以法的時候了；有的表示，中共迫害法輪功的黑幕都應該曝光，對於參與迫害法輪功的人權罪犯，應一直追究到最黑暗的核心；有的政要認為，法輪功學員控告江澤民是在喚醒中國人的良知；有的表示，告江大潮傳遞重要的訊息，力量巨大，將改變中國；還有的政要說，縱觀歷史，自古以來，被迫害者總是最後的勝利者；有的表示，受理控告江澤民案將促使當局採納新方式清洗過去（迫害法輪功的）罪惡。

控告江澤民案堪稱人類史上最大訴訟。從 2000 年起，許多人權律師在以下海外不同國家和地區對江發起了民事和刑事訴訟，包括比利時、西班牙、台灣、德國、南韓、加拿大、希臘、澳大利亞、新西蘭、玻利維亞、智利、荷蘭、秘魯、日本、瑞典、阿根廷和香港等地。聯合國、歐洲人權法院和國際刑事法院也收到了請求或訴狀。

早在 2003 年 6 月 11 日，39 位美國國會議員敦促美國法院推進對江的控告案。美國第七巡迴上訴法院肯定了原告對江澤民酷刑罪的控告。

十位瑞士政要要求逮捕江澤民

十名瑞士政要於 2015 年 8 月 10 日聯名致信中共國家主席習近平，敦促習近平推動控告江澤民這一重大訴訟。他們表示，江澤民犯的反人類罪、酷刑罪等罪大惡極，必須被繩之以法。江澤民令全人類蒙受恥辱的重罪必須嚴懲。因此，他們和全世界所有正義人士一樣，都在關注法輪功修煉者在中國控告江澤民的事態進展，堅定聲援訴江大潮。

他們在信中要求中共當局逮捕江澤民：「考慮到中國擬定的今後發展方向，以及至今已登記在案的 13 萬 4000 份控訴書，我們希望您能推動逮捕前國家主席江澤民及相關負責人，並根據其令全人類蒙受恥辱的重大罪行，將他們繩之以法。」

信中還寫道：「我們要做的就是呼籲，歷史會見證我們今天正視這些罪行、要求依法嚴懲這些不可饒恕的罪犯的行動。」

這十名政要包括四名瑞士聯邦國會議員；五名瑞士日內瓦州大議會議員；一名原瑞士聯邦駐聯合國公使。他們是瑞士聯邦國會議員 Dominiquede Buman、Leuenberger Ueli、Carlo Sommaruga、Didier Berberat，瑞士日內瓦州大議會議員 Marc Falquet、Henry Rappaz、M.T. Engelberts、Lydia Schneider Hausser、Buschbeck Mathias，和瑞士聯邦前常駐聯合國代表 Jean-Daniel Vigny。

三歐洲議會議員聯名寫信 促公開起訴江澤民

2015 年 7 月 20 日，三位歐洲議會議員——科妮莉亞・恩斯特博士（Dr. Cornelia Ernst）、克勞斯・布赫納教授（Prof. Dr. Klaus Buchner）和麥荷雅・顧勒嫩女士（Merja Kyllönen）以「刑事控告迫害法輪功的元凶江澤民」為信由聯署致信中共最高檢察院檢察長曹建明，敦促他和中共當局立即以對法輪功學員的迫害和系統性國家性強摘法輪功學員人體器官的罪行，公開起訴迫害法輪功的元凶江澤民。此外，他們還將聯署信寄給了中共駐歐盟使團大使楊燕怡和中共駐德國大使史明德。

7 月 15 日，克勞斯・布赫納（Dr. Klaus Buchner）議員還在歐洲議會總部布魯塞爾發出特別聲明，敦促中共當局立即無條件釋放為法輪功學員辯護的大陸知名維權女律師王宇，強烈譴責中共政權持續非法大肆抓捕和迫害眾多大陸維權律師和社會維權人士的行徑。他並呼籲國際社會支持告江浪潮。

布赫納議員在特別聲明中還特別強調：「顯然，王女士會遭到抓捕，是因為她在中國公開支持一場全國範圍內的由法輪功學員發起的起訴前中共黨魁江澤民的浪潮，她還呼籲其他中國律師支持這場訴江浪潮。」

美國會衆議員：逮捕江澤民

美國德克薩斯州國會眾議員特德·坡（Ted Poe）曾是德州的一名法官。他在集會上說：「我每天都審查案件，每一個案件都要做出正義的裁決。而你們所要求的也是在你們自己的國家尋求正義。」

他對集會現場的法輪功學員說：「中共試圖不讓你們發聲。但很明顯沒有奏效，因為你們今天依然在這裡。在全世界都能聽見你們揭露在中國由中共政權發動的這場迫害的聲音。我很感激你們來到這裡，我想全世界有很多人都在關注這裡發生的事情，關注著你們。」

特德·坡議員說，法輪功學員被迫害，他們的朋友和家人被關押。他們被毒打，被酷刑折磨。他認為，迫害元凶江澤民應為自己犯下的罪行受到審判。

特德·坡說：「就像在現場打出的橫幅上所寫的，『現在到了把江澤民繩之以法的時候了』，他才是應該被送入監獄的人，而不是法輪功（學員），他應該為對你們犯下的罪行、迫害你們而受到審判，所以他必須受到正義審判。很遺憾我不是這個案件的法官，但基於我所了解的情況，審判的結果絕不會站在他那邊。」

法新社引用國會議員特德・坡（Ted Poe）的話，呼籲抓捕前中共國家主席江澤民。法新社的這篇報導，被英國《每日郵報》、雅虎新聞英文版、MSN 新聞等英文媒體轉載。

美國會議員：支持控告江澤民

美國資深國會議員克里斯托夫・史密斯（Christopher Smith）6 月 25 日在美國眾議院聽證會現場表示，他支持中國民眾控告江澤民。

史密斯議員說：「中國民眾勇敢、堅韌、持續的提出這些法律控告、堅持站出來推動中國民主和問責中共當局的一部份人的行為是非常鼓舞人心的。」

他進一步表示，西方社會和全世界民眾都應該為中國民眾提供支持。他說：「很多中國民眾被勞教，被懲罰報復，但是他們依然能夠堅持。西方世界、自由世界、全世界應該一天 24 小時刻的支持他們，對他們說：我們和你們站在一起。」

克里斯托夫・史密斯是美國資深國會議員，已擔任共 18 屆聯邦議員。史密斯議員長期關注中國人權，是現任的美國國會眾議院外交事務委員會人權小組委員會主席，他還曾擔任美國國會及行政當局中國委員會（CECC）共同主席。

美國加州參議員聲援訴江

2015 年 7 月 18 日，加州聖地亞哥法輪功學員在著名景點拉荷亞海灘（LaJolla Cove）舉行反迫害活動，並聲援控告迫害元凶江澤民的大潮，呼籲制止中共迫害法輪功。

加州參議員喬爾·安德森（Joel Anderson）送來支持信，他說：「停止迫害法輪功是我們共同的聲音。」他在信中表示聲援法輪功學員控告江澤民，並表示：「我讚賞面對強權壓迫仍然伸張正義的壯舉。」

他在支持信中寫道：「我很榮幸支持這次維護天賦人權的集會。今天，我們一起呼籲結束在中國發生的長達 16 年的、對精神信仰者人權的侵犯。」

他讚揚法輪功學員：「平和而且堅韌的反迫害行為，讓全世界的人都知道了法輪大法修煉者（在中國）受到的非法待遇。」

他聲援自 5 月底來的控告江澤民大潮。他在信中寫道：「最近，又有超過 6 萬人（編註：截至 8 月 27 日超過 16.6 萬）控告發起這場迫害的前中共頭領江澤民。我讚賞面對強權壓迫仍然伸張正義的壯舉。」

加國會議員、「國會法輪功之友」主席：期望法院聆訊告江案

加拿大國會議員肯特（Peter Kent）以前當過記者，曾因對國際人權作出突出貢獻而獲得 Robert F. Kennedy 紀念獎。2015 年他成為加拿大國會法輪功之友組織的主席。

他說：「人們使用法律手段，正式去法院控告江澤民是好事。」肯特說，很多人可能對過去 16 年法輪功遭受的迫害還不了解。這些控告的信息會通過法院傳到中共中央，通過法院傳給社會大眾。」

「我認為，加拿大政府希望法律將獲得尊重，法院將聆訊這些控告個案。」他說，「這些是很嚴重的人權指控，包括謀殺、強姦、非法監禁、強奪個人財產、酷刑。」肯特說：「我認為，所有加拿大人都希望法院能聆聽這些指控，並能基於事實作出判決。」

肯特認為，史無前例的告江潮得以發展，是因為「中共現政府已經意識到，社會對改革有巨大的渴求。」他說，對江澤民的這些指控很嚴重，如果能在法庭上獲得證實的話，「人們會期望政府有合適的回應」。他說：「我相信，我們公開支持法輪功的態度，給所有中國公民發出了一個鼓勵的信息。」

中共當局已經表示，他們不會干預中國公民提出的法律控告，法院要做到有案必立。對此肯特表示：「我希望，加拿大政府的同僚們密切關注此事，看看（在中國）法律能否被尊重，這些控告能否獲得嚴肅及誠實的處理，控告者能否得到他們應得的公道。」

肯特說，世界都應該為訴江潮感到鼓舞，並繼續為中國的改變提供動力。

加國會議員戈丹：反人類罪犯要付出代價

加拿大國會議員戈丹（Yvon Godin）在接受採訪時表示，任何人違反信仰自由，犯下反人類罪，都應該為此付出代價。這樣的犯罪在當今是完全不能接受的。人民有權選擇他們的信仰，這是他們自己的事，必須受到尊重。

他認為江澤民因迫害法輪功而犯下反人類罪，就應該審判他。戈丹議員說：「他（江澤民）應該受到審判，人類有生存權，人類應該有選擇自己信仰的權利，這一點必須受到尊重。」

加國會議員：控告江澤民是喚醒中國人良知

加拿大國會議員羅伯·安德斯（Rob Anders）接受採訪時表示，支持民眾控告江澤民；中共迫害法輪功的黑幕都應該曝光，對於參與迫害法輪功的人權罪犯，應一直追究到最黑暗的核心。

安德斯表示，迫害法輪功最嚴重的人，往往是中飽私囊最嚴重、最不顧及他人死活和最沒有（道德）底線之徒。

安德斯議員認為，中共對周永康的審判只觸及了腐敗問題，他認為，要像剝洋蔥那樣挖出迫害法輪功的黑幕的核心。他說：「要像剝洋蔥一樣一層層地剝開，就會挖出黑幕的核心——人權踐踏、謀殺、酷刑和一切罪惡的核心。」

目前越來越多法輪功學員控告元凶江澤民，安德斯議員對此表示欣慰。他認為，在中國應該建立檔案庫來收集所有迫害案例，並將江澤民之流繩之以法。

他說：「隨著這些受害者前來（控告），這些暴君將因他們所做的一切人權傷害罪行被追究。人們將啟動（司法程序去追究）在迫害法輪功方面那些最腐敗、邪惡、專制和實施打壓最嚴重的人，並將其所犯罪行歸類，我認為這樣做是重要的。」

他表示，那些人權侵害者，奪走的並不只是錢財，他們奪走的是人的尊嚴、正直和傳統（道德），他們所犯的是令人難以置信的人權傷害。

安德斯議員表示，中國國內的民眾能理解中國以外的人們說出的被中共掩蓋、但在海外廣為傳播的真相，民眾走出來提出指控，這一點很重要。他認為，中國總有一天會被道德良知喚醒。

加拿大國會議員、前「國會法輪功之友」主席聲援

2015 年 7 月 25 日，加拿大埃德蒙頓法輪功學員在中國城集會，聲援 10 萬（編註：截至 8 月 27 日超過 16.6 萬）中國人控告江澤民，並呼籲各界幫助制止中共迫害法輪功。加拿大國會議員、前「國會法輪功之友」主席 Brent Rathgeber 到集會現場支持並講話。

Brent Rathgeber 議員在集會上鼓勵加拿大人給在渥太華的中共大使館寫信，或給自己的國會議員寫信，要求停止和幫助停止迫害法輪功。他說，「任何時候，能讓更多的加拿大人知道真相是有益的。讓他們了解到法輪功在中國無辜被迫害的悲慘境遇，了解他們僅僅是因為人數眾多、廣受歡迎而令共產黨害怕其成為自己政權的威脅而慘遭殺戮。」

對於中國人控告江澤民的大潮，Rathgeber 先生說：「我是個律師。雖然我不了解中國的法制體系，但是我相信 David Matas 先生（國際人權律師大衛・麥塔斯）的判斷。如果他認為訴江對改變有進步意義，那麼我就持有希望並保持樂觀的態度，相信正義終有一天會得到伸張。」

加拿大前司法部長：法輪功代表最好的價值觀

加拿大前司法部長、資深國會議員歐文・考特勒（Irwin

Cotler）接受採訪時說：「我認為，民眾的力量能發揮效果，民眾的力量越多，就越有效，（非法）抓捕公民權利捍衛者、（非法）抓捕法輪功學員等，使被非法定罪的群體越多，因此起訴（指：控告）的力量也越大。重要的是，中國民眾要知道，他們並不孤單，我們在聲援他們，我們將繼續努力不懈地維護他們的權利，直到這些權利受到保護。」

他表示，他曾向中國領導人說，還將繼續說，如果中國無法成為道德超級大國，就會削弱其經濟力量和政治願望。「所以我希望，當今中國領導人在根除腐敗不只是為國內政治或內部的黨爭，他們會明白，有另一種文化腐敗，就是破壞人權、不顧一切地破壞人權，無論是監禁人權捍衛者，還是迫害法輪功。」

考特勒議員說：「也正如我一直所說，法輪功代表的是最好的古代價值觀，是中國價值觀的典型——真善忍。所以我希望中國當局看到法輪功代表的價值觀是一種財富。」

考特勒議員認為，「我們需要確保的是官員被起訴不僅僅因為腐敗被起訴，也因為在中國國內踐踏公民權利和迫害法輪功學員。這些（犯罪）記錄應該被看成整體犯罪來宣判，而不只是集中在一個特殊環節——可能只是為了政權的利益，但不是保護公民的利益。」

他建議，推動民眾訴江，並利用檢察體系起訴他們，「從起訴證據的角度來看，很可能是不僅是腐敗方面的指控，而是關於打壓法輪功方面的以及類似的指控。我想，終有一天，這些（控告江澤民）案件將在不同的司法管轄區如雨後春筍般出現，我們可能看到，從人權的角度，訴江民眾會成功。」

加拿大國會人權副主席：鼓勵民衆控告

加拿大國會人權委員會副主席、國會議員韋恩·馬斯通（Wayne Marston）接受採訪時說：「（中國）那裡似乎在發生改變。人們因過去多年發生的冤情在追究施害者。」

談到不久前周永康等迫害參與者因腐敗罪等被判無期徒刑，馬斯通議員表示遺憾沒有聽到周永康等因參與活體器官摘取而被控告。他說：「看上去他們被指控是因為其他罪行，但他們必須為過去數年內曾參與摘取法輪功學員和其他人的人體器官而負責。我希望，也許這是中國正在發生的變化。」

馬斯通議員表示，對迫害者的大量控告是中共政府必須考慮的。他說：「我敢肯定他們（現任領導者）清楚的知道一些過去的情況，若有證據支持這些訴訟要求，他們就應該對他們進行處理。」

「在多個不同的層面上，訴江意味著正在中國發生變化的勢頭。民眾發起的訴訟（指：控告）在不斷積累，這是相對積極的結果。」

他特別強調了江澤民集團活摘器官的問題，他說：「多年來，我們（隸屬於加拿大國會外交委員會的）國際人權委員會，從各種非常值得信賴的人中獲得了大量關於活摘器官的證詞。」

他表示，國際社會的民眾會鼓勵全民控告江澤民這種改變的繼續。「我們會鼓勵他們繼續（訴江），因為一些事情正在發生變化。」

馬斯通議員表示，對迫害者的大量起訴是中共政府必須考慮的。他說：「我敢肯定他們（現任領導者）清楚的知道一些過去的情況，若有證據支持這些控告要求，他們（當局）就應該對他們進行處理。」

加拿大前亞太司司長：江澤民應第一個被國際法庭起訴

加拿大前亞太司司長大衛．喬高也參加了 2015 年 7 月 15 日渥太華法輪功學員在加拿大中使館前「制止迫害、聲援六萬人訴江」的集會。喬高說：「（1999 年）7 月 20 日標誌著江澤民開始對法輪功遍及全國的邪惡打壓。自那時起，中共對和平的法輪功修煉者實施了系統的謀殺。秘密大規模的奪取他們的人體器官用於商業移植，是這場迫害的主要特點之一。對此，中國和世界民眾仍知之甚少，主要是因為中共的殘暴統治和權錢交易。」

喬高很高興已有 6 萬人（編註：截至 8 月 27 日超過 16.6 萬）告江。他引述法輪大法信息中心近期的報導後說：「作為迫害的煽動者，江澤民應該是中共官員中第一個被國際刑事法院起訴的人。」

加國會議員巴特：告江潮傳遞重要訊息

加拿大國會議員巴特（Brad Butt）說：「告江潮傳遞了一個非常重要的訊息。世界上很多國家的巨變就是從幾個人開始，然後更多人響應，更多的國際壓力，事情就會發生變化。」

「你們在加拿大國會有很多朋友。」巴特說，「我們的目標，一直是建設一個更好的國家，一個更好的世界。」

「我支持你們在這裡做的努力，以及你們在中國的（法輪功）

同修們所作出的努力。」巴特說。

加國會議員泰榮．本斯基：告江人數會不斷增長

加拿大國會議員泰榮．本斯基（Tyrone Benskin）接受採訪時說，告江者發出的聲音就是要改變現實，參與告江的人數會隨著時間的推移不斷增長，當前這些民眾的聲音不易被平息，更多的聲音則更不易被平息。

他說：「儘管開始時，變化可能並不快，但是民眾告江是彰顯這種變化的聲音，那些參與活摘器官或已經幹了令人髮指行徑的一夥人最終將因為控告江澤民的聲音被繩之以法。」

他對控告者表示讚賞：「那些聲音通過起訴和其他和平的抗議讓公眾關注法輪功學員的現狀，而正是這些聲音確保了人們聽到真相，並將迫害者繩之以法。」

「每個人都應該有機會出庭為自己作證，拿出證據，原告也有說話的機會，讓他們的聲音被聽到，在法庭提供證詞。人們可以拿著個人的起訴書，起訴那些他們認為冤枉過他們的人，這樣做的越多，人們越能聽到他們的聲音，正義將得到伸張。」

加國會議員利森：訴江將促成巨大變化

加拿大國會議員瓦蒂斯勞．利森（Wladyslaw Lizon）說：「我堅信，每一個參與迫害的人都將被繩之以法。」

對已有萬餘名大陸法輪功學員控告江澤民，利森表示這是巨大的力量。他說：「這是一個巨大的力量，哪怕需要一個啟動時

間，它會獲得新的動力，這是一個巨大的力量，它將促成巨大的變化。」

斯格諾議員：指揮迫害的元凶必將被追究

加拿大國會議員朱迪·斯格諾（Judy Sgro）接受採訪時說：「越多的人提出控告，世界各地支持法輪功的聲音越多，到一定時候，指揮迫害的元凶必將為他對無辜人民所犯的罪行負責。」

加拿大省議員：訴江在改變中國

2015年7月15日中午，加拿大安大略省議員麥克勞倫（Jack MacLaren）現場聲援渥太華法輪功學員在加拿大中使館前「制止迫害、聲援六萬（編註：目前超過14.6萬）人訴江」的集會並發言。

麥克勞倫議員表示，結束對法輪功的迫害，「這是第一位的」。他認為對法輪功的迫害已經走到盡頭：「當那些可怕的罪犯被繩之以法時，迫害就會結束。」

麥克勞倫議員將控告江澤民比作隧道盡頭的光明。他說：「現在在中國，我們看到了隧道盡頭的一點點光亮。在最近的幾周和幾個月，事情正發生變化。在中國有6萬人信心十足的在足夠安全的情況下，向政府提出正式申訴，起訴江澤民自1999年開始的踐踏人權的刑事犯罪，要他償還施加給法輪功學員的痛苦。這是十分令人鼓舞的，因為這6萬人（本人或家屬）曾經被監禁、遭受虐待、酷刑甚至死亡。」

他表示：「這是一個積極的變化，（控告江澤民）也許在改變中國。從政府高層滲透到地方——發生迫害的地方，人們的態度在改變。」

加拿大政治家：訴江之勢勢不可擋

曾歷任省議員和多屆市議員的加拿大政治家、律師約翰·帕克（JohnPark）先生對此表示，法輪功學員無懼迫害和壓力狀告江澤民，勇氣可嘉，全世界人都應該敬仰他們。他呼籲西方社會能更加關注訴江大潮，聲援中國民眾。帕克表示，訴江之勢，勢不可擋，必將為中國社會帶來變革。

帕克先生讚揚中國大陸法輪功學員的勇氣，帕克先生說：「其實法輪功學員非常清楚，當他站出來反對這場殘酷鎮壓的時候，就將自己置身於危險之中，很可能這個舉動會招致迫害的發生，挑戰（中共）政權會遭到報復。」「但是他們卻義無反顧地這樣做了。毫無疑問，這絕對是勇敢的舉動。」

他說：「能站出來狀告（江澤民），（法輪功學員）將他們的真實名字和地址寫到（訴狀上）遞交給了中共的司法機構，表明他們的真實身分，而且公開站出來反對江澤民（發起的）對法輪功的迫害，站出來反對這場殘酷的鎮壓。」

帕克先生說：「因為（法輪功學員）希望（中國民眾）擁有一個更好的未來。他們冒著曝光自己身分，冒著被迫害的危險，而很顯然他們已經做好準備面對這一切，只是為了給下一代人有一個更加美好的未來。」

帕克先生表示：「（法輪功的告江大潮）會給更多人勇氣，加入進來。這對中國的民眾，乃至全世界的民眾而言，都是好事！」「我敬佩法輪功學員的勇氣，我更敬佩他們堅持理念、堅持信仰的決心！」「全世界的人都應該敬仰法輪功學員！」

他說:法輪功學員的告江大潮「給全世界——尤其是中國——發出了一個信號，那就是反對這個專制政權迫害的民眾並不孤單，他們擁有很多同伴，而且大量的民眾，越來越多的民眾，已經準備好了面對因為挑戰中共政權而可能面臨的危險。」

「勇於站出來大面積（訴江）的民眾人數之眾，已經超過了中共的控制能力。」帕克先生表示，法輪功學員訴江已經邁出了中國的一步，「如果這個形勢持續下去，那麼站出來反對中共迫害的人數會超過支持中共的人數。越來越多人訴江，那麼一定會帶來變革」。

帕克先生表示：「法輪功學員是站在了歷史正確的一邊。我們希望法輪功學員最終能成功地給中國帶來變化。中國的變化一定需要來自內部的力量，外部的力量是無法改變的。」

帕克先生一再表示對法輪功學員的問候，「祝願每一位（訴江的法輪功學員），祝願你們成功！」

澳人權教育委員會主席：持續控告江澤民將取得最後的勝利

對於目前日益高漲的中國民眾控告江澤民大潮，澳洲勳章獲得者、澳大利亞人權教育委員會主席、澳大利亞人權專員西弗博士（Dr.Sev Ozdowski OAM）表示非常高興，他希望通過海外明慧網對中國法輪功學員說：正義在你們（法輪功學員）這邊！縱觀歷史，自古以來，被迫害的人們總是最後的勝利者！只要你堅持做下去，持續強有力的控告他（江澤民），你將取得最後的勝利！

西弗博士並認為，控告江澤民大潮將對促進中國人民重建法治社會起到很好的作用。他說：「儘管在我們這個星球上，還有許多被共產黨統治的國家存在著；這些國家仍然不具有法律規則。所以現在正發生的（控江大潮）是好的！它是在促進人們重建對（中國）法律制度的信心，它讓他們（中國人）說出自己的想法。但還是遠遠不夠，我們還需要做更多努力。」

澳洲參議員關注訴江大潮 當局或採納以清洗罪惡

澳大利亞參議員參議員喬·布洛克（Joe Bullock）關注發生在中國的訴江大潮。

布洛克參議員對中國有可能打開一個讓公眾尤其是法輪功學員發聲的渠道表示謹慎的肯定，他說：「在現政權的領導下，似乎出現了一個值得肯定的準備，當局有可能摒棄（掩蓋罪惡的）神秘面紗，公開活摘器官的罪惡行徑，將肇事者繩之以法。最近與此相關聯的（法輪功學員及家屬）提交控告前黨魁江澤民的訴狀的洪流是當局採納新方式清洗過去罪惡的一個證明。」

澳洲悉尼綠黨代表支持法輪功學員控告江澤民

2015 年 8 月 8 日，悉尼各界人士和法輪功學員在悉尼繁忙商務行政區帕拉馬塔市（Parramatta）市政廳前的世紀廣場集會，聲援中國民眾控告江澤民大潮。

綠黨帕拉馬塔選區代表菲爾·布萊德利（Phil Bradley）先生

到場支持，他說：綠黨一直以來都是支持人權，反對對基本人權的侵犯。目前我們特別關注和積極參與反對「活摘器官」罪行，因為這是駭人聽聞的罪惡行徑。我認為國際社會要持續給予中國壓力去制止這個罪行。

市議員威爾遜：希望很快看到江澤民被繩之以法

澳洲帕拉馬塔市議員安德魯·威爾遜（Andrew Wilson，Parramatta City Council）先生到場支持聲援悉尼和中國大陸法輪功學員控告前中共黨魁江澤民。他首先表示，希望有一天會在中國舉行相同的集會。

威爾遜議員表示，中共把信仰「真善忍」的法輪功修煉者說成不好，卻把鎮壓和酷刑迫害法輪功學員的行為說成是對的，威爾遜議員指問中共：「這是怎麼樣的一種道德和邏輯標準？有多少社會能失去如此好的人群？誰能相信在一個自稱有法律的國家，為法輪功學員進行法庭辯護的律師會被當局綁架關押？有多少信仰「真善忍」的好人被中共政府關押？

他最後表示：我站在這裡支持你們（法輪功學員），我相信我是站在贏者的一邊；我相信我們會被證實是對的！對法輪功進行迫害的人必須面對法律審判。我希望很快看到江澤民及其他迫害法輪功的國家公職人員被繩之以法。

華人市議員胡煜明：江澤民不能逾越法律

華人市議員胡煜明（Councilor John Hugh，Parramatta City

Council）先生在聲援告江集會上發言表示：我和帕拉馬塔市另兩位市議員來這裡支持人類基本人權和信仰自由，因為全世界每個人都應該享有這個普世原則。儘管有人認為我們是在反對中國政府，但是我認為在這裡譴責反人類罪行，不是在反中國政府。任何人犯了如此之罪，必須受到法律制裁，包括前中共領導人江澤民，沒有人可以逾越法律，在法律面前，人人應該是平等的。

他說：「我最近收到我的一個朋友的網路信息，她告訴我她也已經成為控告江澤民的一員，我很佩服她的勇氣。希望各位在控告江澤民的行動中能心想事成！」

市議員：支持法輪功舉辦聲援訴江集會

工黨市議員詹姆斯．肖（Councilor James Shaw，Parramatta City Council）在聲援告江集會上表示，「我非常感謝你們邀請我來演講，感到非常榮幸能在這裡支持你們（法輪功）。我和你們站在一起，呼籲和推動在中國健全人權和信仰自由，使得法輪功學員在中國能自由信仰和修煉法輪功。我會一直關注和支持你們直至中共停止迫害法輪功。」

英國上議院議員：支持起訴人權迫害凶手

2015 年 7 月 15 日，英國法輪功學員在英國國會大廈舉行反迫害活動，上議院議員希爾頓勳爵（Lord Hylton）來到現場，表示對法輪功學員的支持。

上議院議員希爾頓勳爵（Lord Hylton）在集會現場說：「長

時間以來，我非常關注中國的惡劣人權（記錄），你們做得對，要求對那些施行人權迫害的凶手進行起訴，並讓他們受到法律的審判。我祝你們好運！」

烏克蘭首任民選總統支持控告江澤民

自5月底以來，不斷地有國內外法輪功學員控告中共前黨魁江澤民對法輪功的迫害，要求將其繩之以法。烏克蘭獨立後的第一任民選總統列昂尼德．克拉夫丘克先生表示非常支持這種做法，並讚賞提告者的勇氣。

前總統克拉夫丘克先生在基輔接受記者採訪時表示，完全支持。儘管他知道，這些人可能因為這樣的行動而受到其他的迫害，因為在這個國家裡還存在迫害的情況。

克拉夫丘克先生十分讚賞提出控告的這些法輪功學員在共產黨仍然當政時就有勇氣採取法律手段。

他認為，這種控告體現出了本人的立場，出自於內心對共產黨的拒絕。這種立場以及其本人的勇氣表明，他們想要生活在有法制的國家裡，他們應受到保護而不是迫害。

基輔市前市長、國會議員顧問：歷史需要控告江澤民

烏克蘭國會議員顧問、基輔市前市長亞歷山大．莫孜尤克（Mosiyuk Oleksandr）也接受了採訪。他表示，歷史需要這個進程。而且，需要全球的司法正義，需要從不同國家對那些共產黨頭子進行全球審判。

日本前國會議員：支持控告

2015 年 7 月 20 日，在法輪功反迫害 16 周年之際，來自日本各地的部份法輪功學員在東京舉辦反迫害集會和遊行，呼籲各界共同制止中共對法輪功長達 16 年的迫害，聲援正在中國大陸和全球範圍內進行的訴江大潮。日本前國會議員中津川博鄉、東京都議員古賀俊昭前來聲援表支持。

日本前國會議員中津川博鄉表示支持控告迫害元凶江澤民。在集會上，日本前國會議員中津川先生說：「法輪功學員十多年堅持不懈地在日本社會傳遞真相，越來越多的日本民眾了解了真相後，都在關注和聲援反迫害的活動。」

中津川還表示，今後將繼續聲援和支持法輪功學員反迫害，以及控告迫害元凶江澤民的活動。

韓國前陸軍參謀總長聲援簽署舉報江澤民聯署書

2015 年 7 月 20 日，來自韓國各地的法輪功學員與各界人士齊聚被稱為「韓國心臟」的首爾廣場，舉行紀念法輪功和平反迫害 16 周年集會，聲援在中國興起的訴江大潮，呼籲結束中共長達 16 年之久的迫害、法辦迫害元凶江澤民。

韓國前陸軍參謀總長朴熙道在當天的演講中表示，「我這次是為支持法輪功反迫害活動而來，我認為這是個非常有意義的活動。」

他說：「人生來就擁有不被歧視，幸福生活的權利。聯合國在 50 年前就在人權憲章中規定，禁止人類歧視。更重要的是，禁止歧視是人類普世的價值，因此歧視是這個時代的公敵。」

朴樸熙道說，對於堅持反迫害的法輪功學員和他們的支持者們表示敬佩，希望法輪功和中華民族的精神對人類做出巨大的貢獻。」

朴熙道在集會當場簽署刑事舉報江澤民聯署書，要求中共當局立即法辦迫害元凶。

香港前議員馮智活：告江彰顯良知正義

前立法局議員馮智活表示，非常支持法輪功學員控告江澤民。「江澤民做了這麼慘絕人寰，這麼罪大惡極的事情，應該受到制裁。我希望這件事能夠成功，讓中國多一點正義，以及能讓人看到做了一些傷天害理的事，必然會受到應有的制裁和下場。」

他相信香港市民也會支持法輪功學員的訴求。「我相信香港市民都會很支持在中國大陸，能夠有一個公平、公正、公義的國家。我很希望訴江能夠成功。從而逐步逐步使中國能夠清除社會上的罪惡，最終有民主。」

台灣政界聲援

台灣法政界的立委、議員也紛紛發起控江舉報聯署，加入聲援訴江。

立委：在民主國家江澤民早就被法辦了

台灣立委許智傑知道中國大陸正起一股控告江澤民潮流時，

豎起大拇指表示佩服，他說：「目前受迫害法輪功學員暨家屬冒著生命危險去法院控告這個人權惡棍，這是一個非常勇敢、令人敬佩的舉動，我們應為他們伸張正義。我們希望現在當權者要更勇敢的保護國內法輪功的學員，讓他們不要再受到傷害，尤其在江氏恐怖餘爪勢力還在的危險境地，更應受理保護民眾訴狀，嚴懲法辦江澤民。」

「這個我一定要聲援。在我心目中法輪功是好的、是正的，尤其我不管我在台灣、在國外常常可以看到法輪功身影，祥和、健康、善良，她是一個非常優質的團體。」

許立委進一步表示：「在自由國家一定是依法行事，但在中國江氏極權政府凌駕於法律之上，很多是人治，都不是民主國家該走的制度，像江澤民這麼嚴重殘忍地迫害法輪功，在台灣和其他自由民主國家，早就該繩之以法，抓起來判罪了，哪能容忍放縱到像活摘器官慘不人道事件，這麼無法無天、嚴重作惡地步；人民到法院按鈴聲告，這是應受保障的權利，我聲援法輪功學員控告江澤民。」

拒絕人權惡棍來台

很關心人權的高雄市議員蕭永達對中國迫害法輪功學員特別關注，蕭議員說，高雄既為人權城市，高雄市議會又是最高民主殿堂，故有責任喚起大眾正視中國人權現況。蕭議員又說：「對中國法輪功學員控告江澤民要有很大的勇氣，我們要給予很大力的支持。這是中國的人權議題同時也跟台灣的前途緊密相關。」

蕭議員呼籲大家要關心中國的人權議題，他說：「我們尤其對被失蹤、被綁架的法輪功學員的生命安全要特別持續關心和營救，我支持法輪功學員控告江澤民、這個舉世唾罵的人權惡棍，在世界很多國家都有人告他，而且在外國法院也有通過的。」

蕭議員說：「我預訂在議會提案『高雄市政府不歡迎在大陸有惡劣人權記錄的人來高雄』。並努力讓議會全數通過。」

台灣立法委員聯署舉報江澤民

台灣立法委員陳亭妃於 8 月 14 日在舉報江迫害法輪功之罪行的「刑事舉報書」上簽名，並呼籲「大家應該站出來，支持聲援這樣的行動」。她希望能透過這樣舉報的動作，可以讓世界各國關注目前正在發生連署訴江事件。

陳亭妃在簽名的同時表示，她知道中共迫害法輪功學員從未停止，江澤民使出各種惡毒招式對法輪功學員進行打壓，甚至活摘他們的器官，所以大家應該站出來支持聲援告江的行動。

她說，世界各國有更多人協助、聲援並支持告江行動，會讓中國的法輪功學員不孤單，更有力量告江成功，也讓中共不敢以強權壓迫、限制所有人的宗教自由。

立法委員李俊俋則呼籲，「中國對這個活摘器官的始作俑者江澤民，作一適當的裁處，然後也讓（迫害法輪功）這樣的事情趕快停止。」

李俊俋指出，「這一次（刑事舉報）運動發生，會有這麼多不同種族、不同國家的人立刻來連署，我們希望支持中國的人權。」

第十三章

爆炸公開了
習江生死搏殺祕密

天津大爆炸是一場徹頭徹尾的人禍，是一次中國版的911恐怖攻擊，而發動恐怖攻擊的就是江澤民父子和曾慶紅。為了逼迫習近平停止調查江澤民，江、曾不惜拋棄張高麗，從江派提出的條件中就能看出習江鬥的核心問題是法輪功。

天津大爆炸是一次中國版的911恐怖攻擊，發動恐怖攻擊的就是江澤民父子和曾慶紅。（大紀元資料室）

第一節

天津爆炸案
令習江生死博弈公開化

當人們越來越多地知道天津 8．12 大火爆炸案的細節時，就越來越少的人會覺得這只是一場單純的安全生產事故，相反，越來越多的消息和現象都指向一點：這是中共高層生死搏殺中的又一輪陰謀行動。

事故很可能源自一場陰謀

從爆炸的時間來看，2015 年 8 月 12 日，正是習近平接任中共黨總書記 1000 天的日子，早上官媒剛盤點了習「治國理政」的成績單，晚上就有人送來了爆炸的「大禮花」。

從政治大背景來看，此時習近平正準備在 9 月訪問美國，探討中國加入國際自由貨幣結算體系，以及人民幣匯率，還有活摘法輪功學員器官的反人類罪等諸多大事的時候；也是習近平反擊江澤民、一口氣連出四拳：判刑周永康、抓捕郭伯雄、雙開令計劃、調查周本順，對江派大打出手的時候，下一步習近平、王岐山要動的就是「慶親王」曾慶紅以及江派總後台江澤民。從時間來看，這是江派垂死掙扎、負隅頑抗的時候。

從爆炸地點來看，天津古稱天津衛，是北京的守衛。如暢銷書《習江三次生死交鋒》描述的那樣，習江幾次搏殺，從新疆的烏魯木齊爆炸，到雲南的昆明血案，再到武漢、廣州血案，如今從遠到近，搏殺戰場一步步地逼近了北京，此時已經到了天津衛了，從遠離京城的地帶，很快就逼近到皇城根了。

很多讀者可能還不知道天津對於習近平的特殊重要性。習近平、李克強上台後，主要在經濟上提出了兩大新思路。有人問是不是「克強經濟學」在上海搞的自貿區？還不是，因為上海自貿區在 18 大前就提出了，習李自己搞出的新東西，在國外有「一帶一路」，在國內有「京津冀一體化」戰略。

由習李提出的「京津冀一體化」方案，目標就是要在北京打造中國的科技文化中心，在天津建設一個港務商業和金融中心，在河北就要搞出個工業中心，讓這三大中心連成一片，進而希望推動中國經濟車輪往前走。哪知這一場天津港大火，加上核導彈似的大爆炸，很大程度上粉碎了習近平的京津冀一體夢。

爆炸發生幾小時後的 8 月 13 日，海外幾個具有特殊背景、經常替江派放風的網站相繼爆出「獨家新聞」，公開跳出來給事故定性：《天津大爆炸是針對習近平的恐怖襲擊》。說天津爆炸案「係暗殺中共領導人失手以後，選擇性引爆庫存火工品。」

文章稱，據知情人士透露：「這次引爆這座倉庫使用的是一輛裝載引爆物的卡車。當天深夜，乘值班人員疲憊交困的時候，卡車很準確地停靠在相對倉庫記憶體放火工物品最近的位置，人員迅速離開現場，大約十幾分鐘以後引爆卡車，導致倉庫發生連環爆炸。」

「引爆的目的是銷毀庫存物。」知情者稱：「原計畫在等待中共北戴河會議結束高官返程時，引爆津冀路火車鐵軌。但是，不知何原因中共高官突然改變行程，導致不慎走漏消息，只能做善後處理，銷毀證據。」據悉，中共國家領導人經常在每年的北戴河會議結束以後，短暫繞道天津考察並以談話的形式發布北戴河會議精神。

還有文章表示：「根據陰謀論，天津大爆炸也必定就是中共權鬥的副產品，是中共在野一方所製造的人間慘禍，其目的就是向中共當權者進行威脅、恫嚇及製造危機麻煩，進而要脅習近平妥協、就範，甚至是以此災禍來彈劾習近平。……中國接連不斷地發生的這一系列天災人禍慘案，都是中南海內部各派勢力相互廝殺而造成的人間慘禍，是中南海各個集團以中國人民當人質，來向敵對方討價還價，是中國百姓容忍中共獨裁政權所付出的沉重代價。」

據香港《動向》2015 年 7 月號報報導稱：「……今年不太可能有以往的北戴河會議，一部分高規格、保密性極強的會議可能會在天津濱海新區召開。」文章稱，習近平早就透露出要取消北戴河會議，將原有的北戴河會議改在天津濱海新區召開。於是，有人策劃了針對天津濱海新區的恐怖襲擊，時間定在習近平最有可能去天津濱海新區召開會議的期間，目的就是要拿下習近平的項上人頭！

火源未解 高溫自燃還是有人點火？

文章還稱，在天津大爆炸之前，習近平接到恐怖分子的恐怖襲擊威脅，於是習近平嚴密布防，要求各級安監部門做好防範工作。天津市副市長何樹山親自主持安監部門防範各類恐怖襲擊。

8 月 13 日，《新京報》微信公號「政事兒」發表文章稱，天津爆炸的地點海濱新區正是 7 月 22 日天津市副市長何樹山帶隊檢查安全生產工作的地方，當時何樹山強調要「加強對重點行業領域的安全檢查、隱患排查和專項整治力度」。8 月 10 日，也就是事故發生前兩天，何樹山與危險化學品重點地區、重點企業負責人開展談心對話活動，對危險化學品企業提出生產安全要求；市安全監管局局長，濱海新區等 6 個重點區縣政府分管負責人均參加活動。

8 月 17 日之前，主管天津安全生產的何樹山沒有出席前六次新聞發布會，而與會的其他天津官員一問三不知。人們一度猜測，莫非何樹山主動或被動地捲入了天津爆炸案的陰謀籌劃？否則舉世矚目的新聞發布會為何不參加？

儘管他後來宣稱是救災太忙走不開，但人們依舊質疑，引發這次大火的那輛貨車或集裝箱，到底是怎麼起火的？是人為的點火行凶，還是夏天高溫引發的車內化學品自燃？車裡面裝的是電石還是金屬鈉？第一個趕赴現場的天津港公安局下屬的編外消防隊，找到企業負責人諮詢，那位負責人是誰？他只說這裡有化學危險品，但不知道是什麼類型的化合物。還有，那天帶領編外消防隊的隊長是誰？他不知道化學品火災是不能用水去撲滅的？假如這個都不知道，一個月前何樹山組織召開的危險品安全會議不是白開了嗎？

老虎餘黨想製造災禍「以洩私憤」

給陰謀論背書的還有很多事。就在天津爆炸發生後的 8 月 13 日一天內，大陸多地接連發生公共安全事故，包括北京砍殺、上海臥軌、遼寧爆炸等。

按照時間順序來看，8 月 12 日深夜，天津瑞海國際物流公司的倉庫發生強烈爆炸，10 公里內有震感，數公里外可見蘑菇雲。13 日上午 10 時 30 分，廣東東莞莞惠城軌常平段再次發生大規模地陷事故，塌陷面積達 300 多平方米，造成 1 名井下施工人員死亡，附近逾千名居民緊急撤離。事發前一天，該工地曾發生地陷事故，事故「吞吃」一輛轎車。

一小時後的 13 日中午 11 時 40 分許，北京三里屯發生一起砍人事件。一名 20 多歲的男子手持長刀追殺砍死一名女子，另一名外籍男子受傷。下午 1 時許，因「人員侵入線路」，影響地鐵行駛。據現場網友表示，男子疑似臥軌，當場死亡。等到了 8 月 13 日晚 21 時 45 分許，遼寧鞍山二台子鍋爐廠發生爆炸，事故由鋼廠發生洩漏引發大火爆炸。

這些事故的發生，有點類似 2014 年中共兩會前的昆明血案：江派故意製造事故，給習近平執政增添麻煩，激起民憤，從而江澤民提出要罷免習近平。專家們稱這是曾慶紅在軍事武裝政變之外搞出的另一種類型的政變，簡稱「另類政變」。

從中共政局形勢來看，「有人想暗算習近平」之說多多少少都還是有點根據的。當時正處在北戴河會議敏感期及「九．三」

閱兵前夕。很多媒體分析說，「老虎」黨羽圖謀不軌，極可能利用敏感期間製造一些轟動事件以洩私憤。據報，北京當局已加強安保，除應對上述重大因素外，還有應對「老虎」黨羽對高層實施暗殺的可能。隨著習王反腐的深入，各地貪官紛紛落馬，習王也因此成為落馬貪官及其受益者、追隨者的眼中釘。雖然一些曾經執掌國家強力部門的貪官已經落馬，但其安置在系統內部的死黨尚未徹底清除乾淨，這些餘黨就會假借各類災害事故來興風作浪，以洩私憤。

據說，栗戰書掌管的中共中央辦公廳從各地收集到一些情況之後，並將其匯總，判定有部分圖謀不軌者極可能利用敏感期間製造一些轟動事件以洩其恨，於是習近平陣營也開展了一系列防範措施。

如中共中央辦公廳已經布署北京、西藏以及包括國家郵政總局在內的相關部門，提升北京和西藏地區在敏感期間的安保措施，還責成北京以及京畿衛戍部隊加強「低慢小」無人駕駛航空器地面管控，將「低慢小」航空器類和「遙控地雷」、「炸彈鬧鐘」玩具等物品列為臨時寄遞管制物品，禁止寄遞進京。

此前，習近平、王岐山等人多次遭到生命威脅。港媒 2014 年曾披露，自中共 18 大迄今，習近平已經遭遇 6 次暗殺，事後查明全是內部人雇凶作案。其中周永康曾至少 2 次試圖暗殺習近平，包括在會議室放置定時炸彈和趁習到北京 301 醫院體檢時施打毒針。

據《爭鳴》報導，僅 2015 年上半年，大陸半公開發生群體遊行、示威抗爭事件 8435 件，涉及 128 個地區，有 142 萬 6700 多參與人次。據消息披露，習近平在中央政治局，趙樂際在中央書記處，孟建柱在中央政法委工作會議上都特別稱，在群體抗爭事件背後有地方黨政部門官員有意說的，甚至懷著政治上動機唆使、縱容、支持職工、社會人士搞街上政治運動，把問題的矛盾、要害轉向中共中央和中央有關決策、決議上，給當局施壓、添亂。

8 月 14 日，政治分析人士陳破空在美國之音《焦點對話》節目中，對天津大爆炸背後的因素分析說，就像前段時間的股災一樣，不排除背後有政治原因，比如，圍繞今夏的北戴河，有會、無會，信息雜亂，傳言紛紛。習近平與江澤民兩派，正拉高鬥爭調門。會不會有人為放火、製造爆炸與混亂，轉移視線？值得懷疑。

陳破空說，這次天津大爆炸，災難是綜合性的，既有慘重的人員死傷，又有嚴重的空氣污染，還有災難背後的重重黑幕。然而，但凡中國發生這類災難，當局都會施展諸如隱瞞真相、低報死傷人數、輿論導向等故技，讓災難、人禍消化於無形。這回習近平是否會啟動問責制，追究天津當政官員，並藉機換上自己的親信人馬？對習而言，這又是一次危機，也又是一次機會。

習近平兩晚沒睡 對江父子採取行動

《新紀元》在爆炸發生的當周（第 443 期）發表大紀元獨家報導：《天津爆炸習兩晚沒睡 對江父子採取行動文》。文章說，據接近中南海的知情人士透露，8 月 12 日天津大爆炸後，習近平兩晚沒睡著，已暫時控制政敵江澤民父子。此前《新紀元》多次報導江澤民、曾慶紅曾策劃暗殺習近平，習一直在布署抓捕江澤民。

知情人士說，習近平本不打算這麼快就處理江澤民，但是天津大爆炸是個轉折點，把習、江矛盾公開了，雙方你死我活。8月15日，習近平下令對江澤民及其兩個兒子採取行動，暫時限制其行動自由，曾慶紅也被控制在家。

天津事件發生後，習近平震怒得跳起來了，兩晚都睡不著。習本打算下半年處理經濟和股市的問題，現在局勢激化，不排除是江澤民集團在背後攪局。知情人士表示，習擔心的是，如果不把江派暗控起來，下半年還不知道會發生什麼恐怖的事情。

打老虎，習本來想一個一個的打，一步一步的做，現在被逼得要加快速度。外界預測習近平會加快逮捕江澤民的行動。

江澤民集團試圖討價還價 逃脫起訴

這次天津火災爆炸案，也許只是一次安全事故，但江派卻利用自己控制的媒體來變相公開下戰書，說這是江派對習的謀殺攻擊，這等於把習江雙方的生死矛盾公諸於天下，這很類似恐怖集團幹了壞事後的聲明：就我幹的，我的目的是什麼，我要提什麼條件，我要多少贖金等等。

8月18日，《大紀元》獲悉，江澤民集團利用天津爆炸事件向習近平當局表達了兩個「願望」：

一、江澤民要在9月3日的閱兵上露面。

二、要習近平停止清算、抓捕江澤民集團的人，尤其是江澤民本人。

新紀元在新書《逮捕江澤民》中談到，從2015年5月1日起，習近平下令讓大陸法院實行立案登記制，凡是百姓來喊冤的、符合事實的都給立案，於是在大陸掀起了法輪功學員控告鎮壓元凶江澤民的浪潮。據明慧網報導，從 5 月底到 8 月 13 日為止，已有超過 14 萬 6000 名海內外法輪功學員及家人向中共最高法院、最高檢察院控告江澤民，敦促當局就江對上億善良百姓犯下的罪行立案追查。

這些控告人都是實名實姓，有電話，有家庭住址，有受迫害的詳細經過，有施暴者的姓名、職務等。這等於給檢察院公訴江澤民收集了 14 萬條一手證據。

除此之外，官方還做了進一步安排。據明慧網報導，在遼寧本溪、吉林省通化、山東膠州、山東萊西、黑龍江佳木斯、河北石家莊等迫害法輪功最嚴重的地區，從 2015 年 7 月 10 日以來，在 6 月寄出控告信的法輪功學員，陸續接到當地司法所、居委會、派出所調查人員的電話或登門拜訪，核實控告信內容的真實性，為正式法院受理做好前期準備工作。

就在這個節骨眼上，天津突然發生這麼巨大的爆炸案。或可猜測，江派也許當初並沒有想把事鬧得這麼大，他們可能原計畫點燃第一輛著火的車子，隨帶把火勢擴大到部分危險品庫房，哪知天津港的消防隊用水滅火，引發了類似福山核爆炸的悲劇，事情鬧得無法收場。

江曾想交出張高麗來換取自己脫身

也許是覺得事情鬧得太大了，不損兵折將無法收場了，8 月 16 日，江派媒體再次發出獨家報導稱：「天津大爆炸威力巨大，仿如 3 級地震，死傷達數千。事件至今已 4 天，但中共七常委無

在江澤民、曾慶紅搞出的天津大爆炸恐怖事件中，張高麗（圖）被江派「斷臂求生、捨車保帥」中拋棄。（AFP）

一露面，以至外界傳猜紛紜，甚至有『常委出事』之說。本社獨家獲悉，中共常委確有去塘沽考察之計畫，但原計畫是8月16日，而非發生爆炸的12日。但大爆炸亦足以震驚高層，中辦緊急取消七常委所有外出考察安排。習近平就爆炸事件多次做批示。當局已成立調查組進行祕密調查。另外，再有消息證實本社早前獨家披露，肇事倉庫背後老闆，與現中共常委張高麗有關，且涉前常委李瑞環。」

文章接著8月14日的所謂獨家爆料，稱「現任常委張高麗的親家是倉庫的幕後」，同時也摻沙子，稱瑞海公司的投資人李亮，是中共前常委李瑞環的弟弟李瑞海的兒子，還附了一張照片。

不過財新網、《新京報》等偏向習陣營的媒體馬上戳穿了江派媒體的造謠。李亮的父母只是普通的職工，而且李亮只是表面上持股，根本沒有參與瑞海的經營，背後實際掌權的是天津港公安局局長董培軍的兒子董瑞海，董瑞海小名叫董濛濛，後改名叫董銘軒。

江派文章還說：「消息還證實，李亮之妻張雯心，原名張小燕，福建人，父親（也有說是義父）為現任中共政治局常委張高麗。」這裡又是張冠李戴了，張高麗的女婿是有「玻璃大王」之稱的港區全國政協委員、信義集團董事局主席李賢義之子李聖潑。

更多有關張高麗的真實情況詳見新紀元出版社在 2014 年 9 月出版《政治局三常委面臨清洗 》，此書封面文案寫著：「張德江太鐵，劉雲山太左，張高麗太貪」。用三個字概況了這三位江派常委的最大特徵。比如張德江他死保江澤民，在 2014 年 8 月 17 日江澤民生日時，還搞出了「反佔中」大遊行，給江獻上壽禮。這次天津爆炸案捅出的瑞海國際物流的種種惡行，假如沒有當時任天津市委書記這一把手的默認和暗中相助，怎麼可能實現呢？張高麗從瑞海拿了多少「孝敬費」呢？人們都在等著看。

有一點是清楚的，既然江澤民、曾慶紅搞出一場天津大火，並提出兩項條件：9 月 3 日習近平允許江澤民同台閱兵，並且習不再起訴江澤民，那作為交換，總得讓習這邊也得點好處，那可能就是江派支持習拿下張高麗，讓現任常委「引咎辭職」或因貪腐落馬。曾慶紅唱出這曲「斷臂求生、捨車保帥」的老戲已經不是第一次了，從陳良宇開始，到薄熙來、周永康等人的落馬，這次輪到張高麗了。

第二節

有一股勢力欲置習近平於死地

專門為迫害法輪功而設立的「610 辦公室」是蓋世太保式的邪惡機構，凌駕於法律之上。（大紀元合成圖）

江澤民集團鐵桿欲置習近平於死地

8 月 12 日晚，天津濱海新區發生大爆炸。網上有消息稱，事故造成的死亡人數超過 3600 人。

8 月 13 日，有海外中文媒體披露，天津大爆炸是針對習近平的恐怖襲擊。習近平有可能去天津濱海新區召開會議，於是有人策劃了恐怖襲擊，目的是要拿下習近平的頸上人頭。

在中共內部，確實有一股勢力，對習近平恨之入骨，欲置習近平於死地，那就是在「610」組織和政法系統中的江澤民集團鐵桿。

習近平上台後，在 2013 年三中全會上廢除了「勞教制度」，這就觸動了靠勞教迫害法輪功的「610」組織成員的罪惡「利益」。

2013 年 12 月 20 日，習近平當局拋出了前「610 辦公室」主任、公安部副部長李東生。在官方通報中，特別強調李東生的「610辦公室」主任身分，被認為是習近平當局釋放與江澤民集團切割的明顯信號。

2015年5月26日，中共官方媒體高調報導「劉金國不再擔任『610辦公室』主任」。官方簡歷顯示，劉金國1月起就不再擔任這項職務。

中共至今沒有公布何人接任這項職務，引起外界猜測。中共前軍事學院出版社社長辛子陵認為，這是當局在跟它做切割，將要取消「610辦公室」。

在中共18大上，中央政法委被降格，政法委書記不再由中央政治局常委擔任。中共三中全會後，政法委權力再被削弱，同時多地政法委書記落馬，還有不少原政法系統官員自殺。

2015年6月11日被判處無期徒刑的中共前政法委書記周永康，曾多次策劃暗殺習近平。

在2013年北戴河會議前後，周永康認為末日來臨，至少兩次試圖暗殺習近平：一次是在會議室置放定時炸彈，另外一次是趁習近平在301醫院做體檢時施打毒針。

2015年7月24日落馬的中共河北前省委書記周本順，曾炮製了一份《河北政情通報》，串聯江澤民、曾慶紅，企圖在北戴河會議上向習近平發難。周本順也出身於中共政法系統，是周永康的鐵桿心腹，曾擔任中共中央政法委祕書長。

「610」是「蓋世太保式」組織

1999年6月10日，執意要鎮壓法輪功的時任中共黨魁江澤民下令成立「中央610辦公室」非法組織，專門負責組織、策劃、密謀、指揮各種迫害法輪功學員的行動及所有事務。

鎮壓開始後，「610辦公室」被定為正部級常設機構。中國各級「610」機構數以萬計，專職兼職工作人員達百萬規模，經費充裕，權力超乎一般政府部門和公檢法部門，只服從於黨委，並直接對上一級「610」負責。

「610辦公室」是一個超級權力機構，其職能包括「指導和協調公、檢、法、司法、安全各部門偵查、抓捕、起訴、審判等處理法輪功工作的一切活動」。

這個機構類似中共的「文革小組」、納粹德國的「蓋世太保」，但遠比「文革小組」和「蓋世太保」更為邪惡。

江澤民集團利用「610辦公室」，對法輪功進行殘酷鎮壓，全方位地組織、指揮、實施對法輪功的迫害，如媒體抹黑、監控騷擾、非法拘禁、非法判刑、洗腦、入室搶劫、經濟掠奪、株連等，甚至活摘器官殺人牟取暴利。

2003年10月15日，「610辦公室」被偷偷改名為「防範和處理X教問題辦公室」，繼續在背地裡幹著慘絕人寰的罪惡勾當。

「610辦公室」的上級機構是中央「610」小組，最初由李嵐清、羅干等負責組建；李嵐清、羅干、周永康先後任組長，該小組設副組長一名，即中央「610」辦公室主任。王茂林、劉京、李東生、劉金國先後出任「610」辦公室主任。

近期中共「610」系統官員相繼落馬，目前至少有3次公開報導。除李東生外，2015年5月25日，廣東陽江市紀委網站消息，陽江市「610辦公室」副主任羅健正在接受調查。

2014年9月30日，習派背景的「財新網」以《山東萊蕪市

610 辦公室副主任韓克鋒被雙開》為標題，首次直接公開以「610 辦公室」副主任身分落馬的官員，大陸媒體更是首次在新聞標題中直接提到「610」。

政法委曾是中共「第二權力中央」

周永康是江澤民一手提拔起來的高層代言人，長期替江澤民把持中共公安、員警、武警部隊、司法等部門的人。

周永康於 1999 年到 2002 年主政四川省時，積極追隨江澤民殘酷迫害法輪功，使得四川成為全國迫害法輪功最嚴重的省份之一，周永康也因此而得以升遷。

2002 年，周永康被調任中共公安部長兼政法委副書記，成為江澤民集團迫害法輪功元兇、江澤民的心腹羅干的副手；2007 年，江澤民的心腹羅干退出中共政治局常委時，江澤民又安排周永康接替羅干的位置，出任中共常委、政法委書記。

政法委是中共體制內一個畸形的「怪胎」。從江澤民掌權時代起，政法委書記高調成為政治局常委，一直延續至中共「18 大」結束。

自 1999 年 7 月 20 日以後，為了鎮壓法輪功，江澤民給政法委無邊的權力。江的心腹、兩任政法委書記羅干和周永康，先後掌控中共的公安、法院、檢察院、國安、武裝員警系統。

同時，政法委通過地方各級「610」辦公室，還可以隨時調動中共的任何部門如中共外交、教育、司法、國務院、軍隊、衛生等資源，對全國法輪功學員進行非法監控、抓人、抄家、送洗腦班，操縱法院審判過程和判決結果。政法委系統成了中共的「第二權力中央」。

中共用於「第二權力中央」的維穩經費多年來一直超過了軍費開支，成為了國際笑談——中共的真正敵人是中國民眾，而不是所謂的敵對勢力。2013 年維穩經費為 7691 億元，軍費為 7406 億元，超過軍費近 300 億元。

中共僅 2005 年就在 36 個重點城市建立了公安特警，裝備精良；經江澤民擴充後的武警部隊共 150 萬人。而周永康的政法委系統將武警控制在自己手裡，使武警成了江家的私家軍。

但隨著政法委在中共「18 大」後的降格，周永康被判，政法委系統遭到習近平當局的清洗，這個中共曾經的「第二權力中央」已經風光不再。

現在的中共「610 辦公室」組織和政法委系統中的人員，不但面臨權力削弱，經費減少，職位不保的局面，而且還面臨著罪行被清算的下場。

在這種情況下，這些江澤民集團的鐵桿視通過反腐「打虎」運動清洗江澤民集團的習近平為眼中釘、肉中刺，急欲除之而後快。

習江最血腥生死搏殺 張高麗中槍

第十四章

江澤民曾強烈反對習近平進入上海

江澤民派系控制的媒體曾散布流言：習近平是江澤民提拔上來的。但真實情況恰恰相反。從陳良宇落馬的往事中，就能看出習近平從一開始就不走江派老路。習近平上位，主要是胡錦濤、溫家寶與江派在權力較量中的雙方妥協折中的結果。

2014年江澤民現身中共「十一」音樂會，詭異的氣息顯示中共公開分裂。（Getty Images）

第一節

17 小時激鬥攤牌「上海幫」幾乎崩潰

2006 年，中共總書記胡錦濤不露聲色地使出殺手鐗，讓當年江澤民的心腹、也是其定下的接替胡錦濤的人選——陳良宇，在「17 大」之前落馬，提前出局。

港媒早年的報導說「得上海者得天下」。當年的中共，以江澤民為老大的「上海幫」，一度躊躇滿志，他們想不到台前幫主陳良宇一下子敗給胡錦濤，而胡此役，起到了隔山震虎的效應，對中共「17 大」、甚至「18 大」的影響之深難以估量。

當年陳良宇落馬前後發生的各類事件，也顯示出：從一開始，習近平和江澤民之間的關係就不合拍。

陳良宇放風：整上海的目標是否定江澤民

2006 年 9 月 21 日，中紀委駐上海工作組，向中共中央政治局常委會報送《關於上海調查工作》第三份報告。該報告中有證據、物證、旁證，證實了市委書記陳良宇是清楚屬下進行非法經濟、金融活動的，而且利用職權扣壓有關舉報信，以政治威脅市紀委、市檢查部門負責人，長期庇護親屬在國土、工程領域中的非法、違法活動，在社會上引起極大反響。

該報告稱：初步核實，陳良宇涉及非法、違法金融、經濟活動金額超過 100 億元。

該報告提到：2006 年 6 月中旬，中紀委進駐上海，工作一直受到人為嚴重干擾。陳良宇先後在不同場合六次吹風，並挑撥說：「有人要整上海，要搞垮上海，目標是要貶低、否定江總（江澤民），要藉反腐敗排斥慶紅、黃菊。」

「工作組不整出些問題，是不會罷休的。我們思想上、精神上要有準備。」

「宏觀調控，七成是對著上海的，壓上海是明的，排慶紅、黃菊雙管齊下。」

「上海市委、市政府有沒有問題，誰都不能下結論。如有大問題，我陳良宇就不敢理直氣壯。」

「反腐敗，上海市委舉雙手支持；藉社會民意整市委就難服。」

「有問題不要都向中央送，搞垮上海，誰高興？不要想得這麼單純。」

除了不滿之外，陳良宇也對中紀委上海工作組做了不少小動作。中紀委工作組下榻的衡山酒店不斷受到干擾。另外，在中紀委工作組的住地發現了竊聽器。因此中紀委工作組不得不搬到同屬衡山酒店管理的馬勒別墅，並由中央專門調了一個排的武警，武裝保衛工作組的人員安全。

據韓正後來表示，陳良宇先後在衡山賓館、錦江賓館、虹橋迎賓館召集部分市委常委開碰頭會。陳良宇說：「中紀委到上海是要打開突破口，要翻市委老帳，要搞清算，要揪出『大老虎』才甘心。當前我們要穩住，再穩住，該硬就要硬，能硬過三個月，搞不出大的東西，最遲 10 月 1 日後就會撤回。」

江澤民遲遲不表態 江派常委棄權

《上海幫末日悍將 陳良宇傳奇》一書稱，中紀委報告送政治局常委批閱後，當年 9 月 22 日下午，中央政治局常委會開會討論。中紀委書記吳官正在會上提出三點處理意見：根據已核實材料，陳良宇嚴重瀆職，而且涉嫌庇護犯罪活動。

一、宣布撤銷陳良宇市委書記的職務；

二、召開中央政治局全體會議，就陳良宇問題，提出處理意見；

三、宣布對陳良宇實施「雙規」，留京審查，並就陳良宇問題提交 16 屆六中全會審議通過決定。

會議從下午 2 時開至晚上 10 時，歷時 8 小時，未有結果。其中賈慶林、黃菊、李長春反對現階段對陳良宇的問題進行處理。

會議宣布：9 月 23 日下午繼續開會，並向前政治局常委江澤民、李鵬、朱鎔基、李瑞環、宋平、劉華清、尉健行、李嵐清及萬里通報。

江澤民、朱鎔基、劉華清、李嵐清未表態，其他人都表態：完全支援中央政治局常委會。

9 月 23 日下午 1 時，中央政治局常委會繼續開會，晚 10 時結束，歷時 9 小時。當天，對有關陳良宇問題進行表決：通過建議 24 日下午召開中央政治局全體會議，並邀請前政治局常委出席；通過建議撤銷陳良宇的上海市委書記職務，停止中央政治局委員、中央委員職務，留京審查。

當時的九名政治局常委表決結果：六票贊成，三票（賈慶林、黃菊、李長春）棄權。與此同時，胡溫高層將陳良宇的情況向在上海休息的江澤民作了彙報，江澤民無奈之下，只好支持這個決定，還評陳良宇為「害群之馬，罪有應得」。

陳良宇抵京即被「雙規」

9 月 23 日晚，陳良宇還在上海觀看世界田徑大賽，劉翔 100 米跨欄奪冠的賽事。9 月 24 日早上 8 時，陳良宇乘中央派遣的專機到北京出席中共 16 屆六中全會籌備會議，當陳良宇抵達北京後，即被中紀委宣布「雙規」。

據新華社《內參》9 月 25 日報導：上海市民得悉陳良宇下台，有人走上街頭慶賀，喝洋酒叫「爽」。上海市委機關 50 條電話線的鈴聲此起彼伏，來電都紛紛表示支持法辦陳良宇。

陳良宇一度是江澤民內定的胡錦濤繼任者

港媒報導稱，2000 年初，江澤民曾加緊落實胡錦濤繼任者的工作，從自己的「上海幫」中揀選候選人。而符合條件的有陳良宇（1946 年）、黃奇帆（1952 年）、孟建柱（1947 年）三人，當時都身居市委常委或以上職位。江並打定算盤2002年「16大」現書記「入常」，空下位子予「準繼任人」（使其）未來能更上層樓。

雖然三人均屬如假包換的「上海幫」，但光譜濃淡有別：孟建柱似乎跟朱鎔基走得更近，黃奇帆的政治靠山則是吳邦國，黃菊不僅是江的第一寵臣，而且是理應更具發言權的市委書記。而他的首選，在徵得江認同後，是自己的頭馬——陳良宇。

陳良宇上任書記前一年即2001年，江澤民將孟建柱外放江西，以「只適合搞農業」一句話鎖死其前程。黃奇帆則被江弄到重慶，時間點也是2001年。

從陳良宇的經歷上來看，此人在上海鎮壓法輪功不遺餘力，也符合江澤民給部下設下的升官標準。

陳良宇入獄後一度大罵江澤民

外界都知道原上海市委書記陳良宇是江澤民的死黨，但陳入獄後與江澤民反目的內幕外界卻知之甚少。

據港媒2015年3月的報導，2007年9月，陳良宇案發後，陳的兒子陳維力在其父下屬的幫助下潛逃出境。2008年3月，陳良宇正式入獄服刑。7月8日，中共警方利用陳維力女友為餌，誘捕了由美赴大馬的陳維力並引渡回國，按當時官媒所列罪名足以判死。陳良宇獄中驚悉兒子被抓後，狂怒大罵江澤民，並警告說：「如果我兒子保不住命，你兩個兒子一個也別想活！」

陳良宇落馬 「上海幫」幾乎被瓦解

陳良宇是上海市委書記，是上海幫看守基地的人物，抓了他，意味著以江澤民為主的「上海幫」面臨崩潰。中央高層中的「上海幫」成員吳邦國、曾慶紅為了將來能東山再起，不得不順應政治形勢，投向反對陳良宇的一方；「上海幫」、江家班的另三名成員賈慶林、黃菊、李長春見大勢已去，在政治局常委會就處理陳良宇案進行投票表決時，不敢投反對票而投了棄權票；江澤民在最後時刻對陳良宇選擇拋棄態度，沉默不表態。

陳良宇的落馬，說明「上海幫」已無力回天，顯示中共權力結構將重新洗牌，預示「17大」前後的激烈權力鬥爭將陸續登台。

陳良宇事件中 習近平第一次被涉及

關於陳良宇和習近平之間關係的報導很少。

有一篇海外的報導稱，陳良宇叫板溫家寶後，還暗中採取了行動：他去對浙江省委書記習近平和江蘇省委書記李源潮串聯遊說，希望滬、蘇、浙結成聯盟，統一步調，與溫家寶討價還價時擁有更大籌碼。但是這兩名省委書記審時度勢，都沒有答應他。

第二節

習近平當選上海市委書記內情

維基解密：上海市委書記是燙手山芋

2006 年 9 月，《紐約時報》曾引述中共官員的話稱，作為中共前領導人江澤民所建立的上海這個有影響的政治機器的繼任人，陳良宇從來沒有贏得過中共總書記胡錦濤的信任，而胡錦濤自己的政治權威已經穩定得更難對付。

來自中南海的內部消息說，陳良宇翻船落水後，選派誰來主政上海，成為中南海一個棘手難題。

2011 年 8 月 30 日，維基解密（WikiLeaks）網站公布了美國的一份外交電文指，在前上海市委書記陳良宇因貪污問題於 2006 年下台之後，其職缺成了燙手山芋，中共黨內多名高官沒有意願接任該職務，唯恐遭陳案波及。

這份由美國駐上海領事館於 2007 年 1 月 10 日建檔的電文引

述兩名上海消息人士的話透露，胡錦濤原本屬意江蘇省委書記李源潮等人接任上海市委書記一職，但這些人選均無意願。

電文說，上海市人大調研員周梅燕於 2006 年 12 月 20 日告訴領事館官員說，胡錦濤一開始希望李源潮接任上海市委書記，但李以該市太亂婉拒該職。2007 年 1 月 8 日，與李熟識的凱雷集團（Carlyle Group）中國首席代表羅毅（Luo Yi，音譯）證實說，李無意出任該職，寧願在江蘇再待 5 年。

周梅燕還表示，胡錦濤曾安排遼寧省委書記李克強接任上海市委書記，但李同樣婉拒該職。據說，胡也打算將李「空降」至政治局常委，讓他當繼任人。

周梅燕引述一名北京友人的話說，當時呼聲最高的繼任人選是浙江省委書記習近平，有些黨內大佬也支持習出任該職。羅毅引述一名消息人士的話說，習近平的確被安排接任上海市委書記一職，但他跟李源潮和李克強一樣，婉拒出任該職。當時該消息人士稱，習將前往北京任職。

周梅燕稱，她聽說時任中共統戰部長的劉延東十分想出任上海市委書記的職位。儘管胡錦濤本來也希望將劉安插在上海，但胡不能這麼做，因為上海市委對她充滿敵意。陳良宇曾輕蔑地指稱劉為「大嘴巴」。周認為，如果胡將劉派往上海，她一開始就會成為「跛腳鴨」。

電文還提到，上海市委書記曾經是很多人搶著要的職務，而如今這些年輕的中共官員卻不願接任。

周梅燕還說，即使中共高層也會掉入派系角力的陷阱中，陳良宇就是一個例子。陳原本認為黃菊是長期戰友，有意願和能力保護他，所以敢挑戰胡錦濤。但令陳失望的是，黃罹患惡疾，最終在緊要關頭拋棄他。

有關劉延東或入主上海的說法，早在2005年8月路透社的報導也可以加以佐證。據報，胡錦濤曾打算空降團派女成員劉延東取代陳良宇。

政治局常委會提4人選 因爭議擱置

2006年10月，中共16屆六中全會前夕，中央政治局常委會曾提出上海市委書記人選，包括王剛（中辦主任）、何勇（中紀委常務副書記）、習近平、李源潮。

政治局常委會對以上4名人選爭論不休，交中央政治局討論，又被擱置。中央書記處一度還提出，韓正代書記可以在適當時候轉正。後來，中央檢查組、中紀委調查組所掌握的韓正的問題也不少，上海官場甚至稱：韓正是陳良宇第二。

有關上海市委書記的人選，也曾徵求過江澤民、宋平、喬石、朱鎔基、李鵬、尉健行等人的意見。江澤民提了賀國強、陳至立。宋平提了何勇、習近平。朱鎔基不表態。李鵬、喬石表示贊成政治局常委會大多數人的意見。尉健行贊成宋平的提議。

第二次審議上海市委書記人選

2007年1月初，中共中央政治局第二次討論、審議上海市委書記人選，在原4人中又增加了賀國強，逐一表決。結果，僅何勇、習近平各有11票贊成，賀國強、李源潮都僅有6票和7票贊成。

3 月 23 日，中央政治局會議審議、表決，習近平終以 16 票贊成，2 票反對（賈慶林、賀國強），4 票棄權獲得通過，被正式任命為上海市委書記。

中央政治局常委提及，習近平任上海市委書記，「17 大」必然要進政治局。5 年後，即 2012 年中共「18 大」時，習近平年僅 59 歲，當屬政治局常委、國務院總理或常務副總理、中央書記處常務書記人選，是中共第五代繼任者。

網傳江澤民曾「堅決反對」習近平任上海書記

2012 年一篇《這倆人進 18 大常委會木已成舟》的網文說，江澤民「堅決反對」習近平擔任上海市委書記，原因之一是習近平當浙江省委書記時，曾被黃菊拉攏入江家幫，但習近平沒搭理他。這事發生在 2004 年 4 月中旬，這使江心中恐慌，命令一心想當總理的政治局常委、第一副總理黃菊藉口到上海出席一次國際性會議，擅自召開了四省一市（上海市、江蘇省、浙江省、江西省、安徽省）黨、政、人大、政協四套班子高層的座談會，煽動批總理溫家寶。但浙江省委書記習近平沒有表態，事後黃菊向江澤民彙報了會議情況，尤其對習近平的不滿多抹了幾筆，讓江耿耿於懷。

習近平調任上海書記背後：中央曾做廣泛調查

在習近平被宣布成為上海市委書記之後，2007 年 3 月《南方周末》的文章表示，中共中央認為習近平擔任上海市委書記是合適的。

文章說，為什麼是習近平？在此之前，坊間對上海「一把手」的人選問題多有議論，其中不乏多種版本的揣測，一直到 3 月 24 日下午，懸念才最終破解。

習近平的到來，此前並無徵兆，「在全國開『兩會』，大家也沒看出來。」上海市一名中共全國政協委員說。但他坦言，上海社保案發後，中央對於上海的人事調整，其實一直在醞釀，並且早已付諸相應的摸底工作。

賀國強在上海幹部大會上亦強調稱，這次上海市委書記的配備，是「經過認真比選、反覆醞釀、慎重研究決定的」。

「比選」是中共人事決策過程中的慣例。「大凡都有幾個候選人，由黨委討論研究集體決定。」中央黨校教授葉篤初對此曾表示：「但在公開場合提比選，還是比較罕見。」「認真」、「反覆」、「慎重」三詞多少透露出中共中央此番定奪上海「一把手」過程中的反覆。

上海市政府一名參事當時說，2007 年 1 月，中組部就曾專門赴上海進行問卷調查。調查對象包括上海幾乎所有的局級領導及上海市、區兩級人大代表、政協委員，以及在滬的中共全國人大代表和政協委員，因人數達 2000 餘人，無法盡錄，便採取電腦派位，隨機挑選了 20%的代表和委員進行問卷調查。

問卷內容除包括醫療、衛生、教育、治安、住房等民生諸多方面外，還聽取了各位代表和委員對於領導候任人選的意見。該參事說，這次調查「範圍之廣、程度之深，是上海近年少有的」。

上海官場明捧習近平 暗地設陷阱

2007 年 3 月，習近平成為陳良宇之後的上海市委書記時，破除了上海官場明吹暗捧的惡習和各種政治、經濟陷阱。上海是江澤民的老巢，當時那裡的官員多為江澤民的黨羽。

據早前報導，2007 年 3 月，習近平上任上海市委書記，不到兩周，就受到市委、市政府、市人大的吹捧。剛上任，就遭遇到市委、市政府、市人大所設的政治、經濟的陷阱。

3 月 24 日，習近平正式就任上海市委書記，至 26 日他就收到多封來自市委、市政府「表決心」、「表擁護」的吹捧信函。緊接著，來自各區、局、縣的 150 多封恭賀信又送到習近平的辦公室。

剛剛上任的習近平不僅遭遇中共官場的陽奉陰違。同時，還面對上海官場設下的五大陷阱。

當年港媒報導說，習近平上任後，暫住在西郊賓館。3 月 28 日，上海有關方面，為習近平在襄陽南路安排了一幢 800 多平方米的英式三層獨立花園洋房。習近平看了一下說：留給老幹部作為療養院，或者留給解放軍傷病員，合適些。

香港媒體評論說，這顯然是個陷阱。按中央規定，省部級官員住宅標準為 250 平方米，就是中央政治局委員，按規定也只有 300 平方米。

習近平到任後，上海立即從市政府外辦調撥一輛奔馳 400 型轎車、一輛凌志車，作為習近平的專車。而中共中央的規定是，除用於接待外賓、陪同外賓，中共官員一律乘用國產轎車。

此外，上海有關方面，從錦江賓館抽調一名特級廚師，又從二軍醫大調來教授級內科專家，配備給習近平。這也是違反中共規定。省部級官員是不能配備專職廚師的。中央政治局委員、副總理一級的官員，能配備保健醫生，但非教授級。陳良宇原保健醫生是華東醫院教授級全科專家。

習近平就職後，因有工作要去杭州。為此，上海方面特意為習近平安排了駛往杭州的專列。而中共的規定是，中共國家主席、副主席、總理、人大委員長、政協主席及政治局常委、中央軍委副主席，才有資格乘用專列。

習近平拒乘專列，改乘「麵包車」駛往杭州。習對前來送行的市委辦主任說：「誰搞的？這是違紀的，是明知故犯。我不能搞，下不為例。」

對於上海市人大、市政協提出的舉辦歡迎新書記茶話會，由市委、市政府安排在市黨校，請習近平給全市局級以上官員講用「思想政治建設、組織廉政建設」的請示，習近平也予以否決。

外媒間接證實當年習、江之間關係

美國的彭博通訊社在 2012 年的一篇報導中稱，習近平的弟弟習遠平可能是最早全面退出商業活動的家人。據聞，在習近平「突然」被調動到上海開始，就立刻勒令習遠平離開上海，不准在上海有任何業務。習的弟弟不但沒有反對，更徹底撤出所有生意，包括出售之前已經初步啟動的一些項目，回家陪伴老母親。

報導還稱，習近平在這件事情之後曾對另一位紅二代說，習遠平的作法讓他感到驚訝，「沒想到這個弟弟可以這麼懂事」。

第三節

習近平與江澤民決裂的內幕

「17大」海選引發的風波

2007年曾慶紅在「17大」退下時，曾慶紅與江澤民無奈選擇習近平做為胡錦濤之後的總書記人選。但是江派同時又祕密選定了薄熙來做為「18大」後替代習近平的人選。這也注定了江、曾與習終有決裂的一天。

據日本《朝日新聞》此前透露，2007年6月25日下午3時，也就是中共「17大」前夕，400多名中共高級官員在北京舉行了一次非公開的信任投票，目的是考察將來有可能進入中共最高決策層、年齡在63歲以下的官員的能力。據悉，這種形式的「黨內民主」尚屬首次，胡錦濤主持了會議。

投票結果至今未對外公布。《朝日新聞》援引一名中共黨內人士的話透露，當時的投票引發了一場風波。江派看好的時任商務部長薄熙來的得票情況非常差，特別是軍隊內部對其評價甚低，而習近平得票則位於前列。

據稱，這一結果讓江澤民十分心慌，最終被迫選擇習近平成為胡錦濤的繼任者。

此前，江派在「15 大」用黨內的「政治局常委 70 歲退休」的年齡原則逼退了喬石；然後在「16 大」用「七上八下」（67 歲還可以新任一屆政治局常委、68 歲就必須退休）的原則逼退李瑞環。但是，曾慶紅在「17 大」也因到達 68 歲而被胡錦濤逼退，但是江派在對外的放風中卻不斷鼓吹「曾慶紅主動退下成全了習近平」。

中共「17 大」後，習近平進入中共最高權力核心層，成為政治局常委。

江澤民選擇習近平只是過渡

自 1999 年江澤民開始發動鎮壓法輪功後，江澤民集團迫害法輪功的元凶被世界數十個國家及地區以「群體滅絕罪」、「反人類罪」、「酷刑罪」等重罪控告。

在大批法輪功學員被迫害致死，甚至被活摘器官之後，出於對被清算的本能恐懼，江澤民一直嚴密控制政法系統，維持迫害的高壓，把周永康提拔成政法委書記，並讓其成為政治局常委。

江澤民惶恐失去核心權力後一旦無法維持迫害將遭到清算。因此，在中共「16 大」退下前，江就開始布局以後的人事安排，以逃避清算。

《真實的江澤民》一書中提到，江一直對胡錦濤不放心，其中原因之一是後上來的胡不願意替江背鎮壓法輪功的黑鍋，這讓江一直在尋找可以接替胡的心腹人選。

陳良宇被拿下，江不得不另找人選，太子黨薄熙來因在當地積極鎮壓法輪功被看好，但江最緊急的是在 2007 年阻止胡看好的李克強上台。由於江系自己手裡沒有人選可以在 2007 年起到阻擊作用，作為緩兵之計，習近平被江、胡雙方接受。

習近平對江澤民來說，最大問題就是沒有手握迫害法輪功的血債，因此無法得到江最終的信任。

書中說，習近平上台只是江、曾的權宜之計。江、曾的算盤是先在 2007 年阻止胡錦濤的繼任者上台，在 2007 年到 2012 年期間內，讓江、曾真正選中的薄熙來鍛鍊成熟，取得威望和權勢，在 2012 年的中共「18 大」上至少得到常委和中央政法委書記的位置。

江、曾預計在中共「18 大」後再經過二年左右的時間，利用時任重慶市委書記薄熙來在全國通過「唱紅打黑」取得的對全國的挾持和操控，把「重慶模式」推向全國，再利用薄熙來掌控的中國政法委、武警部隊，以及全國眾多被薄熙來掌握的軍隊人緣、江澤民在軍中的力量等，罷免甚至逮捕習近平等人，到時候中國又是江、曾的天下。

江和曾的原意是在「18 大」後先讓薄熙來接替周永康成為政法委書記，擁有調動公安和武警的權力，同時讓軍中的將領與薄熙來搭上關係，以便在適當時候奪走習近平的權力。但是，2012 年 2 月初，王立軍闖入成都美領館使得這一計畫在執行到一半的時候，最終功虧一簣。

此政變計畫也因為牽涉諸多的黨政軍的要員，以及許多內幕，成為中南海最大的「炸彈」。直到現在，由此事件所引發的中南海震盪仍在繼續。

習近平與江、曾決裂

有報導稱，習近平 2012 年 2 月 14 日訪美期間，在拜訪美國副總統拜登私宅時，拜登對習亮出薄、周試圖篡位的鐵證，習近平最後下決心拿下薄熙來。

2012 年 2 月有外媒曾透露，王立軍在進入美國駐成都領事館的 24 小時內發生的一些事情，一條值得注意的線索就是，美國副總統拜登直接要求與習近平通話，談話的主題應該是協調怎麼處理王立軍這件事情。

此後也不斷有傳聞稱，拜登在會見習近平的時候，將王立軍交給美國的有關薄熙來和周永康試圖謀反、將來奪取習近平最高權力的計畫知會了習近平。其後習近平倒薄投下的一票在當時九人制常委中舉足輕重。

2012 年 3 月份薄熙來被拿下，實際等於習近平與江澤民和曾慶紅已經決裂。

江派對習「絕望」 公開對習喊話

隨著薄熙來的下台，當年 4 月，江、曾已經對習近平「非常絕望」，在其控制的海外媒體上公開對習喊話，並「提醒」習近平，江派大佬曾慶紅「17 大」出局、陳良宇被拿下，甚至讓薄熙來下台，都是江派對習近平上位所做出的「巨大犧牲」，並稱「桃花潭水深千尺，不及江、曾送我情！」

由於習近平對薄熙來下台、處理周永康等問題上都支持胡、溫，此舉讓江派殘餘人馬大跌眼鏡，中共迫害法輪功的血債派開始全面崩潰，處於洩憤狀態，後來在海外媒體上的措辭也越來越激烈。

7月中旬，有江派色彩的香港刊物開始發表報導嘲諷習近平，稱習近平甘當「跛腳書記」。在胡與習之前並未看見任何不和跡象的時候，文章卻稱，「所以習近平的處境，比當年的胡要艱難無助十分」，甚至在措辭上對其進行人身侮辱。

曾慶紅家族未出席習仲勛百年誕辰

2013年10月15日，習近平的父親、中共前副總理習仲勛百年誕辰，大陸各地舉行了盛大的紀念活動，當天在北京人民大會堂舉行的習仲勛百年誕辰座談會，紅二代們紛紛前來參加。

據悉，當時的紅二代大聚會唯缺薄一波家人，實際上除了薄家人沒有出席之外，前國家副主席曾慶紅的「紅色家族」也沒有派人出席。

座談會籌備期間，習家採取「限員」，主要家族一般邀請一名代表。這次「紅色後代」大聚會，紅二代各個門派都到場，既有毛澤東的後人，也有高崗妻兒；既有自由派的胡德平、秦曉，也有左派朱佳木、林炎志等。論曾家的「紅色血統」以及歷史，此次曾家的缺席顯得頗不尋常，曾慶紅與習近平公開分裂信號突顯。

港媒：習不欠江 反貪「打虎」公事公辦！

2015 年 2 月 3 日，習近平軍中親信、紅二代劉亞洲上將發表題為《照耀中國夢的思想火炬》的文章，為習近平站台。

同日，編輯部在北京的海外多維網迅速發表題為《紅二代黨報刊文解習近平上位疑雲》的文章。文章在部分引用了劉亞洲的話的同時，還加註了評論稱：「習近平主政省份的發展速度和經濟總量都並不搶眼，不如其他一些諸侯吸引眼球。（最終上位）很有可能的原因是他的個人價值觀和施政理念，獲得了中共決策團體的認可。」

港媒對多維評論稱，此話的用意是「當年是中共政治老人們集體選擇了習近平，而並不是江澤民。習近平並不欠江澤民的」。反貪「打虎，公事公辦！」

第四節

習近平折騰上海灘
江澤民親信紛倒台

上海市委常委的班子被拆得七零八落

這一屆上海市委常委任期尚未過半，已有過半常委「被更新」。

2012 年 5 月，上海市委常委換屆，俞正聲、韓正、殷一璀、楊曉渡、屠光紹、楊振武、李希、丁薛祥、徐麟、艾寶俊、沙海林和尹弘等 12 人當選市委常委，俞正聲當選市委書記，韓正、殷一璀當選市委副書記。

中共「18 大」後至今，已有 6 人調離上海，1 人改任正省級職務。

2013 年 11 月，中紀委常委、中央第九巡視組組長、審計署副審計長侯凱「空降」上海，擔任上海市委常委、紀委書記。

隨著黑龍江省委常委、組織部長徐澤洲出任上海市委常委、組織部長，上海官場至為關鍵的組織部（給官員戴帽子的部門）和紀委（給官員摘帽子的部門）都掌握在習、王陣營的手裡，並且都是「空降」的老紀委人，都是「反腐專家」。

官方簡歷顯示，徐澤洲現年55歲，江蘇泰興人，恢復高考後考入南京大學哲學系77級，24歲進入中央紀委，幹了27年，期間先後任職於四室、七室和辦公廳等，被指為「反腐專家」。2009年4月，徐澤洲接替龍新南任省委組織部長，並在年底升任黑龍江省委常委、組織部長。

習近平部分上海舊部升遷

「上海幫」在中共政壇上曾經風頭十足，隨著陳良宇的落馬、黃菊的死亡，江澤民的衰敗，「上海幫」鐵三角已煙飛灰滅。在胡、溫時代，上海的官員更是遭到冷待。

上海是習近平晉升中共中央前最後一個主政的地方，儘管他在那裡只待了短短半年。習近平「18大」掌權後，重新起用上海舊部，如原上海市委常委兼宣傳部長徐麟進京出任中央網信辦第一副主任；原上海市委常委兼市政法委書記丁薛祥被提拔為中辦副主任兼習近平辦公室主任；原上海市委常委兼市紀委書記楊曉渡轉任中紀委副書記；原上海市人大常委會副主任陳豪出任雲南省長；和習近平一樣，遼寧書記李希在入遼之前，也曾在上海「鍍金」三年。

習在上海的舊部或獲得升遷，或到異地擔任要職，或調至中共中央。與此同時，江澤民的「上海幫」死黨或被清洗，或另謀出路，江澤民本人也被部分限制行動。

丁薛祥與江派慘烈激鬥 吳志明等被逐出市委常委

習、李上台後，開始強力反腐「打虎」。2012 年重慶事件後，江派勢力逐步失勢，江澤民老巢上海失守。

知情人士稱，作為習近平在上海的大祕，丁薛祥曾協助習近平平穩地在人事布局上掃除陳良宇的勢力，穩住了上海的局面。此期間，丁薛祥給習近平留下深刻印象，習近平遂將其從辦公廳主任提拔至市委祕書長，並擔任上海市委常委。

在 2012 年 5 月召開的中共上海市黨代會上，在丁薛祥的安排下，江澤民在「上海幫」的人馬吳志明、楊雄等人被逐出上海市委常委。

上海政法委書記一直由江澤民的侄子吳志明把持。早前的報導說，江派的算盤是，吳志明的副手，上海市副市長、公安局長張學兵，繼續在新班子中把持市政法委書記。不料，張學兵突然遭遇被人「舉報」，丁薛祥順勢接替市政法委書記的職務。

港媒稱，丁薛祥因其圍剿上海江家幫，遭到惱羞成怒的江派殘餘的瘋狂反撲，組織力量令丁薛祥在「18 大」代表中落選，連上海代表都當不成，雙方幾乎同歸於盡。原本習近平屬意丁薛祥做的中辦主任一事當時就「泡了湯」，最後是栗戰書成為中辦主任。

此役，江派楊雄、吳志明被踢出上海市委常委，張學兵被舉報，習派的丁薛祥也落選「18 大」代表，雙方鬥得可謂「慘烈」。習近平「18 大」後掌控大權後，將李春城拿下。為防江派魚死網破，將不具資格的楊雄提為上海市長，後也將自己心腹丁薛祥提為中辦副主任。

在針對政法系統進行整肅中，繼上海江派人馬吳志明被逐出市委常委等職後，其親信張學兵也遭厄運。原上海市公安局局長、上海市副市長張學兵出事曾被外界傳得沸沸揚揚。早前報導稱，2013年3月，張學兵涉嫌嚴重政治、經濟問題，已被內部「雙規」。檢察院在張學兵住所及辦公室查抄到多本使用假名的外國護照，十多本使用假名和匿名的銀行存摺。從局長室保險櫃中抄出兩張近期經香港飛往歐洲的商務機票，顯然張學兵已布署「外逃」。

3 個多月後，2012 年的 7 月初各方媒體報導張學兵於當年 6 月任上海機場集團黨委書記，證實其暫時已軟著陸。

某親共海外媒體曾報導稱，張學兵乃江澤民親信，本來是有希望再衝一衝升級正部的，不料卻折在了副部崗位上。

習近平不吃吳志明那一套

張學兵的後台老闆是原上海市政法委書記吳志明，其人據說有來頭。吳 1952 年出生，江蘇揚州人，是江澤民的侄子，其父是江澤民的弟弟，因吳志明舅舅無子，從小過繼給舅舅家，故改姓吳。

據傳吳志明和張學兵一樣，可謂物以類聚，他的生活作風糜爛透頂，每逢周末在他大宅外面求見的車隊排長龍。但儘管這樣，吳志明靠著江澤民這個後台，仍然官運亨通，節節高升，成為政壇不倒翁。

不過習近平任上海市委書記期間卻不吃吳這一套，他曾批評吳志明：「不要搞拉拉扯扯，對上級捧得這麼高，我不舒服、不習慣，你不會滿足。」

江澤民侄子至今沒能「軟著陸」

港媒《動向》2015年4月號報導稱，中共前政法委書記周永康、中共前公安部副部長李東生落馬後，當局將對政法系統進行徹底清理。王岐山審閱中紀委副書記黃樹賢的一次講話後，曾對極少數中紀委高級官員說：「反腐敗輸不起。輸了，也是上海問題沒鬧地道！」此話被稍大一些的範圍理解為「王岐山誓言突破上海」。

報導稱，上海政法委腐敗相當嚴重，尤其是前年上海法官集體嫖娼事件及涉事人、原上海市高級法院紀檢組副組長倪政文，在發生集體嫖娼事件前，就曾參與量刑作弊。北京媒體曝光上海政法系統的醜聞，上海匿名人士說：「有人在配合侯凱（上海紀委書記）的工作，吳志明也遠未像外界說的那樣已經軟著陸。」

報導最後稱，中紀委查辦上海政法系統，問題都會集中到吳志明任上海政法委書記期間。

1990年，吳志明原是普通警察，江澤民上台後，短短幾年吳一躍成為上海市委常委、市委政法委書記、市公安局長、市綜治委副主任。吳曾任上海政法委書記近11年，期間還曾兼任上海公安局長達8年。2012年，吳志明被踢出上海政法委。2013年1月出任上海市政協主席。

2014年8月21日，博主「北京楊博」揭露吳志明任上海市委政法委書記時，上海市委政法委於2009年12月25日向貴州茅台酒公司申請購買價值2000多萬人民幣的茅台酒。

早前報導表示，有人向中紀委實名舉報江澤民侄子吳志明大量犯罪事實，涉及陳良宇案內幕和江澤民兒子的犯罪證據。此外，吳志明涉及周正毅案和社保基金案兩大案件。近年曝光的涉案金額高達 1 萬 2000 億的上海招沽案，江綿恆及吳志明等被指是幕後黑手。

吳志明也是江澤民在上海迫害法輪功學員的主要幫凶，因吳志明積極追隨江澤民殘酷迫害法輪功，吳被「追查迫害法輪功國際組織」列入追查對象。

習、王繼續清洗「上海幫」

2014 年 7 月 28 日，上海光明集團原董事長王宗南因涉嫌挪用公款和受賄被帶走；7 月 29 日，中共前政法委書記周永康被立案審查；30 日上午，王岐山中紀委第二巡視組進駐上海，召開巡視動員會。習、王的一系列動作被認為是當局對江澤民動手的信號。

3 月 17 日，中共中紀委監察部網站通報稱，上海市政府副祕書長戴海波涉嫌「嚴重違紀違法」，目前正接受調查。據稱，他的政商關係廣泛，是江綿恆的馬仔。他是 2012 年中共「18 大」以來，首個落馬的上海高級官員，其落馬消息震動上海官場。

據海外中文媒體報導，2015 年的北戴河會議一個重要議項是醞釀重大人事安排，其中包括上海和天津兩大直轄市書記人選。報導說，上海市委書記韓正長期在上海工作，工作能力和魄力有限，「動一動」是勢所必然。

現年 61 歲的上海市委書記韓正被指是江澤民「上海幫」的主要成員。路透社曾報導，江澤民希望韓正留任上海，以照顧其家族和盟友在上海的利益。

6 月 24 日親習近平陣營的消息人士牛淚在海外媒體上撰文稱，上海已經有中央安排駐守的「監軍」，韓正並沒有因為有上海背景而對習當局陽奉陰違，相反他現在幹得非常賣力。

習江最血腥生死搏殺 張高麗中槍

第十五章

官媒圍剿 江被暗定為「反改革力量」

天津大火發生後，中共官媒刊登重要評論文章。該文措辭嚴厲，高調宣稱「不適應改革乃至反對改革的力量之頑固凶猛複雜詭異，可能超出人們的想像」。有評論認為，「反改革力量」似指向江澤民，中共內部正醞釀著一場超級政治風暴。

天津大爆炸後，中共官媒措辭嚴厲地宣稱反對改革的力量頑固凶猛複雜詭異。（大紀元資料室）

第一節

大陸微博解禁
江澤民相關震撼照片

近日，大陸微博解禁控告江澤民的信息和震撼照片，網民發帖稱，「訴江大潮，民意不可違」、「大勢變，中國將現訴江潮」。（網路截圖）

天津爆炸後，大陸微博解禁控告江澤民的信息和震撼照片，網民發帖稱，「訴江大潮，民意不可違」、「大勢變，中國將現訴江潮」。一個月前，大陸百度與360網解禁「訴江大潮」、「下一個大老虎是江澤民」等敏感信息。

近期，習近平當局密集釋放信號，圍剿江澤民的動作不斷。時政評論人士分析，習當局為拿下江澤民已進入媒體輿論公開造勢階段。

微博解禁「訴江」震撼照片

2015年8月20日，《大紀元》記者在大陸新浪微博搜索「訴江」，出現很多網民近期發布的關於訴江大潮的帖文，以及「全球公審江澤民」、「法辦江澤民」、「停止迫害法輪功」的橫幅圖片，以及法輪功學員在海外的盛大遊行照片。

網民帖文稱，「摒棄惡黨，全民訴江」、「共燃訴江之火，共成審奸之勢」、「訴江大潮，民意不可違」、「大勢變，中國將現訴江潮」、「形勢悄然生變化，大陸突現訴江潮」。

還有網民表示「百姓心聲：訴江的人都令人敬佩，我支持你們」，「呼籲善良人們，用你心中正義參與這訴江潮」，「全民訴江，認清邪惡也是選擇善良」，「這是中國人選擇正義的又一次機會」。

還有網民跟帖賦詩《天亮了》：十六載風霜雪雨，五千八夜以繼日。一道令立案登記，訴江潮風湧雲起。舉世矚中原巨變，天已明人心暢快。感佛恩娑婆淚眼，待佛度一路奔前。

習近平當局2015年4月15日公告，大陸法院5月1日施行「有案必立，有訴必應」。法輪功學員迅速掀起在大陸控告江澤民的浪潮。

1999年7月，江澤民一手挑起了針對信仰「真、善、忍」的法輪功學員的迫害運動，16年來，導致眾多法輪功學員廣泛遭受酷刑折磨、被活摘器官及被其他方式等迫害致死。

從2015年5月底到8月20日為止，已超過15萬7000名海內外法輪功學員及家人向中共最高檢察機構控告、起訴江澤民，並敦促中共最高檢察機構就江對法輪功的迫害罪行立案追查。

此波控告江澤民的浪潮引發海內外民眾、機構、政要以及國際媒體的關注與聲援。

百度與 360 網解禁「訴江大潮」

7 月 17 日，在大陸百度與 360 網搜索「洪傳世界」四個字，結果呈現大量法輪功洪傳世界的消息和震撼畫面；包括全球各地法輪功學員集體煉功，大型排字的震撼畫面，其中也包括法輪功學員在 1999 年被迫害前在大陸各地集體煉功的盛大場面。

7 月 14 日，在百度網搜尋「訴江大潮」，第一條顯示的是「七二零前夕泰國法輪功學員聲援訴江大潮」，這是海外《明慧網》7 月 13 日的一篇報導。

7 月 12 日，在大陸網站 360 好搜網搜索「訴江大潮」，搜索結果顯示，第一條即是「全球訴江大潮」；第二條導語稱：「近日中國發起了一股『訴江大潮』，許多中國人開始起訴前中共領導人江澤民，就是中國人開始追究，過去共產黨如何迫害、殺害中國人民……」

「全球訴江大潮」點擊後網頁正中呈現「追查國際大量證據證明：中共江澤民犯罪集團活摘法輪功學員器官是全國性的群體滅絕大屠殺 涉嫌殺戮人數超 200 萬」。

7 月 12 日，用「下一個大老虎是江澤民」相關詞在百度上進行檢索，第一條即是台灣電視媒體報導的《習近平打貪腐 下一個大老虎江澤民？》的視頻新聞，還有海外新唐人電視台報導的《「禁聞」步步逼近 江澤民呼之欲出》的視頻新聞。

圍剿江澤民的動作不斷 信號密集

此前，習近平、胡錦濤陣營與江澤民集團博弈關鍵時刻，江澤民血債幫政變以及活摘法輪功學員器官等核心罪行多次在大陸百度等網站短暫解禁。

周永康、令計劃、郭伯雄案被通報後，習近平當局不斷釋放繼續「打虎」信號。近期，大陸多家媒體接連公開點名或影射中共前黨魁江澤民。

8 月 10 日，官媒《人民日報》發表署名文章《辯證看待「人走茶涼」》，影射江澤民干政，釋放的政治信號引海內外聚焦。港媒公開稱，「獵江行動」已進入收割期。

8 月 19 日，江澤民的老巢上海市政府副祕書長陳寅被免職，上海市政府前副祕書長戴海波被立案調查；多名上海國企高管被判刑或提起公訴。財新網披露，江綿恆的利益地盤中移動的高管密集落馬。

時政評論人士謝天奇分析，種種跡象顯示，圍剿江澤民的「外圍戰」已經啟動並不斷升級；習當局為拿下江澤民已進入媒體輿論公開造勢階段，江澤民將被抓捕已成定局。

第二節

江被定為反改革力量？好戲在後頭

天津大火發生後，2015 年 8 月 19 日，中共官媒央視網刊發署名「國平」的文章稱，目前改革的推進必將觸及政治、經濟、社會、軍事、外交多個領域的種種深層次問題，困難之大，阻力之多，不適應改革乃至反對改革的力量之頑固兇猛複雜詭異，可能超出人們的想像。

在中共新聞史中，長期存在以諧音筆名發表重要文章的傳統，以此釋放出一種強烈的政治信號。「國平」諧音為「國評」，有「國家評論」之意。據說，「國平」是一支由《人民日報》、新華社等官方喉舌的評論員組成的網路評論團隊，每在關鍵時刻發文，表明一種政治態度或者為一場政治運動提前造勢。

這篇來頭不小的文章引起了外界的關注。

港媒《東方日報》21 日發表評論文章表示，習近平陣營和這股「反改革勢力」已進入攤牌階段。文章提到了下面的幾條信息予以佐證。

中共官媒《人民日報》之前題為《辯證看待「人走茶涼」》的文章話中有話，耐人尋味。江澤民退而不休，安插親信架空胡、溫政府，不斷「老人干政」的消息眾所周知。

此外，據說習近平在查辦周永康、徐才厚、郭伯雄等人時，江澤民曾一度向習近平打電話，但遭到冷遇。

國防大學教授馬駿說，習近平是「真正的第三代領導核心」。這個新提法不僅加冕了習近平「核心」之位，更剝奪了江澤民第三代中共領導核心的地位。相信這個說法非馬駿的個人看法。

而江澤民在上海空軍政治學院教學樓外牆上的一段題詞被清除，這在以前是難以想像的。

文章最後表示，諸如此類的現象，折射出中共內部正醞釀著一場超級政治風暴，隨時爆發驚天動地的消息。

此前，時政評論員夏小強亦表示，在周永康、令計劃、郭伯雄案被通報後，習近平當局「打虎」速度明顯加速。7 月底以來，大陸多家媒體至少四篇報導公開點名或影射中共前黨魁江澤民，這在以大陸法輪功學員為主公開控告江澤民人數達到 14 萬的背景下，顯示習近平當局對江澤民的圍剿已進入輿論造勢階段，江澤民將被抓捕已經成為定局。

大動作！網傳江澤民黨校題字石被連根清除

天津爆炸後，隨著中南海博弈升級，江澤民被清除釋放信號頻發。8 月 21 日，網上再傳出江澤民題字被清除的消息，而這一次是重量級的大動作，江對中共黨校題字的巨石被連根清除。針對類似現象，外界有評論指，折射出中共內部正醞釀著一場超級政治風暴，隨時爆發驚天動地的消息。

8 月 21 日，網友小石嶺在新浪微博稱：今天中共中央黨校南門。江澤民題「中共中央黨校」巨石剛被清除……。消息在網路瘋傳。

網友小麥撒野也說：「我們這裡市中心有個工廠是他題詞的，前一段整體拆除了。」

數天前，大陸微信圈也瘋傳上海空軍政治學院教學樓外牆上的一段中共前總書記江澤民的題詞，近日被工程人員清除，引發熱議。

對此，有網友認為：這是什麼節奏？

海外《博訊網》也報導了這一消息稱：「據悉有朋友剛才（8 月 21 日）下午 1 點路過中共中央黨校南門。江澤民題『中共中央黨校』巨石剛被連根拔除。」不過，目前未見官方證實和回應。

8 月 19 日，中共央視網刊發署名「國平」評論文章，解讀習近平「改革定力論」的提出時間和原因等。文章罕中直指原因在於：「現在，不適應改革乃至反對改革的力量之頑固凶猛復雜詭異，可能超出人們的想像。」

港媒《東方日報》評論認為，這篇文章來頭不小，其中所指的反改革力量到底是誰，令人深思。

文章稱，上海空軍政治學院教學樓外牆上的一段江澤民的題詞，早前被工程人員清除，過去江的題詞相當於聖旨，被清除這件事在以往是難以想像的。諸如此類的現像，折射出中共內部正醞釀著一場超級政治風暴，隨時爆發驚天動地的消息。

習江生死鬥在津門大火這一回合中，可謂驚心動魄，不過，很難肯定這就是最精彩的，因為好戲還在後頭。

第三節

北京 70%危化公司存隱患

8 月 21 日，就在官員說北京處理危險化學品的公司有 70%存在安全隱患之後不久，在天津爆炸地點又爆發四處新火災。

天津港儲存危險化學品的倉庫 8 月 12 日發生的爆炸摧毀了一個工業園。官方報逾百人遇難，逾 700 人受傷，數千人疏散。

官媒新華社 21 日說，有四處新火災爆發，其中一個燃燒點是靠近上周爆炸點的汽車物流中心。其他三個燃燒點位於爆炸區中心。

新華社說，截至 8 月 21 日死亡人數上升到 116 人。60 人仍然失蹤。當局已經證實逾 700 噸致命化學品氰化鈉儲存在天津發生爆炸的倉庫。

北京 7 成危險化學品公司存在隱患

路透社報導說，在天津爆炸之後，當局對處理危險化學品的設施進行全國性檢查。據地方政府公告，最近幾天，在七個省份的逾 100 家化學品公司由於違反安全規定被告知暫停運營或關閉。其中包括湖北省 19 家公司，安徽安慶的 26 家公司，北京兩家公司和浙江省 39 家公司。

北京安全生產監督管理局說，單單在北京，對 124 個儲存危險化學品地點的檢查發現 85 家公司存在安全隱患。

成千上萬死魚 水中氰化物超標 277 倍

路透社報導說，在當局宣布天津飲用水安全之後一天，工人從天津附近的海河挖出成千上萬的死魚。但天津官員稱，死魚是水中季節性缺氧造成，跟爆炸無關。

然而當局也警告，天津港附近水中氰化物水平超標 277 倍。

天津爆炸迫使當局對中國工業安全記錄進行全國性審查。

中共近年遭遇多起事故，從礦難到工廠起火。

爆炸倉庫所屬的瑞海國際物流說，他們利用關係獲得安全批文。這個倉庫被發現跟居民區距離太近。

在北京實施安全檢查的檢查員發現中石化分公司的保安人員不熟悉如何處理油罐起火。

儘管中石化分公司被發現違規行為，但是新華社沒有說該設施被勒令關閉。從 8 月 17 日到 9 月 6 日，北京也暫停那些生產或處理高毒化學品和爆炸物的公司的運營。

中國大變動系列 **037**

習江最血腥生死搏殺 張高麗中槍

作者：王淨文 / 季達。**執行編輯**：張淑華 / 黃采文 / 韋拓。**美術編輯**：吳姿瑤。**出版**：新紀元周刊出版社有限公司。**地址**：香港荃灣白田壩街5-21號嘉力工業中心B座3樓25。**電話**：886-2-2949-3258 (台灣) 852-2730-2380 (香港)。**傳真**：886-2-2949-3250 (台灣) / 852-2399-0060 (香港)。**Email**:mag_service@epochtimes.com。**網址**: www.epochweekly.com。**香港發行**：田園書屋。**地址**：九龍旺角西洋菜街56號2樓。**電話**：852-2394-8863。**台灣發行**：高見文化行銷股份有限公司。**地址**：新北市樹林區佳園路二段70-1號。**電話**：886-2-2668-9005。**規格**：21cm×14.8cm。**國際書號**：ISBN978-988-13959-6-2。**定價**：HK$128 / NT$450。**出版日期**：2015年9月。

新紀元
NEW EPOCH WEEKLY

www.ingramcontent.com/pod-product-compliance
Lightning Source LLC
LaVergne TN
LVHW101915220826
846093LV00009B/260

* 9 7 8 9 8 8 1 3 9 5 9 6 2 *